dtv

Schon der Titel macht deutlich, daß in diesem Buch von einer besonderen Freiheit die Rede ist. Die Journalistin Lois Fisher-Ruge führt ein wahres Panoptikum von Frauen und Männern vor, die versuchen, im »neuen« Moskau zurechtzukommen. Da ist der junge Schwarzhändler, der, fasziniert von den weltgewandten Verbrechern neuen Typs, selbst fast den Boden unter den Füßen verliert; oder der Student, der nur noch an die eigene schnelle Karriere denkt. Die neue Freiheit »auf russisch« bedeutet für die einen, sich den Gesetzen ihres Landes nicht unterwerfen zu müssen, weil mit Bestechung alles zu erreichen ist; für andere, trotz aller Bemühungen an der Armutsgrenze zu existieren. Die Chance aber, daß der große Umbruch der Gesellschaft zu einem Leben in Frieden und Wohlstand führen kann, ist immer noch greifbar. »Lois Fisher-Ruge verliert sich nie in tiefschürfende Philosophien, vermeidet Analysen der ›russischen Seele‹, sondern schreibt mit Genauigkeit. Für den Leser hat das den großen Vorteil, daß er hier die Chance hat, von den Erkenntnissen und Erlebnissen der Rußlandkennerin zu profitieren.« *taz*

Lois Fisher-Ruge, geboren 1940 in Hartford/Connecticut, USA, hat nach ihrem Studium im Weißen Haus in Washington gearbeitet, zunächst im Peace Corps, später im Stab von Präsident Johnson. Anfang der siebziger Jahre zog sie nach Bonn und verbrachte dann mehrere Jahre in Peking und Moskau. Alle ihre aktuellen Bücher wurden Bestseller: ›Nadeschda heißt Hoffnung‹ (1987), ›Meine armenischen Kinder‹ (1989) und ›Überleben in Rußland‹ (1991).

Lois Fisher-Ruge

Freiheit auf russisch

Der harte Alltag im neuen Moskau

Aus dem Englischen von
Ulrike von Sobbe

Deutscher Taschenbuch Verlag

Ungekürzte Ausgabe
August 1997
Deutscher Taschenbuch Verlag GmbH & Co. KG, München

ISBN 3-421-05013-9
Umschlagkonzept: Balk & Brumshagen
Umschlagfoto: Portraitaufnahme von Fr. Fisher-Ruge
(© DVA, Stuttgart), Kreml (© Sutherland/TONY STONE)
Satz: Steffen Hahn GmbH, Kornwestheim
Druck und Bindung: C. H. Beck'sche Buchdruckerei, Nördlingen
Gedruckt auf säurefreiem, chlorfrei gebleichtem Papier
Printed in Germany · ISBN 3-423-36027-5

Allen großzügigen Menschen, die für
»Tür zu Tür e.V.« gespendet haben

Inhalt

Einleitung

Wenn man einen Russen heute fragt, was Freiheit bedeutet, erkennt man schon an seiner Antwort, wie sehr sich sein Land seit 1987 verändert hat. Im 19. Jahrhundert verbanden die Menschen mit Freiheit die Abschaffung der Leibeigenschaft. Die Bolschewisten nutzten ihre Freiheit, um die Opposition abzuschaffen.

Mit dem Beginn von »Glasnost« (Offenheit) aber wurden Dissidenten nicht länger eingesperrt, wenn sie für die Redefreiheit, die Pressefreiheit und die Abschaffung jeglicher Unterdrückung eintraten. Die Pressefreiheit beseitigte die Tabus und Schranken, die der offiziellen Berichterstattung in den siebziger Jahren auferlegt worden waren, und brachte schockierende historische Wahrheiten ans Licht. Die Entlarvung der kommunistischen Ideologie, die bis dahin das gesellschaftliche Fundament gebildet hatte, wirkte wie ein gewaltiges Erdbeben. Dem folgten Anfang der neunziger Jahre der Zusammenbruch der Sowjetunion und gleichzeitig mit der Einführung der Marktwirtschaft die ökonomische Revolution. Die Preise wurden freigegeben, und es kam zu einer atemberaubenden Inflation. An die Stelle der wirtschaftlichen Stabilität von einst traten Unsicherheit und viele andere unerwartete Entwicklungen.

Alexander Solschenizyn, der fünfundsiebzigjährige Schriftsteller, der nach zwanzigjährigem Exil in den USA in seine Heimat zurückkehrte, faßte den Wandel im Sommer 1994 so zusammen: »Ich habe nie geglaubt, daß das Ende des Kommunismus schmerzlos sein würde, aber keiner konnte vorhersehen, daß es so schmerzhaft werden würde. Der Staat erfüllt seine Verpflichtungen gegenüber dem Volk nicht. Unsere Kinder können sich nicht gegen die Geißel der Korruption wehren. Das Verbrechen droht unser Land zu strangulieren. Wir können nicht sagen, daß wir bei uns eine Demokratie haben. So eine Demokratie gibt es sonst nirgendwo.«

Vor allem die Rentner leiden unter dem dramatischen Wandel und bezeichnen sich als »betrogene und ausgeraubte Generation«. Eine pensionierte Lehrerin spricht vielen in ihrem Alter aus dem Herzen, wenn sie sagt: »Wir haben für eine Ideologie gearbeitet. Geld spielte überhaupt keine Rolle. Alle waren gleich. Wir empfanden es sogar als Schande, besser als der Nachbar zu leben. Wir glaubten an den Kommunismus, der uns ein besseres Leben versprach. Wir waren bereit, dieser Idee alles zu opfern. Wir lebten bescheiden und sparten für unsere Beerdigung. Heute sind unsere Ersparnisse nichts mehr wert. Der Staat, der unser Beschützer war, hat uns fallengelassen, und nun sind wir hilflos.« Aber die Rentner sind nicht die einzigen Opfer der Umwälzungen. Auch für Ärzte, Wissenschaftler und Lehrer hat die neue Freiheit katastrophale berufliche Folgen. Vielen fehlen wesentliche Arbeitsmittel, und viele haben zwei oder gar drei Nebenbeschäftigungen, damit sie sich ein bißchen mehr als das unbedingt Lebensnotwendige leisten können. Für den Arbeiter, dessen Fabrik geschlossen wurde, bedeutet die neue Freiheit Arbeitslosigkeit.

Es gibt aber auch Menschen, die von dieser Übergangszeit profitieren, vor allem viele der unter Vierzigjährigen. Wie oft habe ich Leute sagen hören: »Früher war das Leben von der Geburt bis zum Tod verplant, und es war langweilig. Jetzt passiert täglich etwas Neues, und das Leben ist spannend geworden. Es ist herrlich, selbst für seine Zukunft verantwortlich zu sein.«

Was vorher untersagt war, ist jetzt erlaubt oder wird geduldet. Freiheit bedeutet vor allem, frei entscheiden zu können. Die Buchhandlungen sind voll mit Büchern, die früher verboten waren. Ein Künstler kann jedes Motiv malen und jedes Werk verkaufen, ohne mit Repressalien rechnen zu müssen. Alle Religionen sind erlaubt, und östliche Sekten haben großen Zulauf. Im Fernsehen ist alles zu sehen, auch Pornografie und Gewalt. Wer genügend Geld hat, macht Urlaub im Ausland, schickt seine Kinder auf Schulen in der Schweiz und kauft sich ein Haus in dem Land seiner Wahl.

Der Generation der Zwanzig- und Dreißigjährigen bieten sich Möglichkeiten, die ihre Eltern und Großeltern nie gekannt haben. Bis Ende der achtziger Jahre wies einem der Staat die Arbeit zu, und man blieb in dem Beruf, den man einmal erlernt hatte. Jetzt kann man seinen Job selbst wählen und auch wechseln, so oft man will. Ich kenne Geschäftsleute, die früher Physiker waren, und den siebenundzwanzigjährigen Vizepräsidenten einer Bank, der eine Ausbildung als Raumfahrt-Ingenieur hat. Ein sechsundzwanzigjähriger Computerspezialist, der sechzig Stunden in der Woche arbeitet, sagte zu mir: »Früher lebten wir in einer Welt, in der gute Arbeiter genausoviel verdienten wie schlechte. Wenn heute jemand hart arbeitet, bekommt er mehr als andere. In der Vergangenheit spielte Geld keine Rolle, weil es nichts zu kaufen gab. Heute kann Geld das Leben eines Menschen von Grund auf verändern. Ich bin stolz, daß ich genug verdiene, um meine Eltern unterstützen zu können.«

Andere junge Menschen, die weder über eine solide Ausbildung noch über berufliche Fertigkeiten verfügen, verwechseln Freiheit mit »Wolya« – ein Wort, das aus der russischen Folklore stammt und eine Freiheit ohne Schranken und Verantwortung umschreibt. Diese Leute wollen Geld haben und angenehm leben, ohne etwas dafür tun zu müssen. Sie begehen Verbrechen und tun was ihnen gefällt. Sie wissen, daß sie mit Geld auch das Recht kaufen können.

Viele junge Menschen wollen ein »normales« Leben führen und sind stark beeinflußt von westlicher Lebensart, die sie aus Filmen oder von Auslandsreisen kennen. Anfangs kauften sie westliche Waren, weil sie als Statussymbol galten. Inzwischen ist die Qualität wichtiger als die Herkunft. Ausländische Autos, Zigaretten, technische Geräte und Kleidung sind meistens besser als vergleichbare einheimische Erzeugnisse, dafür sind die Russen stolz auf ihre Wurst, ihre Schokolade und ihre vielfältigen Milchprodukte. Obwohl der westliche Einfluß überall spürbar ist, hat er oft eine russische Note. Die Werbung ist auf das russische Publikum zugeschnitten, und selbst McDonalds bietet jeden Monat ein Gericht eigens für russische Gäste an.

Die unsicheren Verhältnisse im Land haben die Menschen egoistisch, aggressiv und habgierig gemacht. Als in meinem Mietshaus einmal ein Feuer ausbrach, das eine Wohnung zerstörte und sechs andere beschädigte, kümmerten sich weder Nachbarn noch Behörden um das Schicksal der Betroffenen. »Man kann sich auf niemanden mehr verlassen, wenn man Probleme hat«, sagten die Opfer. »Wir müssen selbst sehen, wie wir zurechtkommen.«

Ein besonderer Aspekt der neuen russischen Freiheit besteht darin, daß sich die meisten Menschen nicht für das verantwortlich fühlen, was sie tun. Als Beispiel dafür kann man sogar das Verhalten der Regierung im Tschetschenien-Konflikt ansehen. Um die territoriale Integrität Rußlands aufrechtzuerhalten, werden Menschenrechte verletzt und internationale Verträge gebrochen. Das Ergebnis einer Freiheit ohne Grenzen sind Chaos und Gesetzlosigkeit. Westliche und russische Zeitungen berichten über Schießereien, bezahlte Morde und Bombenattentate, die allerdings eher durch ihre Brutalität als durch ihre Vielzahl auffallen. Die Kriminalitätsrate in Moskau ist immer noch bedeutend niedriger als in vergleichbaren westlichen Städten.

Ein Journalist sagte zu mir: »Früher gab es feste Spielregeln, egal ob sie gut oder schlecht waren. Und es gab die Angst. Jetzt gibt es weder Regeln noch Angst.« Umso dringender muß die Regierung wieder Grenzen setzen und für ihre Einhaltung sorgen, damit die Menschen einigermaßen sicher leben können. Freiheit hat nur eine Zukunft, wenn sie auf gesetzlichen Grundlagen ruht und wenn die Bürger die Interessen ihrer Mitbürger beachten und respektieren. Eine Freiheit ohne Verantwortung bedeutet das Todesurteil für die Freiheit.

Das neue Moskau

»Willkommen in der Bananenrepublik«, sagte Natascha, als ich um die Bananenschalen und die anderen Abfälle herumging, die rund um die überquellenden Mülleimer lagen. Sie meinte Moskau. Die Stadt hat sich seit Anfang der neunziger Jahre tatsächlich so entscheidend verändert, daß die ironische Bemerkung berechtigt war.

Noch vor ein paar Jahren hätte eine Bananenschale auf der Straße Aufmerksamkeit erregt, weil sie eine solche Seltenheit war. Jetzt kostet ein Kilo importierter Bananen weniger als ein Kilo heimischer Tomaten oder Gurken, und die Südfrüchte haben Eiskrem als Straßen-Snack abgelöst. Selbst in Dorfläden, in deren Regalen einst nicht viel mehr als Wodka stand, gibt es nun die gelben Früchte. »Bananen und Kiwis sind leichter zu haben als Kartoffeln und Gemüse«, sagt ein Freund.

Äußerlich hat sich Moskau wirklich enorm gewandelt. Grelle Schilder, Neonlichter und bunte Reklame haben die kommunistischen Parolen und die trostlose Atmosphäre der Vergangenheit abgelöst. Eine Moskauerin, die im Sommer 1994 nach einem vierjährigen Aufenthalt in Deutschland in die Stadt zurückkehrte, hatte den Eindruck, als sei sie per Zeitmaschine im nächsten Jahrhundert gelandet. Und eine

Freundin sagt: »Ich gehe durch die Straßen und weiß nicht, wo ich bin. Alles, was früher verboten war, ist jetzt erlaubt. Sogar Plakate und Anschläge sind in fremder Sprache abgefaßt. Dabei haben wir doch selbst eine große Sprache und Kultur. Wo sind sie geblieben?«

Der westliche Einfluß hat überall seine Spuren hinterlassen. In Moskau gibt es jetzt angeblich 92 Spielkasinos; die russische Hauptstadt läge damit international auf dem zweiten Platz hinter Las Vegas. In Lebensmittelläden wie in Flughäfen sind Glücksspielautomaten aufgehängt worden für alle, die zuviel Zeit und Geld haben. Das Nachtleben boomt, und die Diskotheken nehmen Eintrittspreise, die so hoch wie das Monatsgehalt eines Lehrers sind. Prostituierte sprechen abends Kunden auf der Twerskaja an, der großen Straße, die zum Roten Platz führt. Eltern haben bereits gegen Pornografie auf Plakaten in Metrostationen, auf den Magazinen an den Kiosken und in Filmen und der Werbung im Fernsehen protestiert. Die beliebtesten TV-Sendungen in letzter Zeit waren eine mexikanische Seifenoper und die amerikanische »Santa-Barbara«-Serie. In den Kinos laufen zweitklassige US-Filme, während bekannte russische Regisseure arbeitslos sind und ausländische Sponsoren suchen, die ihren nächsten Film finanzieren.

Russische Freunde haben mich in ein schickes Schweizer Restaurant eingeladen, das sich in einem typisch amerikanischen Einkaufszentrum befindet: Während des Essens führten sie über ein Handy Geschäftsgespräche; die exorbitant hohe Rechnung haben sie mit einer von vielen Kreditkarten bezahlt, die auch hier zum Statussymbol von Unternehmern und Managern geworden sind.

Ausländische Firmen, wie die populären US-Imbißketten McDonalds, Pizza Hut oder Baskin Robbins, haben in Moskau Filialen eröffnet. In Läden von Pierre Cardin, Yves Rocher und Estée Lauder können sich die markenbewußten Reichen bedienen, und die wachsende Mittelklasse geht zu Reebok, Adidas, Karstadt oder Salamander. Für ihre Kinder gibt es inzwischen Levis- und Barbie-Doll-Geschäfte.

Selbst der Müll auf den Straßen kommt aus dem Ausland. Eine weggeworfene Marlboro-Packung hat mich an das US-Plakat mit dem reitenden Cowboy erinnert – kurz darauf entdeckte ich es in einer stark befahrenen Moskauer Durchgangsstraße. Als ich mit einem jungen Russen an dem Poster vorbeikam und ihm sagte, daß der in Amerika vorgeschriebene Hinweis auf die gesundheitlichen Gefahren des Rauchens fehle, erwiderte er: »Wir sind noch nicht soweit, daß wir uns Gedanken über unsere Gesundheit von morgen machen. Erstmal leben wir für heute.«

Reklame für ausländische Produkte ist zu einem Teil des Moskauer Alltags geworden. Auf der Schnellstraße vom internationalen Flughafen Scheremetjewo in die Stadt werben Plakate in englischer Sprache für ausländische Zigaretten, die First National Bank, die südvietnamesische Fluggesellschaft und viele andere Firmen. Busse sind mit englisch- und russischsprachigen Anzeigen wie »Bayer Aspirin« beklebt.

Im Winter 1994 überschwemmten Whiskas-Poster die Stadt, und die Kinder kannten die TV-Spots auswendig. Wie oft habe ich damals auf Russisch gehört: »Wäre ich Kiskas (das Diminutiv für Katze), ich kaufte Whiskas.« Die Fertigsoßen von Uncle Ben machen das Kochen leichter, und meine Freunde sind begeistert davon, wie einfach sie damit Mahlzeiten zubereiten können. Nach den Plakat-Aktionen von Snickers und Coca Cola wurde Snickers der begehrteste Schokoriegel der Stadt und Coke das Lieblingsgetränk der Teenager.

Die jungen Leute, die Importprodukte wie Pop Corn, Eiskrem, Marsriegel und Soft Drinks verkaufen, sind selber genauso erpicht darauf wie ihre Kunden. Der Unterschied besteht nur darin, daß die anderen dafür bezahlen, während sie sich gratis bedienen. Bei einem Abendessen bot mir einmal eine Frau eine Schachtel mit Raffaello-Pralinen an und sagte: »Ich habe diese Süßigkeiten noch nie gegessen, aber im Fernsehen haben sie so verlockend ausgesehen.«

TV-Spots, Plakate und zweitklassige US-Filme haben nicht nur die Kaufgewohnheiten verändert, sondern auch das Verhalten und die Kleidung der leicht zu beeindruckenden Jugendlichen. Als ich im Sommer an vier jungen Männern vorbeiging, die mit freiem Oberkörper vor einer Bar saßen, ohrenbetäubende amerikanische Rock-Musik hörten und Tuborg-Bier aus Dosen tranken, wußte ich, daß die Werbung angekommen ist. Ein weiteres Reklame-Opfer habe ich entdeckt, als ich ein stark geschminktes Mädchen auf einem Pferd eine Straße überqueren sah – in der einen Hand die Zügel, in der anderen eine Dose Heineken-Bier und zwischen den Lippen eine dünne Import-Zigarette.

Auch die Aktivität, die jetzt früh am Morgen auf den Straßen herrscht, ist ein Zeichen der neuen Zeit. Kaum haben die U-Bahnstationen um sechs Uhr ihre Tore geöffnet, füllen sich die Bürgersteige mit Händlern, die ihre zweirädrigen, völlig überladenen Karren hinter sich herziehen. Sie verkaufen ihre Waren überall dort, wo besonders viele Fußgänger vorbeikommen. Was in den Läden fehlt, sie haben es. In ihrem bunten Angebot finden sich alle möglichen

Importe, von Toilettenartikeln bis hin zu chinesischem Kakerlakengift. Kaum zu glauben, daß solche Leute Anfang der neunziger Jahre noch als »Spekulanten« und »Schwarzmarkthändler« denunziert und ins Gefängnis gesteckt wurden.

Einmal erregte ein älterer Straßenhändler meine Aufmerksamkeit, weil er anders aussah als die übrigen. Unter einem Strohhut trug er eine dicke Brille, sein Hemd und seine Hose waren frisch gewaschen und gebügelt. Mit der einen Hand lehnte er sich auf einen Stock, während er in der anderen Glühbirnen hielt. Doch statt wie seine Kollegen nach Kunden Ausschau zu halten, sah er stumm und mit traurigen Augen vor sich hin. Er schien sich unwohl in seiner Rolle zu fühlen, und ich vermute, daß er zu der wachsenden Gruppe von Intellektuellen gehörte, deren Pensionen so klein sind, daß sie zu dieser Art Nebenerwerb gezwungen sind. Dieser Anblick menschlicher Erniedrigung verstörte mich so, daß ich ihm nicht etwa, wie es vernünftig gewesen wäre, ein paar Birnen abkaufte, sondern schnell nach Hause ging. Später kehrte ich häufig an die Stelle zurück, wo ich ihn entdeckt hatte, doch ich habe ihn nie wiedergesehen.

Ein anderes Mal fielen mir Männer verschiedenen Alters auf, die wie Tote auf einem Bürgersteig oder dem Boden eines Ladens lagen. Während die anderen Passanten, die an solche Szenen längst gewohnt waren, einfach um sie herumgingen, blieb ich anfangs stehen und überlegte, wie ich ihnen helfen könnte. Bis ich begriff, daß es sich um Betrunkene handelte, und den Rat von Freunden akzeptierte, die Männer in Ruhe zu lassen.

Während die jungen Leute zu den Hauptkäufern der teuren Artikel aus der TV-Werbung geworden sind, nimmt die Zahl der Notleidenden ständig zu. Betteln war früher verboten, doch nun stehen überall, an den U-Bahnstationen, den Fußgängerunterführungen und vor den Eingängen von Luxusläden, Bedürftige, Krüppel oder Mütter, die auf Schildern um Geld für die Operation ihres Kindes bitten. Das Bild einer bettelnden Frau, deren Baby in einem Pappkarton schlief, verfolgt mich bis heute.

Alkoholiker durchwühlen Müllcontainer auf der Suche nach leeren Flaschen, für deren Pfand sie irgendwo einen halben Liter Wodka bekommen. Auf den Märkten fallen Hungrige über die Haufen mit verdorbenem Obst und Gemüse her, und wenn sich die Gelegenheit bietet, stehlen sie auch von den Ständen.

Auf den Straßen von Moskau tauchen unterdes nicht nur immer mehr herrenlose Hunde auf, deren einstige Besitzer sich das Futter nicht mehr leisten können, sondern auch immer mehr Obdachlose. Einige sind aus früheren Sowjet-Republiken geflüchtet, andere haben ihre Wohnungen verkauft und damit ihr Zuhause verloren. Abends suchen sie Zuflucht in Bahnhöfen, wo man ihnen eine Übernachtungsgebühr abnimmt, oder sie hausen mit den Ratten in irgendwelchen Kellern. Wenn sie Pech haben, greift die Polizei sie auf und setzt sie hundert Kilometer von Moskau entfernt auf die Straße. Alle diese traurigen Gestalten unterscheiden sich in nichts von den Armen und Obdachlosen in Amerika, die das sowjetische Fernsehen Anfang der achtziger Jahre gezeigt hat. Damals hatte diese antikapitalistische Propaganda die russischen Zuschauer geschockt, die fest davon überzeugt gewesen waren, daß es so etwas in ihrem Lande nie geben würde.

Nach Jahrzehnten des Verfalls begann man Anfang der neunziger Jahre, Moskau wieder zu verschönern, und führende deutsche Unternehmen spielten dabei eine wichtige Rolle. Gebäude wurden entkernt oder abgerissen und neu errichtet. Der plötzliche Autoboom, der tagtäglich im Zentrum zu Staus führte, hatte auch zur Folge, daß in Nachtschichten Straßen repariert und gefährliche, weil oft nicht markierte Schlaglöcher ausgebessert wurden.

Bestimmte Geschäfte wurden mit Hilfe ausländischer Partner modernisiert und bekamen ein neues Image. Obwohl sie höhere Preise verlangen, honorieren die Kunden inzwischen das breite Angebot importierter Waren in einer ansprechenden Umgebung, die andere Läden nicht zu bieten haben. Sie sind beeindruckt von den sauberen Tresen und geschrubbten Böden, von den tiefgefrorenen Lebensmitteln und der höflichen Bedienung in adretter Uniform. Ausländische Fertiggerichte, die nur noch warmgemacht werden müssen, sind besonders beliebt – bei den berufstätigen Frauen ebenso wie bei den »neuen Russen«, den »neuen Reichen«.

Viele von denen, die auf krummen Wegen zu ihrem Geld gekommen sind, fahren in eleganten ausländischen Wagen herum, und ihr Shopping-Outfit besteht im Winter aus einem langen Nerzmantel, der fast den Boden fegt, und einem dazu passenden Pelzhut. Doch selbst dieser teure Aufzug kann nicht von ihren gewöhnlichen, ausdrucksleeren Gesichtern und ihrem primitiven Russisch ablenken.

Das Benehmen in diesen Luxusläden hat sich immerhin geändert. Die Kundschaft hält sich jetzt die Tür auf, statt sie – wie in anderen Geschäften üblich – dem Nächsten ins Gesicht zu knallen. Beim Gang zur Ware entschuldigt man sich, statt mit Händen und Ellbogen nach vorne zu drängeln, und lautstarke Streitereien mit der Bedienung, bei denen sonst gern jede Menge Schimpfworte fielen, gibt es fast nicht mehr.

Die Modernisierung eines Geschäftes geht allerdings selten mit einer Vereinfachung des Kassierens einher; die meisten bleiben dem umständlichen und zeitraubenden Verfahren von früher treu. Die Läden haben für die verschiedenen Lebensmittel verschiedene Tresen und Kassen erhalten. Der Kunde geht von einem zum andern und entscheidet, was er kaufen will. Muß etwas ausgewogen werden, wartet er, bis er dran ist. Schließlich geht er zu einer Kasse und läßt dort jeden einzelnen Kauf samt Preis aufschreiben. Das breite Warenangebot und die ständig wechselnden Preise sind für einen Kunden ohne Papier und Bleistift allerdings ebenso eine Herausforderung wie für die Kassiererin ohne Computer. Nachdem alle Käufe notiert sind, bezahlt der Kunde und erhält für jeden einzelnen Tresen einen Beleg. Damit marschiert er zurück und nimmt in jeder Abteilung seine Waren in Empfang. Die weitaus effizientere Selbstbedienung ist zwar in einigen Joint-Venture-Läden eingeführt worden, befindet sich aber fast überall noch im Probestadium.

Der Lebensmittelladen in meiner Nachbarschaft ist ein Relikt aus früheren Zeiten, in denen es mit der Sauberkeit und der Bedienung noch entschieden haperte. Er befindet sich im Erdgeschoß eines vierstöckigen Wohnhauses und fällt vor allem durch die rosa Farbe auf, mit der man die Fassade dieser Etage, aber nur dieser, gestrichen hat. Die Fenster des Ladens sind verschmiert, eines ist zerbrochen und mit Pappe abgedichtet worden, und die grüne Metalltür am Eingang ist total verkratzt.

Dieser Laden ist der Treffpunkt aller Alkoholiker des Viertels, die hier an einem Tresen Wodka kaufen und sich bei den umliegenden Kiosken mit Bier und Kvas (einem Getränk aus fermentiertem Schwarzbrot) versorgen. Kurz bevor der Laden morgens öffnet, versammeln sich die unrasierten und oft arg zugerichteten Alkoholiker mit ihren verquollenen Gesichtern vor dem Eingang. Punkt neun Uhr fangen sie an, auf die Angestellten zu schimpfen, die meist zu spät kommen. Ihr Hauptzorn richtet sich gegen eine robust aussehende gefärbte Blondine, die in einem betagten Mercedes vorfährt. Sie hat es nie eilig, aus dem Wagen zu kommen, und steigt immer erst aus, nachdem sie noch einmal ihr grelles Make-up in einem Handspiegel bewundert und ihrem Ehemann letzte Instruktionen für den Tag gegeben hat.

Im Laden herrscht, wie in vielen anderen, Personalmangel, und auf einem handgeschriebenen Schild am Eingang werden Verkäufer, Packer und Putzfrauen gesucht. Wenn die Ladentür aufgeht, dringt ein ekelerregender Gestank nach draußen. Er stammt von leichtverderblichen Waren wie Milch, Käse, Fisch und Fleisch, die nicht genügend gekühlt werden können. Wenn es schneit oder regnet, wird Pappe auf den Boden gelegt, um den Matsch von den Straßen aufzusaugen. Doch meist reicht das nicht, und dann muß ein Verkäufer, ebenfalls ein Alkoholiker, die Pfützen aufwischen oder den Schnee nach draußen fegen.

Wie in den meisten anderen Läden – und sogar vielen Krankenhäusern – hält man sich auch hier Katzen, um die Mäuseplage einzudämmen. Aus den immer wieder nachgefüllten Näpfen schließe ich allerdings, daß sie viel zu faul sind, dieser Pflicht nachzukommen.

Ein paar Werbeplakate, die Waren anpreisen, die es hier nicht zu kaufen gibt, bringen etwas Farbe in die schäbige Einrichtung. Hinter der Käsetheke hängt ein Bild mit verschiedenen Käsesorten und dem englischen Text »Die erlesensten bayrischen Käse« und »Grüße aus Bayern«. An einer anderen Wand prangt ein Poster für Wrigley Orbit-Kaugummis ohne Zucker, zu dem englischen Text gibt es eine russische Übersetzung. Besondere Aufmerksamkeit hat ein Regal erregt, in dem Dosen mit »Rindfleisch in eigenem Saft« standen. Die Kunden wollten wissen, was das ist und wie man es zubereitet.

Typisch für solche Läden ist das unhöfliche und desinteressierte Verhalten des Personals. Die Verkäuferinnen unterhalten sich oft so angeregt miteinander, daß sie die Kundschaft überhaupt nicht zur Kenntnis nehmen. Wer es wagt, sich zu beklagen, wird mit einem obszönen Gekeife bedacht.

Ältere Russen finden große Befriedigung darin, sich zu beklagen, und wenn man jemanden aus der Generation der über Vierzigjährigen nach seinem Befinden fragt, betet er gern eine Liste mit Problemen herunter oder antwortet zumindest: »Nicht besonders.« Selbst wenn es einem gutgeht, würde er nicht wagen, das zuzugeben, aus Angst vor dem bösen Blick.

Seit dem Januar 1992 hatten allerdings viele Menschen einen triftigen Grund, sich zu beklagen. Die Regierung gab die Preise frei, und damit begann die Inflation. Die Preise für Lebensmittel, öffentliche Verkehrsmittel oder medizinische Versorgung stiegen rapide, und die verzögerte Anhebung der Gehälter und Renten konnte die galoppierende Geldentwertung nicht ausgleichen. Gleichzeitig füllten sich die leeren Geschäfte mit Waren. Als erste boten Straßenkioske, die zum Teil Tag und Nacht geöffnet waren, eine breite Palette von Importgütern an, die in den Regierungsläden nicht zu haben waren. Ihre Beliebtheit hat inzwischen jedoch wieder nachgelassen, und manche mußten schließen. Dafür gibt es jetzt größere Pavillons, in denen die Kunden bedient werden. Viele sind aber wieder zu den Geschäften in ihrer Nachbarschaft zurückgekehrt, die jetzt ebenfalls volle Regale und konkurrenzfähige Preise haben, und oft kaufen die Reichen und die Armen, die Tür an Tür wohnen, in denselben Läden. Die unterschiedliche Kaufkraft ist allerdings eine neue Quelle für Ressentiments und Neid. Immer wieder höre ich Bemerkungen wie: »Vor ein paar Jahren konnte ich mir viel mehr leisten als heute.« Über siebzig Jahre lang haben die Menschen in einem subventionierten Wirtschaftssystem gelebt, das ihnen niedrige Preise und die Möglichkeit, zumindest die Grundnahrungsmittel einkaufen zu können, garantierte. Nun sind einige dieser Lebensmittel wie Butter, Obst, Käse und Wurst zu Luxusgütern geworden.

Viele der Unzufriedenenen haben die Entbehrungen der Vergangenheit bereits vergessen. Bis 1992 war mindestens zweistündiges Schlangestehen nach Nahrungsmitteln und anderen Waren des täglichen Gebrauchs tägliche Routine. Als Zucker noch rationiert war, habe ich alte Leute einen ganzen Tag lang nach einem Kilo anstehen sehen. Junge und modebewußte Leute haben fünf Stunden lang in einer Warteschlange ausgeharrt, um italienische Schuhe zu erstehen, die sie ein Monatsgehalt kosteten. In Büros und Ämtern hat man den Mitarbeitern erlaubt, während der Arbeitszeit einzukaufen, denn abends waren viele Dinge nicht mehr erhältlich.

Telefongespräche dienten oft nur dem Austausch von Informationen, wo und wie ein bestimmter Artikel zu ergattern wäre. Wenn ich irgendwo etwas entdeckte, was gerade selten war, habe ich es für meine Freunde gekauft. Dinge zu horten, die schwer zu bekommen waren, gehörte zum Alltag.

Die neue Marktwirtschaft bietet jetzt für jeden etwas. In einem Supermarkt war ich völlig verblüfft über den Preis einer Flasche Wein. »Wer kann es sich leisten, 150 000 Rubel (damals rund 150 Mark und so viel wie zwei Monatsrenten) dafür zu bezahlen?« fragte ich die Verkäuferin. Es handele sich um eine Flasche Rotwein von der Krim, Jahrgang 1937, erklärte sie mir, und sie sei für »Sammler« bestimmt. Neben mir brach Gelächter aus, und jemand sagte: »Sie nennen sie ›Sammler‹, aber für mich sind das Diebe.«

Damit waren die Neureichen gemeint, von denen es immer mehr gibt. Auch die normale Kriminalität hat seit Anfang der neunziger Jahre dramatisch zugenommen, und die Behörden haben entweder nicht die Absicht oder nicht die Möglichkeit, Recht und Ordnung durchzusetzen und den Bürgern das Gefühl von Sicherheit zu geben. Angesichts dieser Situation hat die Regierung einen zwölfseitigen Führer darüber herausgegeben, wie man es verhindert, Opfer eines Verbrechens zu werden.

Das Hotel »Slawianskaja«, in dem meine Mutter 1994 wohnte, hat für seine Gäste ebenfalls Sicherheitsempfehlungen herausgegeben. Ein paar sind mir in Erinnerung geblieben: »Lassen Sie sich von Fremden nicht mitnehmen.« »Nehmen Sie keine Drinks an.« »Seien Sie auf der Hut vor Straßenkünstlern und Ablenkungsmanövern. Eine beliebte Methode ist, daß sich ein Taubstummer mit einem Zettel an sein Opfer heranmacht, während ein zweiter Taubstummer dessen Taschen ausnimmt.« »Achten Sie auf Anrempeleien, vor allem an überfüllten Orten wie Flohmärkten oder der Metro: Taschendiebe stoßen oft mit ihren Opfern zusammen, um sie dadurch abzulenken.« »Achten Sie auf Zigeuner und auf Banden von Zigeunerkindern. Mit Vorliebe umringen sie jemanden, betteln ihn an, greifen nach ihm und fangen dann plötzlich an, seine Kleidung zu durchsuchen und ihm Taschen zu entreißen. Wenn Sie ihnen nicht sofort entgehen können, wehren Sie sie heftig ab. Schreien Sie und schwingen Sie Ihre Tasche oder Ihren Schirm, um sie auf Distanz zu halten, denn es ist bekannt, daß sie ihre Opfer beißen oder mit Nadeln stechen.«

Der Direktor beendet seine Warnungen mit dem Satz: »Wir möchten Ihnen mitteilen, daß Moskau sicherer ist als viele andere Städte ...«

So gut sich diese Ratschläge auf dem Papier lesen, deutschen Freunden, die am hellichten Tage von drei jungen Zigeunern angegriffen wurden, nützten sie nichts. Fußgänger und sogar ein Polizist sahen, wie sie überfallen wurden, griffen aber nicht ein. Ich selber kam bei einem Zwischenfall weitaus glimpflicher davon. Eines Tages wartete ich mit einem Bekannten an einer Autobahn darauf, von einem Tankwagen Benzin zu kaufen. Aus irgendeinem Grund war Treibstoff damals gerade knapp, und ich freute mich, daß wir nach einer Stunde schließlich an der Reihe waren. In diesem Augenblick fuhr ein teurer, bordeauxfarbener Land Rover mit dunklen Scheiben an uns vorbei und setzte sich vor uns. Durch ein offenes Fenster sah ich, daß drei junge Gangster-Typen in dem Wagen saßen. Ich war so empört, daß ich jede Vorsicht vergaß und ihnen gerade gehörig meine Meinung sagen wollte, als mein Bekannter mich zurückhielt: »Willst du für eine solche Kleinigkeit wirklich dein Leben riskieren? Sie sind bewaffnet und können dich umbringen. Und dann fahren sie unbehelligt davon.« In diesem Moment gingen mir Statistiken, die ich gerade gelesen hatte, durch den Kopf: 1993 sind dreiundsechzig Ausländer in Rußland ermordet worden, zwölf russische Banker wurden durch Killer umgebracht, fünfunddreißig Polizisten in Moskau getötet und so weiter. Alle diese Fälle blieben ungesühnt.

Wenn ich durch die Straßen gehe, sind mein Kopf und meine Augen ständig in Bewegung, getreu dem Ratschlag von Freunden »Du mußt sowohl Augen auf dem Rücken als auch an beiden Seiten deines Kopfes haben.« Sie haben mich auch davor gewarnt, abends alleine auszugehen oder ohne Begleitung heimzukommen, wie ich es gewohnt war. Diebstahl ist in Moskau ein ernstes Problem geworden. So habe ich die gesprungene Windschutzscheibe meines russischen Schiguli nicht ersetzt, damit er möglichst unattraktiv aussieht. Dennoch pumpen sie immer wieder meinen Tank leer und lassen die Scheibenwischer mitgehen. Abgeschlossene Türen können keinen Dieb aufhalten, und so lasse ich nie etwas im Wagen, was sich zu stehlen lohnt. Nachdem Freunden einmal von besonders gewieften Experten die Geldbörsen aufgeschlitzt und der Inhalt entwendet worden war, bleiben meine wichtigen Papiere und Ausweise immer zu Hause, und ich habe nur noch Kopien bei mir.

Moskaus Bürger versuchen, sich auf vielerlei Weise gegen die Kriminalität zu schützen. Sie tragen Geldgürtel und bewaffnen sich mit Gaspistolen und anderem Schießgerät. Sie legen sich Hunde zu, die sie abrichten. Wohnungen bekommen Stahltüren, vergitterte Fenster und Sicherheitsvorrichtungen. Autos werden mit allen möglichen Alarmanlagen ausgerüstet – doch keine dieser Maßnahmen trägt dazu bei, die Kriminalitätsrate deutlich zu senken.

Ein Freund sagt: »Früher hatten wir einen KGB-Staat, jetzt haben wir einen Kriminellen-Staat.«

Polizisten werden »Verbrecher in Uniform« genannt, ein Titel, den viele durchaus verdienen. Der Beruf des Polizisten ist plötzlich begehrenswert geworden, denn er bietet durchaus viele Vorzüge. Die höheren Ränge rasen in einem Ford oder BMW durch die Stadt und scheren sich um keine Verkehrsregeln. Eine Freundin hat mir von ihrem Cousin erzählt, der nur ein halbes Jahr bei der Polizei gewesen ist und sich in dieser Zeit einen Wagen und Möbel für seine Wohnung gekauft hat. Früher konnte sich das kaum ein Beamter leisten. Ich habe zufällig kürzlich einen uniformierten Ordnungshüter beobachtet, der an einer Tankstelle seinen Privatwagen auftankte und selbstverständlich ohne zu bezahlen davonfuhr. Ein paar Tage später sah ich, wie der Besitzer eines falschgeparkten Mercedes zwei Polizisten Geldbündel in die Hand drückte, damit sie die Reifenkralle entfernten.

In einem Radioprogramm bekommen die Zuhörer Tips, wie sie den allgemein als korrupt geltenden Beamten zumindest nachts eins auswischen können. Autofahrern wird geraten, Papier in der Größe von Dollarnoten zuzuschneiden, das Bündel mit ein paar echten Scheinen oben und unten fest zusammenzubinden und es bei einer Kontrolle dem Polizisten zuzustecken. Die Aussicht, daß er den Schwindel bemerkt, sei bei den schlechtbeleuchteten Straßen ziemlich gering.

Verkehrspolizisten und Angehörige des Sondereinsatzkommandos OMON führen sich auf, als hätten sie uneingeschränkte Rechte, und russische Autofahrer sind gegen ihre Brutalität und ihre Schikanen praktisch wehrlos. Ausländer, die an ihren Kennzeichen auszumachen sind, werden allerdings ebenfalls belästigt. Viele Male schon haben mich Polizisten angehalten, weil sie hofften, mir ein Dollar-Schmiergeld abzuhandeln, damit sie mich nicht wegen einer angeblichen Verkehrsübertretung anzeigen. Bisher mußten sie aber immer einsehen, daß sie nur ihre Zeit verschwenden. Meine Taktik besteht darin, daß ich ausschließlich Englisch spreche und nicht zu erkennen gebe, daß ich auch Russisch verstehe. Da sie gelernt haben, daß Zeit Geld bedeutet, wird ihnen rasch klar, daß sie mit mir nur unnütz kostbare Minuten verschwenden. Je eher sie mich wieder loswerden, desto früher können sie einen anderen Fahrer abkassieren. Wenn sie, während sie noch mit mir verhandeln, einen anderen Wagen herauswinken, ist das für mich das Zeichen, daß sie von mir genug haben.

Obwohl ich es selber nie erlebt habe, weiß ich von vielen Freunden, daß sie nachts von maskierten OMON-Angehörigen angehalten worden sind, die nach Drogen und Waffen fahnden. Alle Wageninsassen mußten aussteigen und eine Körperkontrolle über sich ergehen lassen. Frauen haben sich beklagt, daß sie dabei mißhandelt worden seien, und auch die südländisch wirkenden Männer aus dem Kaukasus werden oft schikaniert. Ein falsches Wort oder ein Scherz genügt, und man wird zusammengeschlagen und bleibt am Straßenrand mit einem blutigen Gesicht oder gar mit gebrochenen Rippen zurück.

In der Vergangenheit sind die Besitzer von Mercedes, BMWs oder Volvos immer Ausländer gewesen. Inzwischen sitzen auch oft übelaussehende Russen von Anfang zwanzig hinter den Lenkrädern teurer Wagen. Selbst in dichtem Verkehr fahren sie wie Verrückte und verhalten sich so, als gehörten die Straßen und die Polizei ihnen. Eine rote Ampel gilt nur für die anderen Fahrer. Wenn sie einen Fußgänger totfahren, ist die Sache mit tausend Dollar Schmiergeld erledigt.

»Wer sind diese Kriminellen?« fragte ich einen Freund. »Fast alle sind junge Männer aus einem Teil der Arbeiterklasse, denen es an Erziehung und Kultur ebenso mangelt wie an Geld. Sie waren Niemande, als sie aufwuchsen, aber jetzt, mit ihren teuren Autos, glauben sie, jemand zu sein. Mit Geld können sie sich das Recht kaufen, sich so aufzuführen, wie es ihnen gefällt. Sie sind völlig anders als die, deren Kindheit schon von Privilegien geprägt war und die gelernt haben, sich anständig zu verhalten.«

In der Vergangenheit achtete man darauf, seinen Reichtum zu verbergen. Nun ist es allgemein üblich, in der Öffentlichkeit mit Bündeln von Rubeln oder ausländischem Geld herumzuwedeln. Ein Freund hat mir von einem Mann erzählt, der in einem Restaurant seine Aktentasche auf den Tisch gelegt hat. Als die Kellnerin dagegen protestierte, entgegnete er, das sei seine Geldbörse.

Auch kaugummikauende Jungen, die nicht älter aussehen als zwölf, haben bereits Wege gefunden, in der Zeit, in der sie eigentlich in der Schule sein sollten, zu Geld zu kommen. Sie stehen neben den Ampeln und verkaufen den Autofahrern alles mögliche – von Moskauer Stadtplänen über Pornohefte bis hin zu Bananen. Andere flitzen an die Autos und waschen, in der Hoffnung auf ein Trinkgeld, rasch die Windschutzscheiben sauber. Ich vermute, sie gehören zu der neuen Gruppe der »Schlüsselkinder«, deren berufstätige

Eltern ihrem Nachwuchs Schlüssel geben, damit er in die leeren Wohnungen kommt.

Andere Jugendliche stehen zerlumpt und barfuß an den Ampeln. Sie gehen von Wagen zu Wagen und betteln, und wenn sie irgendwo ein offenes Fenster oder eine offenstehende Tür entdecken, nutzen sie die Gelegenheit zu einem Diebstahl.

Bis Ende der achtziger Jahre waren Auslandsreisen ein hochgeschätztes Privileg, das nur bestimmten Personen wie hohen Regierungsbeamten oder Mitgliedern der Nomenklatura gewährt wurde. Wer nicht zu diesen Auserwählten gehörte, mußte entwürdigende Befragungen und Loyalitätsprüfungen über sich ergehen lassen, ehe er ein Visum bekam und das Land verlassen konnte. Bei Gruppenreisen in fremde Länder war immer ein KGB-Begleiter dabei.

Wenn Freunde von mir damals ins Ausland fuhren, nahmen sie immer reichlich Proviant mit, um ihre kostbaren Devisen für Dinge, die es daheim nicht gab, verwenden zu können. Einige packten auch Wodka und Kaviar ein, um damit vielleicht ein paar Geschäfte machen zu können.

Jetzt ist Geld zum einzigen Kriterium für eine Auslandsreise geworden, und niemand muß, wie früher, nachweisen, woher er es hat. Seit der Auflösung der Sowjetunion ist allerdings ein Urlaub auf der Krim teurer geworden als zum Beispiel eine Fahrt nach Zypern. Als ich kürzlich vor einem der vielen offiziellen Wechselbüros in Moskau stand, bekam ich die Unterhaltung des Kassierers mit dem Mann vor mir mit, der wie ein richtiger Ganove aussah. Er wollte eine ganze Handvoll Rubelscheine in ausländisches Geld umtauschen und am nächsten Tag nach Zypern fahren. Die Insel ist ein

Lieblingsziel vieler Geschäftemacher geworden, die dort mit ihrem Geld nur so um sich werfen. Inzwischen ist der Einfluß der Russen schon so groß, daß die dortige Regierung auf alle Visa-Vorschriften verzichtet und das Personal in den Hotels und Läden Russisch lernt.

In den Fenstern und an den Wänden privater Reisebüros hängen jetzt Plakate mit verführerischen Aufnahmen von Stränden auf den Kanarischen Inseln, in Griechenland und Italien. Man muß sich nur noch entscheiden, wohin man will – den Rest erledigt das Reisebüro. Die einzigen, die auch jetzt noch nicht ins Ausland dürfen, sind Leute, die in ihrem Beruf Zugang zu Staatsgeheimnissen haben.

Doch alle anderen, die Geld haben, nutzen die Liberalisierung der Reisevorschriften, um sich den Traum ihres Lebens zu erfüllen und andere Länder zu besuchen. Und eine Reise über die Grenze ist jetzt eher ein kulturelles Erlebnis als eine Einkaufstour wie einst. Eine russische Freundin, die mich in Deutschland besucht hat, sagte: »Ich muß hier nicht mehr einkaufen, denn zu Hause gibt es alles und obendrein viel billiger.«

Eine andere Freundin hat die Veränderungen in ihrer Heimat so zusammengefaßt: »Früher lebten wir in einem friedlichen und stabilen Haus, unter dem Dach der Regierung. Die Tür zur Außenwelt war geschlossen. Das Existenzminimum war garantiert, und der Durchschnittsbürger hatte keine Probleme. Die Gehälter und Renten waren niedrig, aber die Preise ebenfalls. Wir hatten nicht die Qual der Wahl, weil es praktisch keine Alternativen gab. Wir mußten uns nicht überlegen, wo wir Urlaub machen, welchen Käse wir kaufen oder welches Auto wir fahren sollen. Vom Tag unserer Geburt bis zu unserem Tod war alles geplant. Jetzt steht die Tür nach draußen offen, das Dach ist weg, und wir sind gezwungen, für uns selbst zu sorgen. Viele Menschen, die über fünfundvierzig sind, kommen mit diesen Veränderungen nicht mehr zurecht, während die Jugend in dieser neuen Welt mit ihren unbeschränkten Möglichkeiten aufblüht.«

Meine russischen Nachbarn

Im März 1994 traf ich einen Entschluß, der mein Leben entscheidend verändern sollte. Ich mietete mir eine Wohnung in einem Haus, in dem nur Russen leben. Bis dahin hatte ich in einer der Siedlungen gewohnt, die Ausländern zugeteilt werden. Wer außerhalb dieser Siedlungen leben oder auch nur die Nacht anderswo verbringen wollte, brauchte eine Sondergenehmigung. Ich habe die Isolation und die Kontrolle in diesen Gettos gehaßt und deshalb meine Tage meist mit russischen Freunden in ihrer Welt verbracht, aber als die Kriminalitätsrate immer weiter zunahm, wußte ich die Präsenz der Miliz, die alle Kommenden und Gehenden in unserer Siedlung überprüfte, zu schätzen und hatte auch nichts mehr gegen die zivilen Wachmänner einzuwenden, die nur für Autos mit einer Berechtigung das Tor öffneten.

Eine Ausländerkolonie hat aber auch noch andere Annehmlichkeiten, zum Beispiel den Service. Klempner und Elektriker kommen unverzüglich, wenn man sie braucht. Eine defekte Heizung wird im Winter innerhalb weniger Stunden repariert; ein kaputter Fahrstuhl ist ebenfalls in kürzester Zeit wieder in Ordnung. Dreck im Treppenhaus oder bei den Mülleimern wird täglich entfernt. Die Flure sind beleuchtet; das Telefon funktioniert, der Parkplatz wird bewacht. Auch die medizinische Versorgung ist prompt.

Meine Entscheidung, in ein Gebäude zu ziehen, das weder die Sicherheit noch die Bequemlichkeiten zu bieten hatte, die für mich über fünfzehn Jahre lang selbstverständlich gewesen waren, hing mit meinem Wunsch zusammen, unter ganz normalen Bürgern in ihrer ganz normalen Welt zu leben. Ich schrieb also auf eine Anzeige in einer Moskauer Tageszeitung, und schon ein paar Tage später zeigte mir eine muntere und hübsche Maklerin mein zukünftiges Zwei-Zimmer-Apartment. Ich war eine ihrer ersten Kundinnen, sie hatte gerade ihren Beruf als Ärztin aufgeben müssen, weil sie mit ihrem Gehalt die medizinische Behandlung ihres bluterkranken Sohnes nicht mehr bezahlen konnte.

Die Wohnung gefiel mir auf den ersten Blick, und ich wäre gern sofort eingezogen, doch erst wollte mich noch die Besitzerin sehen. Offiziellen Statistiken zufolge ist Moskau inzwischen eine der teuersten Städte der Welt, und einem Ausländer eine Wohnung zu vermieten oder zu verkaufen, ist ein profitables Geschäft geworden. Die Eigentümerin, eine Künstlerin, sagte, sie wolle ihre Apartment nur einem Ausländer überlassen, obwohl ein Aserbaidschaner bereit wäre, mehr zu bezahlen, als sie verlangt habe. »Ich fürchte, daß er mir meine Wohnung wegnehmen will«, erklärte sie. Damals verstand ich nicht, was sie damit meinte, sondern war nur froh, daß sie den Zweijahresvertrag mit mir und nicht mit ihm unterschrieb.

Mein neues Heim ist wie für mich gemacht. Es befindet sich im Herzen der Stadt, aber weit genug vom Lärm und Schmutz der großen Straßen entfernt. Aus allen Fenstern blickt man auf Bäume, und ich habe fast das Gefühl, auf dem Lande zu sein.

Die Küche, in der die Russen die meiste Zeit verbringen, ist groß genug, um dort Gäste zu bewirten, und es gibt auch einen Balkon, auf den sie zum Rauchen hinausgehen können. Russen, die berüchtigte Raucher sind, stecken sich ihre Zigaretten nämlich nicht in den meist sehr beengten Wohnungen an, sondern paffen auf den Fluren, im Treppenhaus oder eben auf dem Balkon, der deshalb meist mit Kippen übersät ist.

Meine Wohnungsbesitzerin hatte die Räume mit dem Nötigsten ausstatten lassen. In der Küche standen ein Kühlschrank, ein rostiger und schlecht funktionierender Gasherd, ein Tisch und ein paar Stühle. Das ungefähr vierzehn Quadratmeter große Wohnzimmer war spartanisch mit zwei modernen weißen Glasschränken eingerichtet, und an der Wand hing ein hübsches, von der Eigentümerin signiertes Stilleben. Im Schlafzimmer gab es ein Doppelbett und einen Einbauschrank. Wie in den meisten russischen Wohnungen ist das Klo in einem winzigen Raum von der Größe einer Besenkammer. Das Badezimmer daneben hat eine Wanne für ziemlich kleine Menschen und ein Waschbecken, das von zwei in der Wand einzementierten Metallstäben mühsam im Gleichgewicht gehalten wird.

Wie in den meisten russischen Dielen steht auch hier ein Schuhbord, und ich habe es unverzüglich mit Pantoffeln in verschiedenen Größen für meine Gäste bestückt. Wenn Russen in eine Wohnung kommen, ziehen sie nämlich – auch als Besucher – die Schuhe aus, damit der Schmutz von der Straße nicht in die Zimmer getragen wird. Moskau ist eine unbeschreiblich dreckige Stadt, und eine russische Freundin, die mich einmal in Köln besuchte, war ganz erstaunt, daß ihre Schuhe immer noch sauber aussahen, nachdem sie einen ganzen Tag in der Stadt herumgelaufen war.

Außerdem legen Russen großen Wert auf ihre äußere Erscheinung, und daher gehören große Spiegel sowohl zu Hause als auch in Ministerien, Krankenhäusern und anderen öffentlichen Gebäuden zur unentbehrlichen Einrichtung. Meine Wohnung ist keine Ausnahme. In der Diele hängt ein Spiegel, der mir einen vollen Blick auf meine 178 Zentimeter erlaubt.

All das zu besorgen, was in meiner Wohnung noch fehlte, erwies sich als viel einfacher, als ich erwartet hatte. Noch vor einem Jahr gehörten Einrichtungsgegenstände in Moskau zu den großen Raritäten, und Freunde mußten oft monatelang warten, bis sie bekamen, was sie bestellt hatten. Jetzt hängen überall in den Straßen Werbeplakate für finnische, italienische und russische Möbel, und ich ging von einer Adresse zur nächsten. Das attraktive Angebot in den Läden hat mich ebenso überrascht wie die Tatsache, daß die gekauften Gegenstände noch am selben Tag geliefert wurden. Hätte ich meine Einrichtung in Deutschland bestellt, wäre das deutlich teurer und zeitaufwendiger geworden.

Zwei Tage, nachdem ich mein Apartment bezogen hatte, kamen meine ersten russischen Gäste, die sich mit mir über meine Neuerwerbung freuten. Sie konnten allerdings kaum glauben, daß der glatte schwarze Schreibtisch, die Stühle, Tische und Bücherregale ebenso wie der moderne Gasherd mit Grill aus russischer Produktion stammten und obendrein relativ preiswert waren. Am nächsten Tag gingen sie in dieselben Läden und kauften ähnliche Sachen ein. Ich freute mich, daß sich meine Freunde, die nicht über viel Geld verfügen, endlich die gleichen Möbel wie ich kaufen konnten. Bisher hatte es so etwas nur in den Devisenläden gegeben, in denen nur die privilegierten Ausländer einkaufen durften. Jetzt haben Russen und Fremde dieselbe Auswahl und können, Geld vorausgesetzt, dieselben Läden benutzen. Eine Freundin sagte zu mir: »Bis Anfang der neunziger Jahre war alles, was wir bei dir zu essen bekamen, eine Delikatesse, die wir nie zuvor gesehen und geschmeckt hatten. Nun ist alles auf deinem Tisch aus unseren Geschäften.«

Das Haus, in dem sich mein Apartment befindet, gehört zu einem großen Wohnblock, aber mit seiner hellen Zementfassade sticht es aus den angrenzenden roten Backsteingebäuden heraus. Auch der Parkplatz vor dem Eingang zieht mit seiner einmaligen Ansammlung von Vehikeln die Augen auf sich. Neben einem verrosteten Moskwitsch mit vier platten Reifen ist die Karosserie eines ausgeschlachteten Wagens hochkant auf die Seite gekippt worden. Ein anderes russisches Auto ist ganz mit Kästen vollgestopft, und auf dem Dach eines vierten Wagens, der mit Baumaterial angefüllt ist, spielen Kinder. Der neue Schiguli wird nur sichtbar, wenn sein Besitzer die – an die Haut eines Reptils erinnernde – Umhüllung entfernt, die er sowohl als Garage wie auch als Diebstahlschutz nutzt; der betagte Lincoln Continental gehört einem schmierig aussehenden Russen, dessen Kopf meist unter der Motorhaube seines Wagens steckt.

Wenn das Wetter gut ist, sieht unser Hof wie eine Autowerkstatt aus. Überall reparieren Männer in Arbeitszeug an ihren Wagen herum, die sie gewöhnlich so stellen, daß kein anderes Auto mehr hinein- oder herausfahren kann. Auf andere Rücksicht zu nehmen, haben die meisten Russen ohnehin nicht gelernt. Oft wird bis spät in die Nacht irgendwo laut gebohrt oder gehämmert. Alte und Behinderte dürfen von ihrer Umgebung keine Hilfe erwarten. Autos halten nicht vor Fußgängern, egal welchen Alters.

An Regentagen schwimmt die Stadt im Dreck. Das mangelhafte Abwassersystem ist für die Autofahrer eine große Bedrohung, vor allem in Tunneln, die nach Wolkenbrüchen vollaufen. Aber selbst nach leichtem Regen haben wir auf unserem Parkplatz tagelang Pfützen und Schlamm. Dann lege ich in meiner Diele Zeitungen aus, die den Schmutz und die Nässe aufsaugen sollen.

An sonnigen Tagen aber freue ich mich auf die Gesichter der Achtzigjährigen, die dann auf der Bank neben dem Eingang sitzen. Schon ihre Kleidung verrät, daß sie aus der Provinz kommen. Egal, wie warm oder kalt es ist, sie haben dicke Wollstrümpfe in ihren schwarzen Filzstiefeln an und tragen immer einen Schal um den Kopf. Sie müssen sich gegenseitig anschreien, damit sie sich verstehen können, und starren mit blinzelnden Augen auf jeden Vorübergehenden. Ihr liebstes Gesprächsthema ist das Wetter.

Der Code, mit dem wir die Tür zu unserem Haus aufbekommen, funktioniert gewöhnlich nicht, daher steht die Tür meist offen. Das bedeutet, daß jedermann Zutritt hat, auch Alkoholiker, die gelegentlich die faulig stinkende Eingangshalle als Toilette benutzen. Wenn ich heimkomme, blicke ich als erstes jedesmal mit einem unbehaglichen Gefühl hinüber in die dunkle Ecke rechts vom Treppenhaus. Dort kann sich leicht jemand verstecken. Im Briefkasten nach Post zu sehen, ist hier überflüssig, denn irgendwelche jungen Bengels brechen ständig die Schlösser auf und nehmen den Inhalt mit.

Meine Wohnung liegt im zweiten Stock des zwölfgeschossigen Hauses, und da ich es immer eilig habe, in meine sicheren vier Wände zu kommen, renne ich stets die Treppe hinauf. Dann muß ich nur noch die zugesperrte Tür meines Treppenflurs aufschließen, was mir schon am Tag meines Einzugs ein großes Problem bereitet hatte. Nachdem ich damals vergebens versucht hatte, die Tür mit meinem Schlüssel zu öffnen, habe ich die Klingeln meiner drei Nachbarn gedrückt, in der Hoffnung, daß wenigstens einer zu Hause wäre. Nach einer Weile hörte ich, wie eine Tür aufging, und durch das Milchglas vor mir sah ich, wie eine alte Frau auf mich zu schlurfte. »Wer sind Sie?« fragte sie durch ihre immer noch geschlossene Tür. Als ich erwiderte, ich sei ihre neue Nachbarin, sagte sie: »Ich kenne Sie nicht, und einem Fremden mache ich nicht auf.« Nach längerem Hin und Her ließ sie mich schließlich doch zögernd herein, und ich roch den scharfen Gestank von Katzenpisse, der aus ihrer Wohnung in den Flur drang.

Das Problem mit dem defekten Schloß löste ein Freund. Er fand in meinem Viertel einen fliegenden Händler, der ein Schloß in der richtigen Größe hatte, und noch am selben Abend war es eingesetzt.

Natürlich brauchten auch meine Nachbarn neue Schlüssel, und das gab mir die Gelegenheit, sie kennenzulernen. Die alte Frau nebenan war so dankbar, daß sie mir eine ihrer Katzen anbot, die wiederum die offene Tür ausnutzte, um sich in meinem Apartment zu verstecken. Ein Paar Anfang zwanzig überraschte mich mit seinem perfekten Englisch und lud mich ein, bald mal zu einem Tee herüberzukommen. Die alleinstehende Mutter, die mit ihrer Tochter gegenüber von mir wohnt, wollte mir Geld für den Schlüssel geben, und als ich ablehnte, gab sie mir ein Glas selbstgemachter Marmelade mit Früchten aus dem Garten ihrer Datscha.

Nachdem also dieses Problem gelöst war, brauchte ich jemanden, der mir half, mit den verschiedenen Sicherheitsschlössern an meiner gepolsterten Wohnungstür zurechtzukommen. Mein Freund zeigte mir auch das. Ich mußte mich mit der Schulter gegen das Holz lehnen und dabei mit dem Schlüssel behutsam im Schloß herumwackeln. Während ich übte, meinte er lässig: »Ein Einbrecher kriegt das Ding in Sekunden auf«, und dann machte er es mir vor.

Im Sommer ist die Wohnung dank der Bäume draußen selbst an heißen Tagen kühl. Im Winter sorgt die Heizung für bescheidene Wärme, aber wenn ich die Fenster nicht mit einem schwammartigen Material isoliert hätte, wäre es drinnen fast genauso kalt wie draußen. Trotz dieser Maßnahme bleibt es ungemütlich, und ich habe zunächst die Kälte bekämpft, indem ich heiße Bäder nahm, mich in Decken wickelte und an besonders frostigen Tagen meinen warmen Wintermantel anzog. Dann gaben mir russische Freunde den Rat, in der Küche den Gasherd anzumachen, und jetzt verbringe ich die meisten kalten Tage dort.

Die Liste der häuslichen Mißlichkeiten erschien mir zunächst endlos. Ich war ja schon daran gewöhnt, daß im Sommer das heiße Wasser für einen Monat, in dem die Rohre gereinigt wurden, abgedreht war, aber in meinem neuen Apartment spielt die Jahreszeit keine Rolle. Manchmal drehte ich den Hahn auf, und es gab entweder gar kein warmes Wasser, oder es war rostig verfärbt. Vorsichtshalber habe ich immer einen großen Topf, gefüllt mit Wasser, in der Küche stehen. Außerdem tropfen die Wasserhähne ständig, keinem Klempner gelingt es, sie dauerhaft zu reparieren.

Auch im Kampf gegen die Kakerlaken gab es Höhen und Tiefen. Eine chinesische Spezialkreide vertrieb sie zunächst für ein paar Monate, doch dann kehrten sie in voller Stärke zurück. Das russische Hausmittel, mit dem ich es dann versuchte, bescherte mir nur geringen Erfolg.

Mein Telefon ist eine weitere Quelle für Frustrationen, aber auch für gelegentliche Heiterkeit. Ich teile mir den Anschluß mit einem Nachbarn, der irgendwo anders im Haus wohnt und oft stundenlang telefoniert, so daß ich weder angerufen werden noch selber anrufen kann. Anfangs habe ich mir überlegt, ob ich mir einen Anschluß für mich allein leisten sollte, doch als ich hörte, daß mich das 2000 Dollar Schmiergelder kosten würde, gab ich den Gedanken wieder auf.

Eine Nummer zu wählen, ist stets eine Herausforderung. Egal wie sorgfältig ich dabei vorgehe, ich bekomme meist einen völlig anderen Teilnehmer an den Apparat. Sogar wenn ich mich selbst anrufe und eigentlich erwarten darf, daß der Anschluß besetzt ist, meldet sich irgendein Fremder. Bei einer Gelegenheit meldete sich viermal hintereinander immer derselbe falsche Anschluß, und die geduldige Frau auf der anderen Seite erbot sich schließlich, die Nummer, die ich erreichen wollte, für mich anzurufen. Ich gab sie ihr, und sie versprach, meinen Bekannten zu bitten, mich zurückzurufen. Nach wenigen Minuten hatte ich ihn am Hörer. Eine besondere Überraschung bereitete mir das defekte Telefonnetz einmal, als ich ein wichtiges Gespräch mit einem Journalisten führte und mir sehnlichst wünschte, ein Freund aus Deutschland könnte mithören. Plötzlich war er in der Leitung. Wie ich später erfuhr, hatte er nach dem Wählen meiner Nummer statt eines Frei- oder Besetztzeichens gleich mein Gespräch mitgehört. Wir hatten eine kostenlose Konferenzschaltung. Wieder und wieder wandte ich mich an die Telefongesellschaft, um den Fehler beheben zu lassen. Schließlich kam ein Mitarbeiter, überprüfte die Anschlüsse und versicherte mir, alles sei in Ordnung, doch bis heute funktioniert der Apparat nicht einwandfrei.

Russen sind, wie ich inzwischen oft erfahren habe, Meister im Improvisieren, eine Gabe, die bei vielem hilft, zum Beispiel bei der Reparatur meiner Toilette. Die Wohnungsbesitzerin war stolz darauf, daß sie eine neue hatte installieren lassen, und es gab wirklich nur ein kleines Problem: Die Klobrille paßte nicht auf die Schüssel, und man mußte darauf gefaßt sein, daß sie beim Benutzen zur Seite rutschte. Nachdem ich in Moskaus Läden vergebens nach der richtigen Größe gesucht hatte, kaufte ich so ein Ding in Deutschland und brachte es mit. Nach achtstündigem Hämmern und Meißeln, Schwitzen und Fluchen hatte der russische Klempner schließlich aus weißen, beigen und türkisen Einzelteilen die originellste und bunteste Toilette der Stadt mit der wunderbaren Brille installiert.

Die Müllschlucker dagegen, die sich auf den Treppenabsätzen zwischen den Stockwerken befinden, sind ein Beleg dafür, daß ein unbegabter Architekt unser Haus entworfen hat. Die Öffnungen haben die Größe von Babyschuh-Kartons. Da die meisten Mieter aber nicht bereit sind, ihren Müllschlucker mit dem Löffel zu füttern, liegt, obwohl das Treppenhaus jeden Tag von der schlechtgelaunten Nina geputzt wird, auf den Absätzen gewöhnlich stinkender Abfall.

Nur wenige Minuten von meiner Tür entfernt gibt es sowohl einen Lebensmittelladen, einen Brotladen als auch einen Markt, das Einkaufen ist also sehr bequem. Auf dem Weg zum Markt komme ich immer an einer privaten Bäckerei vorbei, die mit Maschinen aus Frankreich Baguettes produziert. Ein paar Schritte weiter ist ein Park, wo Alkoholiker mit Brot und Wodka frühstücken, Pärchen auf klapprigen Bänken schmusen und Hunde umhertollen.

Es ist allgemein bekannt, daß sich Moskaus Märkte in der Hand verschiedener Mafia-Banden befinden, meiner wird von der aserbaidschanischen Mafia kontrolliert, die angeblich auch viel Geld im Waffen- und Drogenhandel verdient. Sie verlangt von jedem, der auf dem Marktgelände etwas verkaufen will, eine Gebühr. Wer nicht zahlen will, bietet seine Ware heimlich an, wie der Kartoffelbauer, der seinen Lastwagen bei mir in der Gegend abstellt, oder die junge Frau, die mir ihren frischen Weißkäse in einer Fußgängerunterführung verkauft. Ihre Preise sind höchstens halb so hoch wie die auf dem Markt, aber sie riskiert, daß die Mafia sie erwischt und ihre Ware vernichtet. Niedergebrannte Kioske und ausgebrannte ausländische Autos zeugen davon, wie sich die Schutzgelderpresser, »racketeers« werden sie genannt wie in Amerika, an jenen rächen, die auf ihre Geldforderungen nicht eingehen.

Schon nach kurzer Zeit grüßten mich die Händler auf dem Markt. Sie hatten schnell begriffen, daß mein ausländischer Akzent ihnen nicht das Recht gab, von mir höhere Preise zu verlangen, wie sie es anfangs versucht hatten. Ich bin es gewöhnt, beim Einkaufen die Angebote miteinander zu vergleichen; so gehe ich von Stand zu Stand, höre zu, wieviel die anderen bezahlen, und bin dann bereit, genausoviel auszugeben.

Einmal habe ich drei Bananen gekauft, die auf der Marktwaage ein Kilo gewogen hatten, bei mir zu Hause aber nur 700 Gramm auf meine Handwaage brachten. Seither nehme ich sie immer in meiner Einkaufstasche mit. Ehe ich dann bezahle, bitte ich darum, die Ware selbst wiegen zu dürfen. Die ehrlichen Händler haben nichts dagegen und geben mir manchmal sogar mehr zum gleichen Preis.

Die Antworten der unehrlichen dagegen regen mich noch immer auf. »Benutzen Sie Ihre Waage zu Hause. Hier gilt unsere.« Einer hatte sogar die Unverschämtheit, von mir 1000 Rubel extra zu verlangen, wenn ich meine Handwaage benutzen wollte, und sein Kollege kommentierte: »Sie sind reich, welchen Unterschied machen 1000 Rubel schon für Sie?« Als ein anderer Händler meine Waage sah, schloß er seinen Stand. Nachdem ich weitergegangen war, machte er ihn wieder auf.

Als ich einmal einer Kundin, die mit einer Bananen-Verkäuferin um die Genauigkeit der Waage stritt, meine anbot, kam es zu einem lautstarken Wortgefecht. Von anderen Ständen kamen Frauen, um sich in die Auseinandersetzung einzumischen. »Es ist ein Jammer, daß wir jetzt schon unsere eigenen Waagen mit auf den Markt bringen müssen«, klagte eine. Andere fragten mich, ob ich auch ihnen meine Waage leihen würde. Eine Frau, die ein Abzeichen mit der englischen Aufschrift »Lose Weight Now, Ask Me How« trug und einen russischen »Herbal-Life«-Ausweis hatte, übernahm die Rolle der Schiedsrichterin. Am Ende zwang sie die

Händlerin, unterstützt von anderen, der Kundin soviel zu berechnen, wie meine Waage anzeigte.

Andere zu beschummeln ist für manche richtig zur Gewohnheit geworden. In Kiosken bekommen Flaschen mit irgendwelchem undefinierbarem Zeug falsche Wodka-Etiketten. Wohnungsdokumente werden manipuliert, und gemietete Apartments werden von ihren Mietern verkauft, als seien sie ihr Eigentum. An gestohlenen Autos werden die Seriennummern verändert. Leute erschwindeln sich mit falschen Dokumenten Kredite und verschwinden dann auf Nimmerwiedersehen. Investmentfirmen machen Bankrott, nachdem sie gutgläubigen Anlegern riesige Summen aus der Tasche gezogen haben. Der Einkaufsbummel in Europa wird mit Kreditkartenbetrügereien bezahlt. Die zahllosen Gaunereien erinnern mich an die Geschichte eines Russen, der nach Amerika ausgewandert ist. Er fand dort eine Stelle bei einem Schlachter, und um seinem Chef zu beweisen, daß er ein guter Mitarbeiter war, verstellte er die Waage und verlangte von jedem Kunden mehr, als der eigentlich zahlen mußte. Voller Stolz erzählte er schließlich seinem Chef von seiner Heldentat und dem Profit, den er für ihn herausgeschwindelt hatte. Der Schlachter entließ ihn auf der Stelle, nicht ohne ihn darüber aufzuklären, daß er derlei Methoden besser zu Hause gelassen hätte.

Aber meine Markterlebnisse bestehen nicht nur aus Streitereien. Es gibt auch angenehme Begegnungen, wie die mit einer alten, dick vermummten Dörflerin, die Eier verkauft. Ein gekritzelter Zettel, auf dem aufgelistet war, was ihre Küken zu fressen bekommen, hatte meine Aufmerksamkeit erregt, und während ich den Speiseplan las, erklärte sie: »Wer einmal meine Eier gekauft hat, kommt jede Woche wieder.« Als ich zehn verlangte, fügte sie hinzu: »Es wird Ihnen leid tun, daß Sie nicht mehr genommen haben.« Nachdem ich das erste probiert hatte, wußte ich, daß sie recht hatte.

Wenn ich irgendwo auf dem Markt traditionelle russische Kekse und Süßigkeiten finde, die inzwischen kaum noch aufzutreiben sind, und die teurer sind als die importierten, kaufe ich sofort ein paar Tüten voll. Sie sind nämlich die Lieblingsnascherei meiner neunzigjährigen Nachbarin, deren schlechte Gesundheit es ihr seit zwei Jahren nicht mehr erlaubt, die Wohnung zu verlassen. Seit der Errichtung des Hauses 1971 lebt sie schon in ihrem Apartment. Sie war Anwältin, wie ihr Mann, der vor fünfzehn Jahren gestorben ist. Kinder oder Verwandte hat sie keine, niemanden, der sich um sie kümmert, und so ist sie dankbar, daß Nachbarn ihr helfen.

Ich besuche sie regelmäßig. Anfangs wurde ich immer nervös, wenn sie nicht gleich öffnete – bis ich herausfand, daß sie schwerhörig ist und oft das Radio so laut stellt, daß sie das Klingeln nicht hört. Sie sieht immer sehr akkurat aus mit ihrem weißen, zurückgekämmten Haar, das sie im Nacken zu einem festen Knoten bindet, und der sauberen Schürze über ihrem geblümten Hauskleid. Ihre einzige Gesellschaft sind ihre nicht kastrierten und daher streng riechenden Katzen, die sie auf der Straße aufgelesen hat.

Ihr Ein-Zimmer-Apartment ist genauso gepflegt wie sie, und manchmal bittet sie mich herein, um mit mir zu plaudern. Stapel von Zeitschriften und überquellende Bücherregale nehmen den größten Teil des Raumes ein, in dem sonst nur noch ein Bett, eine Garderobe und zwei Tische stehen; und als Schmuck das Foto des berühmten Sängers und

Volkshelden Wladimir Wyssotzki, der vor einigen Jahren gestorben ist. Manchmal laufen Tränen über ihre Wangen, wenn sie von ihrer Einsamkeit spricht. »Das Alter ist eine furchtbare Angelegenheit. Ich sehe und höre schlecht und kann kaum noch gehen. Alle meine guten Freunde habe ich verloren. Ich wünsche mir nur noch, bald wieder bei meinem Mann zu sein.«

Ich versuche immer wieder, sie von ihren trübsinnigen Gedanken abzulenken, aber das ist, auch mit Keksen, nicht leicht. Eine andere Nachbarin, die sie seit fünfzehn Jahren kennt, erzählte mir, daß sie kaum jemals über sich selbst spricht und das ungewöhnlich ist, denn Russen hätten die Angewohnheit, selbst intime Dinge auch mit oberflächlichen Bekannten zu bereden.

So hält es auch meine Nachbarin Luda, die im zehnten Stock des Hauses wohnt. Ich habe sie an einem warmen Frühlingsabend durch Julia kennengelernt, ihre schwarze Mischlingshündin, die ein Fell wie ein Bobtail hat, aber wie ein Dackel aussieht. Mit wedelndem Schwanz ist sie auf mich zugekommen, und als ich mich herabgebeugt habe, um ihren Kopf zu streicheln und ein paar Worte zu ihr zu sagen, erklärte ihre Besitzerin unvermittelt: »Ich bin so glücklich heute.« Ihr Sohn hatte gerade die Prüfung für den zweiten Kurs am Theaterinstitut bestanden.

Spät nach Mitternacht erst habe ich ihre Wohnung mit dem Gefühl verlassen, sie schon seit Jahren zu kennen. Luda ist gesellig und impulsiv, wie viele russische Frauen. Mit ihrem Puppengesicht, ihren runden Wangen, den großen Augen und blonden Strähnen im kurzen Haar wirkt sie jünger als eine Mittvierzigerin. Wir haben den Erfolg ihres Sohnes mit Champagner gefeiert, und als wir das erste Mal anstießen, hat sie mir eine Anekdote aus der Zeit Peter des Großen erzählt. Wenn der mit einem Gast trank, pflegten sie vor dem ersten Schluck die Gläser so energisch anzustoßen, daß mindestens ein Tropfen aus dem einen in das andere schwappte. Das sollte beweisen, daß man sich nicht gegenseitig vergiften wollte.

Luda hat mir auch von ihrer Kindheit erzählt, in der sie sehr darunter litt, daß sie schielte. Aber nach zwei Operationen war das Problem behoben, und sie träumte davon, wie ihre Großmutter zur Bühne zu gehen. Während sie sich daran erinnerte, fiel mir auf, daß sie sehr akzentuiert und langsam und mit großen Pausen sprach, eben wie eine Schauspielerin.

Seither treffen wir uns gelegentlich, und Luda setzt ihre Geschichte immer an dem Punkt fort, an dem sie das letzte Mal aufgehört hat. Sie war dreimal unglücklich verheiratet, und jedesmal hatte sie einen Mann genommen, der ihr eigentlich nur leid tat. Hätte sie dagegen ihre große Liebe geheiratet, wäre alles ganz anders gekommen, sagt sie. Aber der war Jude, und sie hatte Angst, daß man ihre gemeinsamen Kinder diskriminieren würde.

Ihr letzter Ehemann war Bulgare, und er hatte sie für acht Jahre mit in seine Heimat genommen. Dadurch verlor sie fast jeglichen Kontakt zu den Moskauer Bühnenkreisen, und als sie vor vier Jahren zurückkehrte, wollte ihr Sohn aufs Theaterinstitut gehen, und sie mußte ihn unterstützen. Das Gehalt einer kleinen Schauspielerin war dafür allerdings nicht ausreichend, und so nahm sie eine Stelle in einer Bank an, die zwar gut bezahlt wird, aber langweilig ist.

Als ich sie eines Tages wie üblich gegen Mitternacht besuchte, sah ihr Flur wie eine Baustelle aus. Sie wollte ihren

Balkon zumauern und daraus ein drittes Zimmer machen lassen. Ein Jahr zuvor hatte sie schon ihre Küche renovieren lassen; sie hatte überhaupt, wie viele Russen, ständig irgendwelche Umbaupläne.

Gelegentlich ist bei unseren Unterhaltungen ihr Sohn Wassijew dabei, und wenn ich nicht wüßte, daß er 22 ist, würde ich aus seinem Benehmen und seinem Verhalten gegenüber seiner Mutter schließen, daß er noch in der Pubertät sei. Luda ist eine typische, dominante russische Mutter, die für ihre gehorsamen Kinder alle Entscheidungen trifft. Bevor Wassijew sich zu uns an den Tisch setzt, befiehlt sie ihm zum Beispiel, sich umzuziehen und die Hände zu waschen. Dann allerdings bedient sie ihn wie einen Pascha.

Wassijew trägt Zahnspangen, was für einen Mann in seinem Alter ja ziemlich ungewöhnlich ist, und bevor er an dem Tag, als wir uns kennenlernten, den ersten Bissen Reis essen konnte, wies seine Mutter mich auch noch auf seine Spangen hin. Es störte ihn nicht im geringsten, daß seine Zähne Gegenstand unserer Unterhaltung waren, und er setzte seine Mahlzeit fort, während seine Mutter weiterplapperte. Die Behandlung kostet ein Vermögen, aber Luda findet, daß ordentliche Zähne für eine Schauspielerkarriere unentbehrlich sind.

Sie sagte auch, daß sie sich sorge, weil Wassijew in seinem Alter immer noch Single ist, und fragte mich, ob ich nicht ein Mädchen für ihn wüßte. An diesem Punkt meldete er sich erstmals zu Wort und meinte, daß es wohl in ihrer Jugend Mode gewesen sei, noch vor zwanzig zu heiraten. Doch heute würden die Männer mit der Ehe bis Ende zwanzig warten; dann erst wären sie nämlich in der Lage, eine Familie ernähren zu können.

Das Thema Ehe brachte Luda dazu, über die Prostitution in Moskau zu sprechen. »Die Huren sind nicht mehr daran interessiert, einen Ausländer zu heiraten, damit sie ein Visum bekommen. Jetzt halten sie nach reichen russischen Geschäftsleuten Ausschau«, erklärte sie.

So kamen wir auf das Thema Neid und waren uns einig, daß es sich dabei um das schlimmste russische Übel handelt. Ich erzählte von Nachbarn, die am neuen Wagen eines Freundes von mir die Reifen durchstochen hatten, und Luda sagte: »Die Leute sind auf alles neidisch, was sie nicht haben, und sogar auf Sachen, die sie nicht brauchen. Ich bin da anders, ich freue mich, wenn jemand Erfolg hat und sich ein besseres Leben leisten kann.« Diese großen Worte klangen sehr beeindruckend, und ich hoffe nur, daß sie nicht nur so dahingesagt worden sind.

Natürlich machen wir uns beide Gedanken über unsere Sicherheit, und als ich mal erzählte, daß ich nachts um zwei nach Hause gekommen war und auf einem Treppenabsatz einen Fremden hatte sitzen sehen, sagte sie: »Sie dürfen nie zeigen, daß Sie Angst haben.« Und dann gab sie mir ein paar Tips, die alle nicht in den Sicherheitsempfehlungen des Hotels »Slawianskaja« standen. Sie riet mir, zum Beispiel nachts immer einen Stein zur Hand zu haben und ihn in das Fenster eines Hauses zu werfen, wenn mich jemand verfolgen sollte. Die Bewohner würden dann schon die Polizei rufen. Auch eine Handvoll schwarzen Pfeffers in die Augen könne einen Angreifer vertreiben. Das hört sich vielleicht alles übertrieben an, aber ich wußte ja, daß der Verlust von Ruhe und Ordnung die Moskauer dazu brachte, ständig an ihre Selbstverteidigung zu denken.

Wenn ich so ein Plauderstündchen mit Luda verlasse, gehe ich nie mit leeren Händen, und wenn sie mich besucht, bringt sie ebenfalls immer etwas mit. Kleine Geschenke wie eine Flasche Sekt, selbsteingelegtes Gemüse, bemalte Holzlöffel oder ähnliches gehören einfach zu einer russischen Freundschaft und zu russischer Gastlichkeit. Luda sagt natürlich auch, daß ich sie zu jeder Tages- und Nachtzeit behelligen könnte, wenn ich einmal ein Problem hätte.

Durch den verstopften Müllschlucker bin ich mit Kate, einer Nachbarin auf meinem Flur, ins Gespräch gekommen und habe sie zum Tee eingeladen. Ihre Mutter war gerade aufs Land gefahren, und so hatte sie das Wochenende für sich. Die Zwanzigjährige erinnerte mich gleich an ein Porträt in der Tretjakow-Galerie mit dem Titel »Unbekannte Frau«. Die Schönheit ihrer ebenmäßigen Gesichtszüge und ihrer nachdenklichen braunen Augen haben mich von Anfang an fasziniert. Sie hatte gerade in der Firma, in der ihre Mutter seit über 25 Jahren als Flugzeugingenieurin arbeitet, eine Stelle als Buchhalterin angenommen. Ob ich schon einmal von Tupolew-Flugzeugen gehört habe, fragte sie mich. Dort sei sie beschäftigt. Eigentlich hatte sie studieren wollen, war aber durch die Aufnahmeprüfungen gefallen. Dank der Vermittlung ihrer Mutter hatte sich nun die Firma bereit erklärt, ihr ein Stipendium für eine Abenduniversität zu bewilligen, und so brauchte sie keine weiteren Zulassungsprüfungen abzulegen.

Seit sie mit dem Abendstudium begonnen hat, sind ihre Tage lang und anstrengend. Um viertel nach acht verläßt sie morgens gemeinsam mit ihrer Mutter die Wohnung, arbeitet acht Stunden in der Firma und kommt erst um elf Uhr abends von der Universität wieder nach Hause. Wenn sie ihr viereinhalbjähriges Wirtschaftsstudium beendet hat, muß sie natürlich noch eine gewisse Zeit in der Firma weiterarbeiten.

Ein paar Wochen später klingelte Kates Mutter bei mir, um sich Streichhölzer auszuborgen – und blieb dann für die nächsten paar Stunden in meiner Küche sitzen, um mir ihr Herz auszuschütten. Nina ist eine zierliche und nervöse Kettenraucherin und obendrein eine »Workaholic«, die nur für ihre kranke Tochter und Tupolew lebt. Vor vier Jahren war bei Kate, wie mir ihre Mutter erzählte, eine seltene Krebsart festgestellt worden, und nachdem sie ein Jahr im Krankenhaus zugebracht hatte, befände sie sich jetzt in einer Remissionsphase. In ein paar Monaten würde ihre nächste Kontrolluntersuchung sein, und Nina machte sich bereits Sorgen.

Um das Thema zu wechseln, erkundigte ich mich nach ihrer Arbeit. 1992 waren die Tupolew-Werke in eine Aktiengesellschaft umgewandelt worden. »Die Geschichte unserer Firma ist ein gutes Beispiel für das, was in unserem Land vorgeht«, sagte Nina. »Die meisten Arbeiter in unserem Unternehmen – über 14000 sind dort beschäftigt – waren überhaupt nicht auf die neue Freiheit vorbereitet. Sie haben sich nie persönlich für die Qualität ihrer Arbeit verantwortlich gefühlt. Dabei hängt davon nun unsere ganze Zukunft ab.«

Seit die Firma nicht mehr dem Staat gehört, befindet sie sich, wie viele andere, in ernsten finanziellen Schwierigkeiten. Deshalb müssen auch die Angestellten immer länger auf ihre fälligen Gehälter warten.

»Wie kommen Sie zurecht, wenn Sie gar nicht genau wissen, wann Sie Ihr nächstes Geld bekommen?« fragte ich Nina.

»Andere Unternehmen sind noch viel schlechter dran«, entgegnete sie. »Einige haben ihren Mitarbeitern schon seit Monaten keine Gehälter mehr bezahlt. Nur Familien, in denen mehr als einer Geld nach Hause bringt, kommen in diesen harten Zeiten über die Runden. Kate hat sich gerade bei einer Freundin 2000 Rubel (damals zehn Mark) geliehen, damit sie ein paar Sachen einkaufen kann.«

Über die jüngsten Entwicklungen bei Tupolew aber war Nina stolz. Bis 1989 war die Firma von ziemlich unfähigen Leuten geleitet worden, darunter auch von dem Sohn des Flugzeugkonstrukteurs Tupolew. Doch vor zwei Jahren war es einer Gruppe junger und energischer Ingenieure gelungen, die Entlassung von Tupolew jr. durchzusetzen. Der neue Generaldirektor, ein Mann Anfang fünfzig, ist für den Posten qualifiziert, und Nina arbeitet eng mit ihm zusammen. »Ich bin sehr daran interessiert, daß es meiner Firma in der Zukunft gutgeht. Aber leider haben wir sehr viele passive und gleichgültige Angestellte, die man eigentlich entlassen sollte, aber die derzeitigen Gesetze erlauben das nicht.«

Nina ist eine aktive Anhängerin der Demokratiebewegung. Sie geht zu politischen Veranstaltungen, und beim Putsch im August 1991 brachte sie den Verteidigern des Weißen Hauses Kaffee und Brote. Sie ist überzeugt, daß die Zukunft ihres Landes in den Händen der jungen Leute von Ende Dreißig liegt, und sie nannte mir prominente Politiker dieses Alters.

»Was machen Sie in Ihrer Freizeit?« fragte ich sie.

Im Sommer verbringt sie die Wochenenden auf ihrer Datscha, einem baufälligen Haus mit einem großen Obst- und Gemüsegarten, und im Winter geht sie gelegentlich, wenn sie etwas Geld übrig hat, in einen Second-Hand-Laden. »Das ist der einzige Ort, wo ich mir etwas Originelles und nicht zu Teures zum Anziehen kaufen kann«, sagte sie.

Im Gegensatz zu Nina trägt das junge Paar, das neben ihr wohnt, italienische Designer-Kleidung, wenn es zur Arbeit geht. Der 23jährige Archie ist Geschäftsführer in einer Modeboutique, und so hat er Gelegenheit, seine Garderobe zu Fabrikpreisen einzukaufen. Seine Kundschaft besteht aus den »Neuen Reichen«, die besonders auf das richtige Etikett in ihrer Kleidung Wert legen.

Archies richtiger Name ist Artjom, doch das können Ausländer sich nicht merken, findet er. Und da er ein eifriger Leser amerikanischer Romane und Krimis ist, hat er sich den Namen Archie nach einer Figur in den Thrillern von Rex Stout zugelegt. Die Qualifikation für seinen Beruf basiert auf dem Studium an einem Wirtschaftsinstitut und dem anschließenden sechsmonatigen Managementkurs im englischen Birmingham.

Als ich Archie und seine Freundin Ira kennenlernte, waren sie gerade zusammen in die Wohnung auf meinem Flur eingezogen. Während einer der vielen Geschäftsreisen, die Archie nach Italien macht, um neue Waren einzukaufen, fühlte Ira sich einsam und besuchte mich. Ihre Lebensgeschichte schien mir so interessant, daß ich sie bat, sie mir ausführlich zu erzählen.

Ira ist in einem Arbeiterbezirk aufgewachsen und hat eine Schule besucht, an der ihre Mutter Lehrerin war. Die Mutter wollte, daß ihre Tochter all die Dinge tun könnte, die ihr in ihrer eigenen Jugend verwehrt gewesen waren. So bekam Ira zum Beispiel während ihrer Grundschulzeit privaten

Englischunterricht, und in den letzten beiden Jahren auf der Oberschule nahm sie an einem Intensiv-Englischkurs teil, um sich auf die Zulassungsprüfungen für das renommierte Fremdsprachen-Institut vorzubereiten. Ihre Klassenkameraden waren Kinder hoher Parteifunktionäre und Diplomaten, und sie litt vor allem darunter, daß sie sich nicht wie sie kleiden konnte. Von einem Lehrer bekam sie manchmal zu hören: »Eine Zeitverschwendung, Leuten vom Dorf etwas beizubringen.«

Nachdem sie die Schule mit glänzenden Noten abgeschlossen hatte, verließ Ira plötzlich der Mut. Sie hatte Angst, sich beim Fremdsprachen-Institut anzumelden, wo Wissen weitaus weniger zählte als Herkunft, Verbindungen und Bestechungsgelder. Selbst wenn sie die Examen bestände, so meinte sie, würde sie sich in dieser Elitewelt unwohl fühlen. Also beschloß sie, zum Lehrerausbildungsinstitut zu gehen. Es lag in ihrer Nähe, und sie fühlte sich in der Atmosphäre dort gleich heimisch. Sie belegte Geografie und Englisch und bekam in kurzer Zeit die besten Noten, obwohl sie nicht sonderlich viel Zeit auf ihr Studium verwendete.

In ihrem zweiten Jahr am Institut legte sie ein Examen ab, um als Führerin und Englischübersetzerin beim Jugendreisebüro Sputnik mitarbeiten zu können, und bekam so Kontakt zu ausländischen Jugendlichen. Bald war sie bei den Reisegruppen so beliebt, daß »School Tours«, ein englisches Unternehmen, sie mit einem Untervertrag für sich verpflichtete und eine englische Schule sie für einen Monat einlud.

Sie war jetzt fast zwanzig und führte ihren Erfolg auf ihre Offenheit und ihre Spontaneität zurück. Als jüngste Führerin bei Sputnik vertrat sie nicht so konservative Ideen wie ihre älteren Kollegen, die alle noch in einem System aufgewachsen waren, das Fremden gänzlich mißtraute.

»Ich benahm mich ganz natürlich, und das überraschte die Ausländer, die von Russen eine ganz andere Vorstellung hatten.«

Hinzu kam Iras angenehmes Aussehen. Sie war groß und hatte schmale Hüften wie ein Junge. Ihr kurzgeschnittenes, glattes, braunes Haar umrahmte ein sanftes, attraktives Gesicht, das kein Make-up brauchte. Sie kleidete sich lässig, und dieser Stil paßte ausgezeichnet zu ihrer Mannequinfigur.

Die Touristen überschütteten sie mit Geschenken, und das englische Unternehmen zahlte ihr 100 Pfund für jede Gruppe, die sie begleitete. Ira wußte nicht, was sie mit den Devisen anfangen sollte, also legte sie die Banknoten in ihr Bücherregal, als sei es Spielgeld. Wichtig war für sie einzig die Provision, die sie von »Berjoska« dafür bekam, daß sie mit den Gruppen in die Devisenläden kam. Das brachte ihr jedesmal drei Rubel, und davon konnte sie sich ein Taxi für die Heimfahrt leisten.

Durch ihr unkompliziertes Wesen und ihr ausgezeichnetes Englisch bekam sie ständig neue Kontakte. Eine Ballonfahrergruppe aus Kalifornien zum Beispiel, für die sie dolmetschte, nahm sie mit zum Ballonfahren, und bei der Europäischen Erziehungskonferenz lernte sie Robert kennen, den Leiter der Organisation »World Youth International«. Das führte zu einem halbjährigen Aufenthalt in Australien, wo sie Jugendliche für einen Moskau-Besuch zu interessieren versuchte. Ein paar Monate später kamen 150 australische Teenager in Moskau an und verbrachten zwei Monate bei Gastfamilien. Es war der größte ausländische Schülerbesuch des Jahres 1991 und Iras erster bedeutender Erfolg.

Zu den unvergeßlichen Augenblicken in ihrem Leben gehört auch ein Essen mit Prinz Charles während der Europäischen Jugendkonferenz in St. Moritz. »Mutter war so stolz auf mich«, erinnert sich Ira. »Niemand hatte geglaubt, daß ich sowas mal erleben würde.«

»World Youth International« schickte Ira auch nach Nairobi, damit sie dort fünf kenianische Studenten für Australien rekrutierte. »Warum wurden Sie geschickt?« fragte ich.

»Robert wollte Geld sparen und hatte sich ausgerechnet, daß es billiger wäre, mich mit Aeroflot von Moskau nach Kenia zu schicken, als jemanden von Australien zu holen«, antwortete sie.

Ihre einwöchige Reise endete mit einer Rede über die Ziele der Jugendorganisation vor dem kenianischen Parlament. Als die Abgeordneten erfuhren, daß sie Russin war, kamen einige anschließend zu ihr, um über sie Importgeschäfte mit Bananen und Kaffee anzubahnen.

»Es war die erstaunlichste Zeit meines Lebens, alle meine Träume wurden Wirklichkeit«, schwärmte Ira. Bevor sie weitersprach, fragte ich sie, wie denn die Lehrer ihres Instituts ihre ständige Abwesenheit aufgenommen hätten. »Sie waren fasziniert von meinen Berichten über Orte, an denen sie noch nie gewesen waren, und betrachteten das Ganze als Teil meines Geografie- und Englischstudiums.«

China war das nächste Land in ihrem Reiseprogramm, und ihre Eindrücke von dort interessierten mich besonders, weil ich von 1972 bis 1976 in China gelebt hatte. Sie sollte dort den Grundstein für ein Jugendaustauschprogramm zwischen China und Australien legen und hatte dafür nur eine Woche Zeit. Ihr Abenteuer begann schon im Zug von Moskau nach Peking, der legendären Transsibirischen Eisenbahn. Sieben Tage lang teilte sie ihr Abteil mit drei jungen Männern in ihrem Alter, die in China Waren einkaufen wollten, um sie in Rußland wieder zu verkaufen. Sie redeten nur über Geld und konnten gar nicht verstehen, daß Ira die lange Reise unternahm, um irgendeinen Kulturaustausch voranzubringen.

Als der Zug die Grenze erreichte, stellten die russischen Beamten fest, daß mit Iras Ausreise-Papieren etwas nicht stimmte. Das erstaunte sie nicht weiter, von den russischen Behörden erhielt man oft schlampig ausgestellte Visa, und sie hoffte, daß sie sich irgendwie aus diesem Dilemma würde herausreden können. Doch das mißlang, und man teilte ihr mit, daß der Zug erst weiterfahren würde, wenn sie ausgestiegen wäre. Nun mischten sich ihre Begleiter ein und verteilten ein paar Scheine an die Beamten. Das hatte sofort Erfolg. Ira konnte ihre Reise fortsetzen.

Weil sie in China niemanden kannte, nutzte sie die Reisegesellschaft im Zug, um Kontakte zu knüpfen. Einer der Passagiere war ein junger Chinese, der Englisch sprach. Er war nach Rußland gefahren, um sich dort nach einer Ehefrau umzusehen, damit er als Ehemann einer russischen Frau seine Heimat verlassen könnte. Leider aber hatte er keinen Erfolg gehabt. Als er begriff, daß es zu Iras Aufgaben gehörte, Gastfamilien für australische Schüler zu finden, lud er sie ein, bei seiner Familie zu wohnen. Er hoffte, daß er dadurch die Gelegenheit bekäme, eines Tages nach Australien auswandern zu können.

Als Ira seine Mutter kennenlernte und ihr erklärte, weshalb sie diese lange Reise machte, erkundigte die sich zuerst, ob sie noch genügend Geld habe. Als sie hörte, daß Ira noch die Rückfahrkarte kaufen mußte, weil man die in Moskau nicht bekommen könnte, gab sie ihr den Rat, auf dem Markt eine Lederjacke zu erwerben und diese einem Russen zu verhökern. Von dem Differenzbetrag könnte sie dann ihre Heimreise finanzieren. Iras Pläne, den Jugendaustausch betreffend, beurteilte sie skeptisch: »Wir haben in China sehr strenge Vorschriften für Kontakte zu Ausländern. Sie sind auf eigene Faust hierher gereist und nicht im Auftrag einer hier anerkannten staatlichen Organisation. Ohne Unterstützung so einer Organisation können Sie gar nichts erreichen.«

Solche Sätze waren mir vertraut. Mir fiel ein, wie empört ich am Anfang meines China-Aufenthalts gewesen bin, nachdem man meine Bitte, die Küche des Hotels, in dem wir wohnten, besichtigen zu dürfen, mit dem Hinweis abgelehnt hatte, hinter mir stünde keine Organisation.

Die Wohnung von Iras chinesischer Familie hatte drei winzige Zimmer und ähnelte damit manchen Apartments in Moskau. Es gab eine Toilette, aber keine Badewanne. Man duschte mit einem Schlauch. Als Ira am ersten Morgen erwachte, sah sie aus dem Fenster auf ein Stadion voller Menschen bei der Morgengymnastik. Das erinnerte sie an das Frühsportprogramm, das sie in ihrer Kindheit im Radio gehört hatte. Damals konnte sie damit nicht viel anfangen – inzwischen ließen sie derlei Übungen an George Orwells Roman »1984« denken, in dem die reglementierten Menschen wie Roboter funktionieren.

Am selben Tag erfuhr sie, daß der Vater des jungen Chinesen während der Kulturrevolution umgebracht worden war und daß sein Bruder, Schriftsteller und Dissident, im Gefängnis saß. Die Atmosphäre hier bereitete ihr Angst, und zum erstenmal wußte sie die Freiheit zu schätzen, die sie in Rußland inzwischen genoß.

Ira befürchtete, daß man sie vielleicht unter irgendeinem Vorwand nicht wieder nach Hause reisen lassen würde, und so ging sie schon am zweiten Tag zum Bahnhof, um sich ein Rückfahrticket zu kaufen. Am Schalter mußte sie erfahren, daß in Peking die Tickets für die nächsten Monate ausverkauft waren.

Am zweiten Abend besuchte sie die Großmutter ihres Reisegefährten, die Gogol und Tschechow aus dem Russischen ins Chinesische übersetzt hatte. Als junges Mädchen, zu einer Zeit, als zwischen den beiden Ländern gute Beziehungen herrschten, hatte sie in Leningrad studiert. Als sich dann am Ende der sechziger Jahre die Beziehungen verschlechterten, hatte sie keinen weiteren Kontakt zu Russen gehabt. Jetzt war sie ganz begeistert über Iras Anwesenheit, rief Freunde an, die in ihrer Jugend auch Russisch studiert hatten, und bat sie zu sich, damit sie sich mit ihrer Besucherin in deren Sprache unterhalten konnten. Im Laufe des Abends sangen sie russische Lieder und Ira mußte ihnen russische Tänze vorführen.

Als Ira sich entschloß, ein Zimmer in einem westlichen Hotel zu mieten, um sich für eine Nacht der erstickenden Atmosphäre um sie herum zu entziehen, beschuldigte die Großmutter ihre Besucherin spontan, eine Spionin zu sein.

Sie wollte sofort die Visitenkarte von ihr zurückhaben, die sie ihr gegeben hatte. Schließlich besaßen nur Spione genügend Geld, um in solchen Hotels abzusteigen.

Am nächsten Tag kehrte Ira zu ihrer chinesischen Familie zurück. Als ich sie fragte, ob ihre Gastgeber keine Angst gehabt hätten, eine Ausländerin aufzunehmen, sagte sie: »Das war ja nicht gefährlich, nur wenn ich aus einem kapitalistischen Land stammen würde, wäre es verboten gewesen.«

Der junge Chinese versuchte Ira zu helfen und verschaffte ihr eine Verabredung mit einem Universitätslehrer. Das Treffen endete mit einem Fiasko, was ihre Pläne betraf, schon weil es Monate dauern würde, bevor man überhaupt eine Antwort auf die Frage bekäme, ob Ausländer auf dem Universitätsgelände wohnen dürften.

Nach dieser Enttäuschung suchte sie Ablenkung in einer westlichen Diskothek, aber weder sie noch eine Gruppe englischer Studenten wurden eingelassen, weil der Laden überfüllt war. Prompt versuchte sie, das Hindernis auf russische Weise zu überwinden, und bot den Studenten an, ihr zu folgen. Sie ging mit ihnen durch die Küche und gelangte ohne aufgehalten zu werden in die Diskothek. Die Sicherheitsleute hatten sie zwar gesehen, warfen sie aber nicht hinaus. Sie hatten die Aufgabe, Leute am Haupteingang aufzuhalten, aber nicht in der Küche.

Das erinnerte mich an eine Episode in Moskau, bei der ein Freund von mir nachts von einem Verkehrspolizisten angehalten worden war. Der Beamte verlangte seinen Führerschein, und mein Freund erklärte, er habe ihn nicht dabei. Ich machte mich schon darauf gefaßt, zu Fuß nach Hause gehen zu müssen, doch der Ordnungshüter ließ uns mit der

Bemerkung weiterfahren, er habe nur den Auftrag, die Gültigkeit von Führerscheinen zu überprüfen.

Als Ira nur noch zwei Tage für die Erledigung ihres Vorhabens hatte, ging sie zur australischen Botschaft und bat um Unterstützung. Die Angestellten hier waren zwar mißtrauisch, weil es sehr ungewöhnlich war, daß eine Russin in China für eine australische Organisation auftrat, erklärten sich aber bereit, ihr ein Dokument auszuhändigen, das »World Youth International« als ein in Australien registriertes Unternehmen auswies.

Danach rief sie das Erziehungsministerium an, behauptete, sie sei eine Australierin mit einer Sondermission, und bat um einen Termin mit dem Minister. Zu ihrer Überraschung wurde sie durchgestellt, und er erklärte sich bereit, sie zu empfangen.

Da sie wußte, wie wichtig offizielle Papiere waren, zeigte sie dem Minister gleich zu Beginn ihres Gespräches das Dokument der australischen Botschaft und alles mögliche Material über ihre Organisation. Ihre Taktik hatte Erfolg: Das Treffen endete mit einem Fax-Austausch zwischen dem Minister und dem Leiter von »World Youth International« in Australien und der Schlußbotschaft: »Wir freuen uns, ein neues Mitglied unserer Organisation zu begrüßen.«

Nachdem sie ihre Aufgabe erfüllt hatte, ging Ira direkt vom Ministerium auf den Markt, wo immer irgendwelche Russen zu finden waren. Sie hoffte, einem von ihnen ein Peking-Moskau-Ticket abkaufen zu können. Eine Gruppe junger Händler, die Fahrkarten für die Strecke hatten, versprachen ihr zu helfen.

Einige Stunden vor der Abfahrtszeit nahmen sie ihre Tasche und sagten ihr, sie solle sich an die Sperre vor dem Zug setzen. Als die Ausreiseformalitäten begannen, forderte ein Polizist sie auf, dort zu verschwinden. Er sprach gut Englisch, und sie erklärte ihm, daß sie eine kanadische Studentin sei und einst eine russische Universität besucht habe. Jetzt wollte sie hier russische Freunde verabschieden. Da sie kein Gepäck mithatte, glaubte er ihr. Als der Zug gerade abfahren wollte, sprang sie im letzten Moment auf und landete damit auf russischem Gebiet. Sie gab dem Schaffner dreißig Dollar und bekam dafür einen Schlafplatz. Kaum hatte sie ihr Abteil betreten, brachten ihr die jungen Männer vom Markt auch ihre Tasche zurück.

Zurück in Moskau packte sie schon bald wieder die Koffer. Diesmal hieß ihr Ziel Kanada. Während ihrer Reise nach Kenia hatte sie nämlich einen kanadischen Geschäftsmann kennengelernt, der sie nun in Toronto erwartete. Mit Visum und Flugticket startete sie in ein neues Abenteuer.

»Diese Geschichte war ein großer persönlicher Fehler«, gestand sie ein, »aber ich habe dabei eine ganze Menge über das Leben in einem westlichen Land gelernt und weiß jetzt, daß ich dort nicht leben könnte.« Der Mann, so hatte sich herausgestellt, war arbeitslos und hatte eine Menge Schulden, die Ira durch einen Job bei einer tschechischen Firma abzutragen half.

In den zehn Monaten, die sie in Kanada blieb, hatte sie Wirtschafts-, Investment- und Versicherungskurse besucht. »Ich wollte mir das Wissen aneignen, das mein Land in Zukunft braucht.«

Als sie sich entschloß, wieder nach Hause zu fahren, tat sie das natürlich, weil sie ihre Familie und ihre Freunde wiedersehen wollte, aber sie hatte auch gemerkt, daß ihr die Einstellung der Leute in Nordamerika und deren Probleme fremd waren und sie die Dinge stets aus russischer Sicht beurteilte. Die Debatten um die Abtreibung etwa: In Amerika waren sie ein großes politisches Thema geworden, während Abtreibung in Rußland längst ein Teil der Geburtenkontrolle ist. »Jeder trifft hier seine persönliche Entscheidung und spricht nicht weiter darüber«, sagt Ira.

Sie begriff auch das System der Arbeitslosenunterstützung nicht und daß die Leute es unentwegt mißbrauchten. »Durch solche Wohltaten ermutigt die Regierung die Menschen, nicht zu arbeiten. In meinem Land gibt es Arbeitslosigkeit nur, wenn eine Firma geschlossen wird oder man eine Belegschaft reduziert. Dann müssen die Menschen einen neuen Weg finden, ihren Lebensunterhalt zu verdienen, und sei es dadurch, daß sie einen neuen Beruf lernen.«

Unsere Unterhaltungen fanden gut ein Jahr nach Iras Rückkehr aus Kanada statt. Ihre Eltern sagten, sie spreche Russisch mit Akzent, und englische Wörter kamen ihr noch leichter über die Lippen als russische. Ihre beste Freundin war nach Österreich gezogen, wo ihr Mann, ein Hockeyspieler, einen Vertrag mit einem dortigen Klub unterschrieben hatte. Iras Ersparnisse waren jetzt nicht mehr groß, das Telefon klingelte nicht, und sie war ohne Arbeit.

Als ihr ein Freund einen Posten als Sekretärin anbot, nahm sie ihn daher dankbar an. Doch sie wußte, daß sie für diese Tätigkeit überqualifiziert war, und sah sich weiter nach einer anderen Beschäftigung um. Durch eine Zeitungsanzeige erfuhr sie von Amerikom, einem amerikanischen Unternehmen, das an Firmen Räume im Hotel »Slawianskaja« vermietete.

Damals lernte sie Archie kennen, einen jungen Mann, der eine eigene Auffassung von den Aufgaben einer Frau hatte. Er sagte gleich, er erwarte von Ira, daß sie nach einer Heirat die traditionelle Rolle einer Hausfrau und Mutter übernähme.

Die gewöhnlich folgsame Ira konnte sich zwar nicht vorstellen, den ganzen Tag zu Hause zu verbringen, aber sie mußte die Diskussion darüber verschieben, weil es ein dringenderes Problem gab.

Ira war das Opfer eines typischen russischen Betrugs geworden. Einer ihrer Freunde hatte sie zu einer Geschäftsbeteiligung überredet, die sie und ein paar andere reich machen sollte. Ihre Aufgabe war es, Leute zu finden, die ihm Geld liehen, zu einem Zinssatz von fünfzehn Prozent monatlich. Sie sollte dafür eine Provision erhalten, deren Höhe von der Summe der Gelder abhing, die sie akquirierte. Ira selbst besaß nichts, aber Kollegen, Freunde und Verwandte waren bereit, sich zu engagieren, weil sie ihr vertrauten. In den ersten Monaten bekamen sie auch pünktlich ihre Zinsen, und Ira ihre Provision. Dann kam es erstmals zu einer Verzögerung. Ira versuchte, ihren Freund zu erreichen. Er war verschwunden, und selbst seine Frau wußte nicht, wo er sich aufhielt. Obwohl die Investoren wußten, auf welches Risiko sie sich eingelassen hatten, machten sie Ira für den Verlust ihres Geldes verantwortlich, und die fühlte sich moralisch verpflichtet, ihre Schulden, die viele tausend Dollar betrugen, zu übernehmen.

Archie, der an dem Deal nicht beteiligt gewesen war, bot ihr Hilfe an. Er zahlte irgendwelchen Gangstern eine große

Summe, damit sie Iras Betrüger aufstöberten. Sie fanden ihn auch, aber er hatte kein Geld mehr. Das Angebot, ihn zu foltern, lehnte Ira ab. Archie fing an, ihre »Schulden« von seinem Gehalt zurückzuzahlen, und ihre Eltern verkauften ihre Wohnung.

Aus Dankbarkeit gegenüber Archie nahm Ira nicht nur seinen Heiratsantrag an, sondern akzeptierte auch seine Bedingungen. Ich bin neugierig, wie lange diese Beziehung halten und wie lange Ira seine Bedingungen akzeptieren wird.

Kinder der Perestroika

»Vor drei Jahren hätte ich nicht einmal davon geträumt, mit Ihnen in einem Londoner Pub zu sitzen«, sagte Vicka. Sie studiert im zweiten Jahr Wirtschaftwissenschaften am renommierten MGIMO, der Moskauer Staatlichen Hochschule für Internationale Beziehungen und ist im Sommer 1994 nach Oxford gekommen, um hier an einem Englisch-Kurs teilzunehmen. Ohne die Unterstützung ihrer älteren Schwester Gulja, die geschäftlich mit Engländern zu tun hat, hätte sie allerdings nie ein Visum erhalten. Die britischen Konsularbeamten werden immer noch mißtrauisch, wenn alleinstehende, attraktive Frauen in ihr Land reisen wollen, und der Engländer, der schließlich für sie bürgte, mußte sich bereit erklären, 5000 Pfund Strafe zu zahlen, falls sie einen seiner Landsleute heiraten oder ihr Visum überziehen sollte.

Vicka wohnt bei einer englischen Familie und ist mit allem sehr zufrieden – außer mit dem Essen. Ein Frühstück aus Cornflakes und weißem pappigem Toastbrot reicht ihr einfach nicht aus, um sie den Vormittag überstehen zu lassen. Zu Hause beginnt ihr Tag mit »Kascha«, das ist Hafergrütze, dazu gibt es Aufschnitt, Käse, Eier und kerniges Brot. Nun stillt ein zusätzlicher Imbiß bei McDonalds ihren Hunger.

Ich habe Vicka durch ihre Schwester kennengelernt, mit der ich seit über zehn Jahren befreundet bin. Gulja fürchtete, daß Vicka sich einsam fühlen könnte, und so bin ich nach London gefahren, um hier ein Wochenende mit ihr zu verbringen. Als erstes sind wir in dieses Pub gegangen, dessen einfache Einrichtung Vicka ebenso beeindruckte wie die Gäste, die alle einfache Arbeiter sind. »Schade, daß wir solche Kneipen nicht auch in Moskau haben«, sagte sie. »Aber wenn so ein Ding bei uns aufmachte, wäre der Eintritt nur für die Reichen bezahlbar, und das Publikum würde nur aus Mafiosi und Prostituierten bestehen.«

Vickis Eltern gehören zur neuen Mittelklasse und können sich den Luxus leisten, ihre jüngste Tochter nach London zu schicken. Gulja hatte in den späten achtziger Jahren diese Möglichkeit noch nicht.

Vom Aussehen und vom Verhalten her würde man die beiden jungen Frauen kaum für Schwestern halten. Vicka hat eine helle Haut und gefärbte blonde Haare wie ihre russische Mutter, während Gulja ein eher mediterraner Typ mit dunklem Teint und dunklen Haaren ist. Besonders auffallend sind ihre großen braunen, ovalen Augen, die das tatarische Erbe ihres Vaters verraten. Beide Frauen tragen Kleidergröße 38, und Gulja leiht ihrer Schwester Designermodelle von Saitsev, dem russischen Dior. Vicka ist nachdenklich und zurückhaltend, Gulja dagegen gefühlsbetont und kontaktfreudig. Gulja spricht schnell und übersprudelnd, Vicka langsam und gesetzt.

Als ich Gulja kennenlernte, faszinierten mich schon am ersten Tag ihre Energie und ihre Tatkraft. Das war zu einer Zeit, als derlei Qualitäten noch nicht geschätzt wurden. Mit achtzehn heiratete sie einen ihrer Klassenkameraden und zog in die Wohnung ihrer Schwiegereltern, die ich gut kannte. Nach dem Schulabschluß bekam sie eine langweilige Stelle in einem Ministerium, und schon bald klagte sie darüber, daß sie ihr Leben mit einer Tätigkeit vergeude, die ihr nicht die geringste eigene Initiative erlaube. Sie fand einen Ausweg aus dem Dilemma, indem sie schwanger wurde. Nach der Geburt ihres Sohnes bot man ihr mehrere Jobs an, in denen sie das neue Wirtschaftsleben hätte kennenlernen können, doch leider mußte sie sich allein um ihr Kind kümmern, denn ihre Mutter arbeitete als Ärztin, und ihre Schwiegereltern waren auf einen Diplomatenposten nach Thailand versetzt worden.

Als ihr Sohn drei Jahre alt war, kehrten die Schwiegereltern aus dem Ausland zurück. Ihre Schwiegermutter, die früher als Englisch-Dolmetscherin bei der UNO gearbeitet hatte, wurde nun zur Ganztags-Babysitterin, und Gulja, inzwischen Mitte Zwanzig, nahm ihre berufliche Karriere in Angriff. Sie hatte ihren Abschluß an jenem Institut gemacht, an dem jetzt Vicka studierte, und besaß damit ausgezeichnete Voraussetzungen, in der Geschäftswelt voranzukommen.

Guljas Erinnerungen an ihre Studienzeit Ende der achtziger Jahre hören sich für Vicka, die neun Jahre jünger ist und zur Generation der Neunziger gehört, wie ein Stück Vorgeschichte an. Das einzige, was sich nicht geändert hat, sind die Kleidungsvorschriften des Instituts. Man erwartet von den Studenten, daß sie sich entsprechend ihrer zukünftigen Aufgaben als Diplomaten, Außenhandelsrepräsentanten oder inzwischen auch als Geschäftsleute anziehen. Die Uniform der jungen Männer besteht aus Anzug mit Krawatte oder blauem Blazer mit dunkelgrauer Hose; ihre Kommilitoninnen kleiden sich nach der gängigen Mode.

Bis zum Beginn der neunziger Jahre studierten fast ausschließlich die Söhne und Töchter von Angehörigen der Nomenklatura oder von Diplomaten am MGIMO. Doch inzwischen gelten andere Zulassungsbedingungen. Vickas Studienkollege und Freund Sergej kam aus Rostow am Don, rund 1000 Kilometer südlich von Moskau. Sein Vater war Wissenschaftler, seine Mutter arbeitete als Ingenieurin an einem Forschungsinstitut. Sergej hörte auf der Oberschule vom MGIMO, aber damals war das für ihn unerreichbar. »Ich hätte nur eine Chance gehabt, wenn mein Vater einen wichtigen Posten in der Regierung oder der Partei gehabt hätte.« Heute steht das Institut allen offen, die die Aufnahmeprüfung bestehen.

Früher war das Studium kostenlos. Mittlerweile gilt das nur noch für Studenten, die – wie Vicka und Sergei – die Zulassungsprüfung mit besonders guten Noten bestehen. Die drastische Reduzierung der Staatsmittel für Ausbildung zwingt die akademischen Institute, auch mittelmäßige, aber zahlungskräftige Studenten aufzunehmen, und das MGIMO macht da keine Ausnahme. Auch die Stipendien sind gekürzt worden. Als Gulja studierte, reichte die Unterstützung für alles Lebensnotwendige. Mit Vickas oder Sergejs Stipendium lassen sich gerade mal noch täglich drei Mahlzeiten in der Mensa bezahlen.

Früher war es fast eine Schande , wenn Studenten neben dem Studium arbeiten mußten, denn sie bekamen nur unattraktive und schlechtbezahlte Jobs. Heute sind sie stolz auf ihre Teilzeitbeschäftigungen, und das Geld, das sie dafür bekommen, liegt oft über dem Monatsgehalt eines Lehrers.

Vicka wollte eine Arbeit finden, in der sie Theorie und Praxis miteinander verbinden könnte, aber ihre Mutter war strikt dagegen. Sie meinte, ihre Tochter solle ihre Studentenzeit genießen; nach dem Examen würde das Leben noch schwierig genug werden. Gulja stellte sich auf die Seite ihrer Schwester und ermutigte sie, tippen zu lernen, damit sie als Teilzeitsekretärin in ihrer Firma arbeiten könnte.

Vicka lebt bei ihrer Familie, die sie sehr verwöhnt. Sergej, der ein kleines Zimmer in einem Studentenheim hat, bekommt von zu Hause keine materielle Unterstützung und muß arbeiten, um sich ernähren und kleiden zu können. Anfangs war er Kellner in einem Restaurant, aber dort blieb er nicht lange, weil der Besitzer ihn nur selten für seine Arbeit bezahlte. Danach verkaufte er für einen Kommilitonen Waren, die der aus China mitgebracht hatte. Sergej erwies sich als guter Verkäufer und verdiente soviel, daß er damit im ersten Semester über die Runden kam.

Dann wurde er wieder Kellner; diesmal in einem Restaurant, in dem vor allem junge Mafiosi seines Alters verkehrten. Sie kamen alle aus demselben Viertel und kannten sich untereinander. Das Lokal war für sie so etwas wie ein Club. An seinem ersten Arbeitstag bewahrten die Wachmänner des Restaurants Sergej davor, von vier Männern mit Schlagringen zusammengedroschen zu werden. Aber schon ein paar Tage später setzte ihm ein betrunkener Gast eine Pistole an die Stirn. Sergej blieb nichts anders übrig, als ständig mit einer Gaspistole herumzulaufen. Um so zorniger reagierte er, als ein Polizist ihm auf der Straße die Waffe abnahm, weil sie nicht registriert war. Warum beschlagnahmte er nicht die Waffen seiner Gäste!

Sergej machte den Kellnerjob anderthalb Jahre, bis der Umsatz zurückging und die Besitzerin die Löhne nicht mehr regelmäßig auszahlen konnte. Als sie auch noch die Sicherheitsmänner entließ, ging auch Sergej.

Bald darauf wurde ihm ein gutbezahlter Posten in der Devisenabteilung einer Bank angeboten, leider aber handelte es sich um eine Ganztagsstelle. Dafür hätte er vom Tagesstudium in das Abendstudium wechseln und dafür zweitausend Dollar bezahlen müssen, die er nicht besaß. Seine Finanzen nahmen bereits rapide ab, als ihm ein Freund riet, sich im Cherry Casino zu bewerben, einem russisch-englischen Joint-venture-Unternehmen, zu dem eine Spielbank, Restaurants, Bars und eine Diskothek gehören.

Dem englischen Chef gefiel der gutaussehende, gepflegte Sergej, der Englisch und Französisch spricht und wie ein Cambridge-Absolvent auftritt. Er bot ihm eine sechswöchige Ausbildung zum Croupier an und danach einen Vierzigstunden-Job in seinem Unternehmen. Die Ausbildung überschnitt sich zwar mit seinem Studium, aber Sergej löste das Problem, indem er einen Arzt bestach, ihm ein Attest auszustellen, das seine Abwesenheit während der sechs Wochen erklärte.

Sergej arbeitete bereits drei Monate als Croupier, als ich ihn traf und er mir von seiner Tätigkeit erzählte. Ich bin in meinem Leben nur in wenigen Casinos gewesen und fand die Details, die er mir schilderte, spannend. Seine Arbeitskleidung besteht aus einem Smoking ohne Taschen. Er darf keine Uhr tragen, und seine Hände müssen die ganze Zeit über auf dem Tisch bleiben. Wenn er sich am Kopf kratzen will, muß er vorher einer der Videokameras, die überall angebracht sind, seine leeren Hände vorzeigen. Alle diese Maßnahmen sollen natürlich nur verhindern, daß die Croupiers Chips stehlen oder verstecken. Als ich vorschlug, ihn im Casino zu besuchen, erklärte er mir, daß Freunde von ihm nicht an seinem Tisch spielen dürften und daß es ihm auch untersagt sei, eine andere Spielbank in Rußland zu betreten. Sein Anfangsgehalt betrug 550 Dollar im Monat, zu jener Zeit eine beträchtliche Summe, aber um die vielfältigen Steuern von fünfundachtzig Prozent zu umgehen, erhielt er offiziell nur zwanzig Dollar. Seine Probezeit ist demnächst beendet, und dann hofft er, eine feste Anstellung und eine Gehaltserhöhung zu bekommen.

Das Publikum im Casino teilt er in drei Kategorien ein: fanatische Spieler, »Geschäftsfrauen«, die in Wirklichkeit Prostituierte sind und pro Nacht zwischen vierhundert und sechshundert Dollar kosten, und »neue Russen«.

An dieser Stelle seines Berichts unterbrach Gulja ihn und sagte, ihr Chef würde nie vierzig Dollar Eintritt und acht Dollar für einen Campari mit Orangensaft ausgeben, um dann noch sein hartverdientes Geld zu verspielen.

»Nur wer sein Geld schnell mit irgendwelchen krummen Dingern verdient, ist bereit, in einer Nacht Tausende zu verlieren«, entgegnete Sergej. Vor kurzem hat zwar ein Geschäftsmann an einem Abend 200 000 Dollar gewonnen, aber in der Regel bringt es das Casino auf einen wöchentlichen Profit von mehreren Millionen Dollar. Sicherheitsprobleme löst eine eigene Wachtruppe von zweihundertfünfzig Mann. Eine ihrer Aufgaben besteht darin, Störenfriede, die auf der schwarzen Liste stehen, am Betreten der Spielbank zu hindern.

Sergejs Noten verschlechterten sich natürlich durch seinen Job, aber dank Vickas Hilfe schaffte er zumindest den Übergang ins nächste Semester. Er weiß, daß es schwierig sein wird, nach dem Abschluß im Institut eine Stelle zu finden, die so gut bezahlt ist wie die im Casino. »Ich weiß, es klingt ein bißchen lächerlich«, sagte er, »aber wenn man sich an einen gewissen Lebensstil gewöhnt hat, kann man sich nur schwer wieder davon trennen.«

Als ich ihn fragte, was seine Eltern von seinem Job und seinem Lebensstil halten, antwortete er: »Wir leben in völlig verschiedenen Welten. Meine Eltern verdienen zusammen neunzig Dollar und ernähren sich von dem, was in ihrem Garten wächst. Ich verdiene das Sechsfache und halte das für ein normales Gehalt. Im Institut meiner Mutter verstehen ihre Kollegen mit ihrer typisch provinziellen Einstellung überhaupt nicht, weshalb ich studiere, wenn ich auch ohne Ausbildung so viel Geld verdienen kann.«

»Was haben Sie sich denn für Ihr Leben vorgenommen?« fragte ich ihn. Auf der Oberschule wollte er noch in die Fußstapfen seines Großvaters treten und zum Militär gehen, das damals noch hohes Ansehen genoß und gutbezahlte Posten zu bieten hatte. Doch nachdem er den Test auf Farbenblindheit nicht bestanden hatte, absolvierte er nur die zweijährige Wehrpflicht. In seiner Freizeit las er damals französische Bücher, was ihm prompt Ärger einbrachte. Ein Offizier beschuldigte ihn, ein Spion zu sein. Am Ende bekam er jedoch das Angebot, die KGB-Schule in Moskau zu besuchen. Er lehnte ab, und auch als später KGB-Werber im MGIMO auftauchten, ließ er sich nicht auf sie ein. »Der Ruf des KGB hatte bereits gelitten, und außerdem hätte ich nie die Möglichkeit gehabt, mein eigenes Leben zu leben«, sagte Sergej. »Jetzt bin ich unabhängig, und mein Ziel ist, einen anspruchsvollen und gutbezahlten Posten zu finden, damit ich meiner Familie einmal finanzielle Sicherheiten bieten kann. Ich werde nur heiraten, wenn ich meine Frau und ein Kind auch ernähren kann.«

Während Sergej sich anstrengen muß, um mit dem Leben zurechtzukommen, brauchen sich seine verheirateten Kommilitonen Vlad und Tanja keine Sorgen zu machen. »Wenn ich etwas haben möchte, sage ich es meinem Vater, und der entscheidet, ob ich es bekomme oder nicht«, erklärte Vlad. »Als wir eine Wohnung brauchten, hat er uns ein Drei-Zimmer-Apartment gekauft.« Mit siebzehn war Vlad einer der wenigen jungen Russen, die sich rühmen konnten, in Disneyland in Florida gewesen zu sein.

Vlads Vater ist ein Selfmademan, der es nur durch eigene Leistung und ohne Beziehungen zu etwas gebracht hat, wie sein Sohn sagt. Er begann seine Karriere als technischer Offizier und trat erst Ende der achtziger Jahre in die Partei ein, als seine Ernennung zum Generaldirektor einer metallurgischen Fabrik in Kasachstan von der Mitgliedschaft in der KPdSU abhängig gemacht wurde.

Als Teenager war Vlad ziemlich rebellisch und weigerte sich, dem Komsomol beizutreten. Zu jener Zeit hatte das zur Folge, daß ihm der Zugang zu jedem akademischen Institut verwehrt war. Erst als die Kommunistische Partei 1991 aufgelöst wurde, verschwand auch diese Bestimmung.

Vlad war ein mittelmäßiger Schüler, der die Aufnahme ins MGIMO nur als zahlender Student und mit der finanziellen Unterstützung der väterlichen Firma schaffte. Wenn ein Unternehmen einem Studenten das Studium bezahlt, bedeutet das gewöhnlich, daß er nach dem Institut auch in dieser Firma arbeitet. Aber als Sohn des Direktors nimmt Vlad diese Verpflichtung nicht sonderlich ernst.

Vlads Frau Tanja kam in Moskau zur Welt und verbrachte ihre letzten vier Oberschuljahre in Wien, wo ihre Eltern bei der sowjetischen Handelskommission arbeiteten. Ihr zehnjähriger Bruder lebt immer noch mit seiner Mutter in Wien, und sie beneidet ihn um all die Möglichkeiten, die ihr während der achtziger Jahre verwehrt waren. Sie hat das Botschaftsgebäude damals nicht unbegleitet verlassen dürfen – ihr Bruder kann inzwischen kommen und gehen, wann er will. Sie mußte noch die Botschaftsschule besuchen und Deutsch mit Hilfe des Fernsehers lernen – ihr Bruder geht auf eine österreichische Schule und spricht perfekt Deutsch.

Tanja hat sich für das MGIMO entschieden, weil sie hoffte, hier einen neuen Freundeskreis zu finden. Sie teilt ihre Kommilitonen in drei Gruppen ein: jene, die studieren und nebenher arbeiten, jene, die weder studieren noch arbeiten und das Geld ihrer Eltern mit Alkohol durchbringen, und jene, die nur studieren. »Wir gehören zur letzten Gruppe, wie die meisten unserer Freunde«, sagte sie.

Ob sie sich denn als typische Studenten fühlen, wollte ich wissen. »Uns geht es natürlich besser als den meisten«, sagten sie. Immerhin waren Vlad und Tanja die ersten in ihrer Klasse, die geheiratet haben, und bilden allein damit eine Ausnahme. »Niemand sonst wünscht sich eine feste Beziehung«, sagte Vlad. »Wir hätten nie geheiratet, wenn wir nicht die Wohnung bekommen hätten und von unseren Eltern nicht unterstützt würden«, ergänzte Tanja.

Und wirkt sich ihr privilegierter Lebensstil auf den Umgang mit ihren Lehrern aus, die ihren Unterhalt schwer erkämpfen müssen? Vlad beklagte sich über einen, der Tanja eine schlechte Note in Englisch gegeben hat, während alle seine Kollegen sie sehr gut beurteilt hatten.

»Man sollte nicht zeigen, daß man Geld hat. Mit Bescheidenheit erregt man kein Aufsehen, und das ist besser«, sagte

Vlad. Er handelt auch nach diesem Grundsatz und hat sich eine alte Klapperkiste statt eines neuen Autos gekauft, das er sich von dem Geld, das ihm sein Vater zur Hochzeit geschenkt hat, durchaus hätte leisten können. Den Differenzbetrag legte er lieber an, und so kommen zu den großzügigen Zuwendungen seiner Eltern auch noch Zinsen.

Als Gulja studierte, fuhr noch niemand in ihrer Klasse einen Wagen. Vicka fährt jetzt, wie viele ihrer Kommilitonen, mit dem Auto zum Institut. Sie hat einen neuen russischen Moskwitsch und parkt ihn neben den BMWs und Mercedes der Studenten, die sich nicht scheuen zu zeigen, daß sie Geld haben. Ein Student fährt sogar mit Chauffeur und Leibwache vor. Aber das ist ja mittlerweile kein ungewöhnlicher Anblick mehr vor Moskaus Eliteschulen, in denen der Nachwuchs von hohen Regierungsmitgliedern oder Geschäftsleuten ausgebildet wird.

Vicka hat erst kürzlich – wie viele andere junge Frauen – ihren Führerschein gemacht. Die Männer haben sich allerdings noch immer nicht ganz an den Anblick von Frauen hinterm Lenkrad gewöhnt, und Vickas langsame, vorsichtige Fahrweise hat anfangs viele aufgeregt. Sie reagierten mit unfreundlichen Gesten, die Vicka nervös machten. Doch seit sie ein »Anfänger«-Schild am Rückfenster befestigt hat, bleiben die meisten auf Distanz und lassen sie in Frieden.

Das Ausbildungsprogramm am MGIMO hat sich seit Guljas Zeiten gründlich geändert. Bei den Wirtschaftstheoretikern waren Marx, Lenin und andere Kommunisten die großen Vorbilder, während westliche Wissenschaftler wie Samuelson und Galbraith kritisiert wurden. Heute zählen ihre Schriften zu den Standardwerken.

Auch im Verhältnis der Lehrer zu den Studenten ist vieles anders geworden. Die dogmatischen Lehrmethoden von einst haben offenen Diskussionen Platz gemacht. »Es ist schon erstaunlich, wie rasch sich meine Lehrer, die heute immer noch unterrichten, eine neue ökonomische Denkweise angewöhnt haben«, fand Gulja.

»Unsere Lehrer sagen uns, daß alles, was wir im Hörsaal lernen, nur von theoretischem Interesse ist«, berichtete Vicka. Und Gulja sagte nickend: »Dieses Wissen hilft dir, mit ausländischen Firmen in einer normalen Geschäftswelt zu verhandeln, aber unsere Geschäftswelt ist nicht normal.«
»Unsere Lehrer wissen das«, bestätigte Vicka, »und darum empfehlen sie Bestechung als bestes Mittel, um ein bürokratisches Hindernis zu überwinden.«

»Ist doch gut, wenn eure Lehrer euch auf das wirkliche Leben vorbereiten. Wenn ihr euch nur mit Theorie beschäftigt, werdet ihr nie lernen, mit Problemen fertig zu werden«, sagte Gulja.

Die vergangenen drei Jahre hat Gulja in einer Investmentfirma gearbeitet, die mit Werkzeugmaschinen angefangen hat. Ihr Chef, drei Jahre älter als sie, hat vorher als schlechtbezahlter Ingenieur in einer Fabrik gearbeitet, bis ein Freund ihm 1990 vorschlug, sich gemeinsam mit ihm selbständig zu machen. Sie nahmen einen Kredit auf, damals waren Kredite noch leicht zu bekommen, kauften damit gebrauchte Werkzeugmaschinen, reparierten sie und verkauften sie anschließend mit beträchtlichem Profit. Mit ihrem ersten Kapital gründeten sie eine Handelsfirma. »1991 konnte man aus Luft Geld machen«, sagte Gulja und zitierte damit eine russische Redensart, die ungefähr besagt, daß man einfach irgendwelche Sachen kauft und wieder verkauft, um zu Geld zu kommen. Man braucht dafür keine besondere Ausbildung, und viele Leute sind damals reich geworden, indem sie Dinge verkauften, die auf dem Markt sonst nicht zu haben waren.

Auch Gulja beschloß, in einem Handelsunternehmen zu arbeiten, und ihre erste Aufgabe bestand darin, den Markt zu analysieren und zu entscheiden, welche Produkte ihre Firma anbieten sollte. In der Theorie wußte sie bereits, wie man Waren auswählt, Firmen ausfindig macht und mit ihnen Verträge abschließt. Nun bekam sie die Möglichkeit, ihre Kenntnisse in die Praxis umzusetzen. Da sich mit Zigaretten seinerzeit am meisten Geld verdienen ließ, befolgte die Firma ihren Rat und handelte mit US-Marken.

Als sie damit großen Erfolg hatten, schlug ihr Chef vor, daß sie Lebensmittel verkaufen sollten, und beauftragte Gulja damit, eine Firma zu finden, die Apfelsinen anbietet. Auf diesem Gebiet hatte sie keine Ahnung, und so wandte sie sich an Freunde, die ihr halfen, mit Handelsvertretern aus mehreren Ländern Kontakt aufzunehmen. »Ich bin in der Breschnew-Ära aufgewachsen«, erklärte Gulja, »in der Kontakte, vor allem mit ausländischen Diplomaten, konsequent unterbunden wurden. Ich hatte also Angst und dachte, die russischen Botschaftswachen würden mich nicht in die Gebäude lassen, um dort Erkundigungen einzuziehen oder gar Verhandlungen zu führen.«

Gulja überwand ihre Scheu, und nach mehreren Geschäftstreffen in verschiedenen Botschaften beschloß sie, Orangen aus Ägypten zu kaufen, denn das waren die billigsten auf dem Weltmarkt. Nachdem der von ihr formulierte Vertrag unterzeichnet war, begann sie damit, Vorbereitungen für die Lieferung der Apfelsinen zu treffen. Sie faßte ihre Erlebnisse so zusammen: »Aus den Erfahrungen, die ich mittlerweile gemacht habe, weiß ich, daß auf legalem Weg gar nichts läuft. Alle, die sich nach den Gesetzen richten, scheitern früher oder später. Die Steuern sind so hoch, daß sie jeden Geschäftsmann geradezu auffordern, die Importbestimmungen zu umgehen. In den Ministerien, die mit der Einfuhr von Waren befaßt sind, sitzen überall die alten Bürokraten, die unentwegt Hindernisse erfinden, um alles noch schwieriger zu machen. Als ich das erste Mal ein Bestechungsgeld anbot, hatte ich Angst, die Frau würde es ablehnen. Als sie es dann doch annahm, war ich völlig schockiert. Inzwischen habe ich mich daran gewöhnt, Bemerkungen wie ›Sie sind sich doch sicher im klaren darüber, daß Sie das etwas kosten wird‹ zu hören. Alles hat seinen Preis, in jeder Abteilung, in jedem Ministerium. Die Regierungsbeamten bekommen sehr niedrige Gehälter, und daher machen sie eben solche Geschäfte. Als wir einmal einen Kredit brauchten, mußten wir sogar in der Bank einen Angestellten schmieren.«

Wie müßte man denn vorgehen, wenn man ein Problem wirklich auf legale Weise lösen wollte, fragte ich. »Erst mal müßte man eine ganze Menge Formulare ausfüllen und sie bei den zuständigen Behörden einreichen. Und jedesmal bekäme man dann zu hören, daß irgend etwas noch fehlt, eine Marke, eine Unterschrift, ein Datum und so weiter, und man brächte Wochen damit zu, zwischen den Ämtern hin und her zu laufen, um das Verlangte zu besorgen.« Um zu verdeutlichen, was sie meint, machte Gulja den Sketch eines bekannten Komikers nach, der sich oft über die Bürokratie lustig macht. Ein Beamter fordert ihn auf, eine amtliche

Bestätigung seines Wohnortes vorzulegen – und nachdem er das getan hat, verlangt der Beamte Bescheinigungen von allen Orten, an denen er nicht wohnt.

Wer die Gesetze einhält, muß oft gewaltige Lagerkosten zahlen, wenn die Fracht eintrifft, bevor die Papiere in Ordnung sind, und manchmal verdirbt die Ware in der Zwischenzeit, und die Verluste sind groß. Gulja hat selbst bereits einschlägige Erfahrungen gemacht.

Damals war ihre Firma einer der größten Orangenimporteure in Rußland, und in einem ukrainischen Hafen lagen vier Frachter mit Apfelsinenladungen für sie. Bevor die Schiffe einlaufen, wird mit dem Hafen eine offizielle Vereinbarung getroffen und auf ein Sonderkonto eine Kaution gezahlt; danach kann das Schiff theoretisch entladen werden. Guljas Firma erledigte nicht nur diese Formalitäten, sondern schickte auch noch Vertreter, die sich um alles weitere kümmern sollten. Denen teilte die Hafenbehörde mit, daß weitere zweitausend Dollar fällig seien, um eine sofortige Genehmigung zum Entladen zu erhalten. Es blieb ihnen nichts anderes übrig, als das exorbitante Schmiergeld zu zahlen. Gleich darauf konnten sie ihre Fracht in Empfang nehmen. Der Kapitän eines anderen ausländischen Schiffes allerdings, das ebenfalls mit einer Ladung Orangen am Kai lag, weigerte sich zu zahlen. Als zwei Wochen später seine Papiere bearbeitet waren, hatte er nur noch vergammelte Apfelsinen an Bord.

»Mit Beziehungen kann alles in ein, zwei Stunden erledigt werden. Gib einem Zollbeamten den richtigen Umschlag, und er macht die notwendigen Papiere für dich fertig. Das spart Geld und Zeit und schont die Nerven«, sagte Gulja lachend und fuhr fort: »Unsere Geschäftsleute sind inzwischen ziemlich clever und finden fast immer einen Weg, um irgendwelche Vorschriften zu umgehen.«

Ein Freund von ihr, zum Beispiel, arbeitet in einer Firma, die vor einiger Zeit im Ausland mehrere tausend Tonnen Pflanzenöl gekauft hat. Plötzlich wurde eine neue Importsteuer eingeführt, die bei der Einfuhr des Öls etliche tausend Dollar betragen hätte. Das Unternehmen, das diese Summe nicht mit einkalkuliert hatte, löste das Problem, indem es zwei Aufsichtsbeamten vierhundert Dollar zahlte. Darauf passierte das Pflanzenöl als Margarine deklariert den Zoll.

»Im russischen Wirtschaftsleben gibt es viele Situationen, in denen man Probleme einfach nicht auf legale Weise lösen kann«, erklärte Gulja weiter. »Es gibt kaum ein Unternehmen, das keine Racketeers bezahlt. Unsere kamen schon, bevor wir Hilfe brauchten. Sie wußten alles über uns, wieviel Ware wir im Jahr verkaufen, wieviel Umsatz wir machen, und sie boten uns für eine monatliche Gebühr ihren Schutz und ihre Dienste an. Wenn mein Chef nicht darauf eingegangen wäre, hätte man ihn eingeschüchtert. Eine Bombe hätte in seinem Auto explodieren können, sie hätten seine Firma kurz und klein schlagen oder anzünden können, hätten seine Tochter entführen können, es wäre ihnen schon was eingefallen.«

Als die Firma noch Orangen verkaufte, beglichen einmal, trotz mehrerer Mahn- und Drohbriefe, vier Abnehmer nicht ihre Rechnungen. Erst als die Racketeers anrückten, wurde gezahlt. Von dem Geld verlangten die Mafiosi fünfzig Prozent – und bekamen sie. »Besser, man bekommt die Hälfte von dem, was einem zusteht, als gar nichts«, sagte Gulja. Als einmal Firmenwagen gestohlen wurden, brachten die Racketeers sie innerhalb weniger Tage zurück.

Eines Tages tauchten die Racketeers einer anderen Firma auf und luden ihren Chef in ein Restaurant ein, das für solche Treffen bekannt war, um dort mit ihm die Klagen ihres Auftraggebers über sein Unternehmen zu besprechen. Sie wußten so genau über seine Firma Bescheid, daß Guljas Chef die Angelegenheit auf der Stelle bereinigte.

Sie selbst hat mit solchen Leuten noch nie persönlich zu tun gehabt, aber als sie und ihr Mann eines Nachts nicht nach Hause kamen, riefen ihre Schwiegereltern ihren Chef an, weil sie sich von ihm Auskunft erhofften. Er sagte ihnen, daß er Leute kenne, die sie finden würden, wenn sie am nächsten Tag nicht wieder da seien. Glücklichweise tauchten sie von allein wieder auf.

Guljas beruflicher Erfolg beschert ihr immer neue Aufgaben, und darunter leidet natürlich auch das Familienleben. »Es ist schwer, sowohl in der Firma als auch zu Hause die Nummer eins zu sein«, sagte sie. Obwohl sie versucht, daheim zu sein, bevor ihr siebenjähriger Sohn ins Bett geht, hat die Arbeit meist Vorrang. Und wenn sie wirklich einmal rechtzeitig da ist, führt sie oft noch bis Mitternacht geschäftliche Verhandlungen am Telefon.

Ob sie daran denkt, sich selbständig zu machen, wollte ich wissen. »Für eine Frau ist es schwierig, mit den wirtschaftlichen Bedingungen zurechtzukommen, die in unserem Land herrschen«, antwortete sie. »Ich bin im Grunde feige und kann mich nicht mit den Methoden anfreunden, die einem zum Erfolg verhelfen. Außerdem betrachten russische Geschäftsmänner uns nicht als Geschäftsfrauen, sondern nur als Frauen.«

Nach drei Jahren in der Firma ist Gulja zur Direktorin ernannt worden und hat die Vollmacht, alle Bankdokumente zu unterzeichnen. Ihr Chef überreichte ihr zur Feier des Tages eine goldene Visakreditkarte und eine Eurocard, mit denen sie ihre geschäftlichen Ausgaben begleichen kann. »Ich habe jetzt neue Möglichkeiten, meine Fähigkeiten einzusetzen und weiter Erfahrungen zu sammeln. Nach dem astrologischen Kalender soll dieses Jahr mein Erfolgsjahr sein, und ich glaube, daß ich wirklich voller Power bin«, sagt sie.

Kyrill, mein Problemkind

Kyrill lernte ich im Sommer 1990 auf einer Straße in Moskau kennen, wo er als Schwarzhändler arbeitete. Er versuchte, mir Kaviar und russische Andenken zu verkaufen, und obwohl ich ihm nichts abnahm, war unsere Begegnung nicht gleich beendet. Seine Englischkenntnisse und seine Freundlichkeit gefielen mir, und wir fingen an, uns zu unterhalten. Diesem ersten Gespräch sollten in den nächsten Jahren viele folgen.

Er hatte Englisch in einer Spezialschule der Regierung gelernt, in der Kinder aus der Nomenklatura, also Sprößlinge hoher Parteifunktionäre, seine Klassenkameraden waren. Doch durch seine einfache Herkunft, seine Eltern waren Arbeiter, gehörte er nie ganz dazu.

Seine Familie wohnte damals in einem Zimmer einer Gemeinschaftswohnung, die sie sich mit zwei anderen Familien teilte. Seine Mitschüler dagegen lebten in opulent eingerichteten Luxus-Apartments. Sie trugen modische Importkleidung, während er sich sehr bescheiden anzog. Als er die Schule verließ, gab es für Kyrill nur noch ein Ziel: mindestens so gut zu leben wie seine Klassenkameraden.

Heute ist der inzwischen einundzwanzigjährige Kyrill mein »Sorgenkind«. Er tut sich schwer damit, seinen Platz in einer Welt zu finden, in der seine Kameraden aus der Arbeiterklasse mit Verbrechen gewaltige Geldsummen verdient haben.

Kyrill hörte mit dem Schwarzhandel Anfang 1992 auf, kurz bevor er nach London fuhr, um dort eine englische Freundin zu besuchen, die in Moskau studiert hatte. Wieder in ihrer Heimat zurück, hatte sie ihm eine Einladung geschickt. Kyrill war ein gutaussehender und liebenswürdiger Bursche, und mit seiner Offenheit machte er auch auf die normalerweise eher skeptischen englischen Konsularbeamten einen guten Eindruck. Er bekam ein Visum, und war damit der erste aus seinem Freundeskreis, der ins Ausland fuhr. Das war zu einer Zeit, als junge Menschen seines Alters von einer solchen Chance nur träumten.

Kyrill kam in London mit vierhundert Dollar Taschengeld und großen Erwartungen an. Er hatte vor, eine Stelle zu finden, die ihm und seiner Familie finanzielle Sicherheit gäbe. Da er gewohnt war, die Gesetze seines Landes zu ignorieren, machte er es hier genauso und begab sich auf Jobsuche, obwohl er keine Arbeitserlaubnis besaß. Doch wo immer er sich vorstellte, bekam er zur Antwort: »Wir haben nichts frei.«

Als wir uns am Ende seiner ersten Woche in London trafen, saß ein bedrückter und niedergeschlagener junger Mann vor mir. Seine Freundin hatte ihn rausgeschmissen, er hatte keine Arbeit und konnte sich einen weiteren Aufenthalt in London nicht leisten. Von seinem restlichen Geld wollte er sich eine Rückfahrkarte kaufen.

Ich fand es schade, daß er seine Reise schon nach so kurzer Zeit abbrechen müßte, wo er doch ein Sechs-Monate-

Visum bekommen hatte. Er hätte hier die einmalige Gelegenheit, das Leben im Westen kennenzulernen und sich Kenntnisse für sein zukünftiges Leben anzueignen. Also schlug ich ihm vor, auf meine Kosten einen Englischkurs für Fortgeschrittene zu belegen. Er hatte die Absicht, vielleicht Dolmetscher zu werden, und dafür war ein solcher Kurs eine gute Vorbereitung. Ich versicherte ihm, daß er mit seinem guten Aussehen, seinem Selbstvertrauen, seinen tadellosen Manieren und ein bißchen Glück bestimmt doch noch eine Beschäftigung finden werde. Während er sich nach einer billigen Unterkunft umsah, fand ich eine Schule für ihn.

Ein paar Tage nachdem ich wieder in Deutschland war, bekam er eine Anstellung in einem Hotel als Gepäckträger, und eine Woche später wurde er zum Barkeeper ausgebildet. Sein Lohn war niedrig und deckte nur das Notwendigste ab. Zu Hause hatte er sich Annehmlichkeiten wie Taxifahrten, Restaurantbesuche, teure Kleidung und Urlaube in Jalta leisten können, und es war für ihn nicht leicht, sich auf ein einfaches Leben umzustellen.

In seiner ersten Stelle blieb er nur drei Wochen, weil er in dieser Zeit dreimal zu spät zur Arbeit kam. Er schob die Schuld auf die U-Bahn, aber ich wußte, daß er gern bis mittags im Bett lag, und vermutete, daß er verschlafen hätte. Seinen nächsten Job fand er als Autowäscher; dort hing sein Verdienst vom Wetter ab. In jenem Winter und Frühling regnete es fast jeden Tag, und so mußte er sich bald nach einer neuen Tätigkeit umsehen. Sein Vermieter konnte ihn als Gärtner auf einem Friedhof unterbringen, nachdem ihn der Mineralölkonzern British Petroleum zu seiner großen Enttäuschung als Übersetzer nicht genommen hatte, weil ihm die erforderlichen Papiere fehlten.

Wenn Kyrill Arbeit hatte, fand er sein altes Selbstvertrauen wieder, aber er litt weiter unter Heimweh. Seine Freunde und seine Familie fehlten ihm, und so kehrte er, als sein Visum abgelaufen war, ohne Bedauern nach Moskau zurück.

Die Welt, die ihn dort, nach sechs Monaten, erwartete, schockierte ihn. Die Preise waren explodiert, und seine Freunde waren arbeitslos. Schwarzhandel war zu einer gefährlichen Angelegenheit geworden, die sich obendrein kaum noch lohnte. Seine alten Kumpel berichteten ihm von der Brutalität einer Gruppe von »Racketeers«, die ihnen mit dem Tode gedroht hatte, wenn sie nicht auf ihre Forderungen eingingen. Diese Siebenerbande war gerade aus dem Gefängnis entlassen worden, und einer von Kyrills Freunden war von ihnen gezwungen worden, ihnen seinen BMW zu überschreiben; ein anderer mußte sein Videogerät hergeben, ein dritter seine zweihundert Dosen Kaviar und ein vierter seine gesamten Ersparnisse.

Kyrill war in diesem Sommer 1992 entschlossen zu studieren. Privatuniversitäten nahmen zahlende Studenten auf, und ein Freund von mir verschaffte ihm einen Platz an der Wirtschaftsfakultät einer neuen Hochschule. Ich lieh ihm eine bescheidene Summe für das erste Semester, und so begann seine kurze Karriere als Student.

In den ersten Wochen beklagte er sich, er habe so wenig Geld, daß er sich nicht mal eine Packung importierter Marlboros leisten könne. Nach einem Monat fand er das Angebot seines Freundes Alex so verlockend, daß er eine Woche die Universität schwänzte. Alex lud Kyrill ein, ihn zu einem Autokauf nach Deutschland zu begleiten; den zu erwartenden Profit beim Weiterverkauf wollte er mit ihm teilen. Zu dieser Zeit war der Erwerb oder Diebstahl westlicher Wagen und ihr Verhökern in Rußland noch ein einträgliches Geschäft. Später hielten die hohen Einfuhrgebühren viele davon ab, Autos nach Rußland zu importieren, und man verlegte sich darauf, sie in Moskau zu klauen. Mit bestimmten Schlüsseltypen ließen sich verschlossene Türen öffnen und Motoren starten.

Die komplizierte Visumfrage löste Alex durch Zahlung von hundertfünfzig Dollar an einen russischen Mittelsmann, der auch die Einreiseformalitäten für Deutschland erledigte. Anstatt Monate warten zu müssen, hatte Kyrill bereits nach zwei Wochen einen Sichtvermerk und bestieg damit den nächsten Zug nach Hannover.

Alex und Kyrill waren beide zwanzig Jahre alt, und für Alex war es bereits die vierte Reise, die er nach Deutschland unternahm. Jedesmal hatte er einen Wagen gekauft, ihn nach Moskau gebracht und ihn mit 1400 Dollar Profit verkauft.

Für Kyrill war es die erste Reise nach Deutschland, und die offensichtliche Ordnung und Sauberkeit dort beeindruckten ihn sofort. Überrascht stellte er fest, daß die Autos bei Rot an der Ampel hielten, und Fußgänger bei Grün über die Straße gingen. Sein größter Kummer war, daß er auf Deutsch nur »Wollen Sie Geld tauschen?« sagen konnte, einen Satz, den er in seiner Schwarzmarktzeit gelernt hatte.

Kyrill hatte nur wenig eigenes Geld mitgenommen, und so war er weitgehend auf seinen Freund angewiesen. Früher hatte Alex in einem Heim für politische Asylsuchende gewohnt, und auch diesmal fand er dort ohne Schwierigkeiten Unterkunft. Kyrill gab vor, ein Tagesbesucher zu sein und konnte auf diese Weise mit durchschlüpfen.

Die Lebensbedingungen in dem Heim überraschten ihn, der nicht erwartet hatte, daß die deutsche Regierung Menschen in solch entwürdigender und schäbiger Umgebung hausen ließ. Die winzigen, überfüllten Räume wirkten wie Zellen, und sowohl die sanitären Anlagen als auch die Kocheinrichtungen befanden sich auf dem Gang vor den Wohnungen.

Weil Alex und Kyrill auf die Autoanzeigen in der nächsten Samstagsausgabe der regionalen Tageszeitung warten mußten, hatten sie fünf Tage zu ihrer freien Verfügung. An einem davon ging Alex mit zwei anderen Russen in die Stadt. Die beiden kehrten am Abend ohne Alex zurück. Er war in einem Kaufhaus beim Diebstahl einer Lederjacke erwischt und verhaftet worden. Seine Begleiter versicherten Kyrill, daß sein Freund nach wenigen Tagen wieder entlassen würde, und so wartete er auf ihn.

Auf diese Weise erfuhr er von Alex' krimineller Seite, die er zuvor nicht gekannt hatte. Alex war bereits ein paarmal wegen Diebstahls verdächtigt worden und die Kriminalpolizei hatte ihn zur Fahndung ausgeschrieben. Außerdem hatte er gegen die Bestimmungen für politische Asylbewerber verstoßen. Jetzt durfte er sich nur in einem Umkreis von dreißig Kilometern um Hannover bewegen, bis sein Fall entschieden war.

Als Alex im Jahr zuvor politisches Asyl beantragt hatte, wollte er Rußland durchaus nicht verlassen. Es ging ihm, wie so vielen anderen, nur um die vierhundert Mark, die man vom Staat bekam. Später kaufte er sich in Moskau einen neuen Namen und einen Paß, damit er beim nächsten Mal nicht von den deutschen Behörden festgenommen würde.

Alex kam nicht wieder in das Heim zurück, aber Kyrill blieb trotzdem dort, um auf eine Gelegenheit für die Rückreise zu warten.

Als ich ihn fragte, ob er sich Sorgen gemacht habe, antwortete er: »Ich war unter Russen und wußte, daß sie mir helfen würden.«

Während der nächsten paar Wochen kümmerten sich Kyrills neue Freunde um ihn, sorgten dafür, daß er genügend zu essen hatte, und gaben ihm Geld für das Nötigste. Sie machten ihn auch mit Andrej bekannt, der wie Alex um politisches Asyl ersucht hatte und jetzt jemanden brauchte, mit dem er nach Moskau zurück könnte. Er wollte von dem Geld, das er im Laufe der Zeit zusammenbekommen hatte, einen Wagen kaufen, konnte jedoch nicht fahren. Kyrill besaß zwar keinen Führerschein, konnte aber fahren.

Zehn Wochen, nachdem er Moskau verlassen hatte, kam er wohlbehalten wieder zu Hause an.

Ich hörte erst nach einiger Zeit etwas von ihm, und als wir uns schließlich trafen, war sein erster Satz so entwaffnend, daß ich ihm einfach nicht böse sein konnte. »Ich weiß, daß ich Sie enttäuscht habe«, erklärte er, »aber ich kann Ihnen wenigstens ins Gesicht sehen.« Mit diesen Worten gab er mir die Summe zurück, die ich ihm für sein Studium geliehen hatte. Das Geld war die Kommission, die er für den Verkauf von Andrejs Wagen erhalten hatte.

Inzwischen hatte er zu viele Seminare versäumt, um sein Studium fortsetzen zu können, und so schlug er sich mit Gelegenheitsarbeiten durch. Das war zu einer Zeit, als man praktisch auch durch Nichtstun zu Geld kommen konnte.

Er fand einen Käufer für die Brillant-Ohrringe einer Freundin und erhielt dafür fünfhundert Dollar Provision. Auch für gestohlene Autotelefone tat er Abnehmer auf und verdiente bis zu tausend Dollar pro Apparat.

Als ich ihn wegen seiner Hehlerdienste zur Rede stellte, verstand er nicht, was daran auszusetzen war. »Ich habe die Telefone nicht entwendet und würde nie etwas stehlen«, sagte er in einem Ton, der zeigte, daß ich ihn verletzt hatte. »Das meiste, was heutzutage verkauft wird, ist gestohlen oder illegal erworben worden«, fuhr er fort. Ich wußte, daß er recht hatte, und schwieg.

Kyrills lukrativster Job dauerte sechs Monate und bestand darin, sich für eine Firma, die Wohnungen an- und verkaufte, um die nötigen Papiere zu kümmern. Ich hatte von solch dubiosen Geschäften gehört und fragte ihn, wie sie Leute fänden, die bereit waren, ihre Wohnungen zu veräußern. »Alles hängt von Freunden und Beziehungen ab«, entgegnete er. Diese Antwort irritierte mich, denn ich kannte Moskauer, die in Gemeinschaftswohnungen lebten und von solchen Firmen angesprochen worden waren. Sie versprachen den Betroffenen stattliche Geldsummen und neue Quartiere, wenn sie ihre Apartments dem Unternehmen überschrieben. Die meisten, die sich darauf einließen, saßen bald ohne einen Pfennig und ohne ein Dach über dem Kopf da. Es gibt sogar Fälle, in denen alte, alleinstehende Menschen umgebracht werden, damit die Ganoven die Wohnungen verschachern können.

Kyrill versicherte mir, daß er mit derlei Aktivitäten nichts zu tun habe, und war fast empört, daß ich ihn mit solch dubiosen Praktiken in Verbindung brachte. Er war nur mit dem Papierkram beschäftigt, was vor allem bedeutete, daß er bei einer staatlichen Wohnungsbehörde in einer Warteschlange stand. Die meisten Leute müßten dort tagelang anstehen, sagte er, aber dank seiner Beziehungen und dreihundert Dollar Schmiergeld war er gewöhnlich schon nach drei Stunden an der Reihe.

Er verdiente jetzt soviel, daß er sich einige Monate lang mit seiner Freundin Ira ein Apartment mieten konnte. Als ich ihn fragte, wieviel Geld er für seine täglichen Bedürfnisse brauche, sagte er: fünfzig Dollar.

Ich wies ihn darauf hin, daß das die Hälfte des Monatsgehaltes seiner Mutter sei, einer Sozialarbeiterin.

»Meine Mutter hat von Kind auf gelernt zu sparen«, entgegnete er, »sie kann sich gar nicht vorstellen, daß es auch anders geht. Aber ich bin an ein besseres Leben gewöhnt und habe keine Lust mehr, mich so wie sie einschränken zu müssen. Dabei sind meine Ansprüche noch bescheiden im Vergleich zu denen meiner Freunde.«

»Was heißt das?« wollte ich wissen.

»Ich gebe Geld für Zigaretten, Taxis, mein Apartment und gelegentlich für ein bißchen Moskauer Nachtleben aus. Ihr Geld geht für teure Autos und Restaurants und Glücksspiele drauf.«

Ich kannte das Moskauer Nachtleben fast gar nicht. Hier trieben sich all die herum, die schnell zu Geld gekommen waren, aber dank Kyrill wußte ich immer, welche Plätze gerade »in« waren.

So erfuhr ich von einer Diskothek für die Prominenz, einer für die Lederjacken-Typen, einer dritten für die Reichen und Gutangezogenen usw. Einige Besucher waren Stammgäste, die erst nach Mitternacht kamen und in den Morgenstunden betrunken wieder verschwanden. Andere gabelten hier Prostituierte auf, die vierhundert bis fünfhundert Dollar die Nacht kosteten. Kyrill, der mir versicherte, so etwas nicht zu tun, hatte gehört, daß wegen der Aids-Gefahr der Gebrauch von Kondomen deutlich zugenommen hätte.

Wenn er einige Nächte unterwegs gewesen war, fand er diese Art von Leben langweilig und probierte lieber ein paar neue Restaurants aus, die exotische und ihm bis dahin unbekannte Gerichte aus Mexiko oder Korea anboten. Als das Videospiel-Fieber ausbrach, brachte er ganze Nächte an seinem Gerät zu. Seine Freunde schlossen sich ihm an, brachten ihrerseits Freunde mit, und so geriet er in einen neuen Kreis, zu dem auch junge, reiche und abenteuerlustige Kriminelle gehörten.

»Womit verdienen denn deine Freunde ihr Geld?« fragte ich ihn.

»Früher fanden viele den Schwarzhandel sehr attraktiv, aber die Zeiten sind vorbei. Heute ist eine ganze Menge Geld mit Racketeering zu machen.«

»Was weißt du denn über Racketeers?« fragte ich weiter, weil ich mehr darüber wissen wollte und Kyrill weihte mich ein.

»Die wichtigste Regel ist, daß solche Banden unter keinen Umständen irgendwelche Geschäfte miteinander machen. Unter Dieben gilt: Verkaufe nichts an deinen Bruder. Die Anführer der verschiedenen Gruppen kennen sich alle untereinander, und jeder hat sein eigenes Gebiet. Das bedeutet aber nicht, daß es immer friedlich zwischen ihnen zugeht. Schießereien sind an der Tagesordnung.«

»Wie erkennt man diese Typen?« fragte ich, fasziniert von seiner Kenntnis der Unterwelt.

»Sie haben kurze Haare wie ich, tragen Goldketten um den Hals, Nike- oder Adidas-Joggingschuhe, und im Winter Mäntel oder Jacken aus Leder. Sie bevorzugen schwarze Kleidung oder ganz grellfarbene Blazer. Wenn ich mit meinen Freunden in ihrem BMW 730 fahre, hält mich jeder für einen Racketeer«, grinste Kyrill.

»Im Westen werden die Leute nach ihrem Umgang beurteilt«, bemerkte ich.

»Ich bin nicht brutal und gemein genug, um so ein Gangster sein zu können wie andere Leute, die ich kenne.«

Und tatsächlich paßten sein intelligentes, sensibles Gesicht und seine hohe, schlanke Gestalt überhaupt nicht zu einem Racketeer. Nur sein kurzes, pomadiges Haar täuschte die Leute. Als ich ihm vorschlug, seinen Schopf wachsen zu lassen, entgegnete er, daß sein Haarschnitt gerade Mode in Moskau sei.

»Warum stellst du mich nicht deinen Freunden vor?« erkundigte ich mich.

»Ich weiß nicht, ob sie bereit wären, sich mit dir zu treffen«, antwortete er.

Ein paar Tage später rief er an und lud mich ein, den Abend mit ihm und seinen Freunden in deren Wohnung zu verbringen.

Kurz vor unserer Verabredung fing es heftig an zu regnen, und als ich ihn mit meinem Wagen am vereinbarten Ort abholte, war er bis auf die Haut durchnäßt. Das aber störte ihn weniger als die Tatsache, daß ich ohne Scheibenwischer durch den strömenden Regen fuhr. Sie waren inzwischen so oft gestohlen worden, daß ich schließlich dem Beispiel der russischen Fahrer gefolgt war. Ein Freund hatte sie für mich abmontiert und unter dem Vordersitz versteckt – jedoch ohne mir zu verraten, wie ich sie wieder anbrachte. Unter einer Brücke machte Kyrill sie fest, und anschließend entspannte er sich genügend, um mir zu eröffnen, wohin die Fahrt gehen sollte. Die unbeleuchteten Straßen und der heftige Regen verlangten meine volle Konzentration, so daß ich es versäumte, ihn zu fragen, was mich erwarten würde.

Unser Ziel lag in einem Wohnbezirk der Stadt. Wir parkten in einem dunklen Hof und fuhren mit dem Fahrstuhl in den sechsten Stock eines Hauses. Kyrill klingelte an einem Apartment mit einer eindrucksvollen Stahltür. Als erstes begrüßte uns ein junger Pitbull-Terrier, ein Vertreter der teuersten Hunderasse in ganz Moskau. Nachdem er mich beschnüffelt und mein aus Köln stammendes Parfüm akzeptiert hatte, ließ er uns schwanzwedelnd passieren. Hinter ihm stand Kyrills Freundin, die er vorgeschickt hatte, um Vorbereitungen für meinen Besuch zu treffen. Ira führte mich in die Küche, wo sie mir zwei junge Männer vorstellte, die in dem Apartment wohnten.

Slava war mittelgroß und hatte die muskulöse Statur eines Bodybuilders. Seine glatten pechschwarzen Haare waren ungefähr einen Zentimeter lang und standen wie die Borsten eines Stachelschweins von seinem Kopf ab. Seine Augen verrieten seine fernöstliche Herkunft, die ihm den Spitznamen »Chin« eingetragen hatten. Ein abgesplitterter Vorderzahn und ein paar andere Lücken im Gebiß gaben ihm ein ziemlich finsteres Aussehen. Zwei lange Goldketten hingen über seinem ärmellosen blauen Unterhemd, das seine schwellenden Armmuskeln deutlich zur Geltung brachte. Es war ein warmer Abend, und seine blaugrün gemusterten Bermuda-Shorts verrieten, daß er auf modische Kleidung durchaus Wert legte.

Der zweite junge Mann war das genaue Gegenteil von Slava. Boris war schlank und hatte ein fein gezeichnetes Gesicht. Sein Haar reichte bis zu den Ohren, und er war konservativ gekleidet, mit dunklen Hosen und einem schwarz-grau gestreiften Hemd, in dessen offenstehendem Kragen ebenfalls Goldketten zu sehen waren. Bis zur Rückkehr ihres dritten Mitbewohners zeigten sie mir die drei Zimmer ihrer Wohnung, die mit teuren Möbeln eingerichtet war. Die Burschen hatten das Apartment für tausend Dollar im Monat von einer Jongleurtruppe gemietet, die in Europa auf Tournee war.

Alex, der dritte Wohngenosse, tauchte nach ein paar Minuten mit allen möglichen Spezialitäten von McDonalds auf. Er war groß, hatte ein jungenhaftes Gesicht, und seine Haare waren so kurz geschnitten wie die von Slava. Sein Nike-Jogginganzug paßte gut zu seinem athletischen, durchtrainierten Körper.

Ira bat uns an den großen Küchentisch, auf dem sie rasch Hamburger und Apfeltörtchen, meinen geliebten Napoleonkuchen, frische Erdbeeren und Nektarinen, Tee, Bier und Orangensaft verteilte. Die Männer erkundigten sich, ob es mich störe, wenn sie rauchten, und als ich keine Einwände hatte, fingen sie nervös an zu paffen. Nur die laute Musik aus einer grün und rot blinkenden Stereoanlage war zu hören. Ihre angespannten Gesichter und ihre verkrampften Bewegungen drückten aus, daß sie hofften, ich würde mit dem Gespräch beginnen.

Ich brach das Eis, indem ich mich nach Clyde, dem Hund erkundigte. Ich fragte, ob sie ihn nach einem der beiden Helden aus dem Film »Bonnie und Clyde« benannt hätten? Slava, der an diesem Abend zum Sprecher des Trios wurde, erklärte mit seiner tiefen heiseren Stimme: »Rassehunde müssen einen Namen haben, der mit einem besonderen Buchstaben beginnt.« Ihr Exemplar hatte amerikanische und englische Vorfahren und durfte nur einen Namen bekommen, der mit einem »C« anfing. So hatten sie sich für Clyde entschieden.

Der zehn Monate alte Pitbull-Terrier war das Geschenk eines Freundes. Einem alten Aberglauben folgend, hat ein Hund nur dann ein gesundes Leben vor sich, wenn der Beschenkte dem Schenkenden eine symbolische Summe gibt. Sie richteten sich danach. Ihre Dankbarkeit schlug sich in mehreren hundert Dollar nieder. Dabei hatte das Trio eigentlich einen Mastiff als Wachhund haben wollen, eine Rolle, für die Clyde offensichtlich nicht geeignet war.

Als ich mich erkundigte, was er zu fressen bekäme, wurde mir eine Liste von Delikatessen aufgezählt, die nur eine kleine Minderheit von Moskaus Kindern je zu Gesicht bekommen würde. Zum Frühstück gab es Sour Cream und einen Topf Frischkäse vom Markt; die zweite Mahlzeit bestand aus einem Kilo Filet Mignon mit Wurzeln, Zwiebeln und Brot, und das Ganze wurde ebenfalls entweder auf dem Markt oder in einem Devisenladen eingekauft. Dreimal am Tag wurde der Hund ausgeführt, und manchmal nahmen die Männer ihn auch für einen Tag mit aufs Land. »Clyde ist ein wichtiges Mitglied unserer Familie«, erklärte Slava. Sie hatten gerade ihren BMW 730 gegen einen Chrysler Grand Voyager eingetauscht, weil Clyde in dem BMW nicht bequem genug sitzen konnte. Der zweite Grund war allerdings, daß BMWs als Racketeer-Wagen galten, und das Trio wollte nicht allzusehr auffallen.

Weil ich merkte, daß sich meine Gastgeber immer noch unbehaglich fühlten, fing ich an, ihnen ausführlich von meiner Familie und meiner Arbeit zu erzählen. Dann fragte ich Slava, wie er aufgewachsen sei und wie sein Leben heute aussehe.

Während er von seinen Eltern sprach, zeigte sein hartes, grobes Gesicht zum ersten Mal eine Regung. Sie waren einfache Arbeiter, die ihr ganzes Leben ihrem einzigen Sohn widmeten. Angeblich litt er darunter, daß die Umstände es ihm nicht erlaubten, sie öfter zu sehen. Ich wagte nicht, ihn zu unterbrechen und nach den »Umständen« zu fragen. So ließ ich ihn einfach weiterreden.

Slava war acht Jahre zur Schule gegangen, und dann »war etwas Unvorhergesehenes passiert«, wie er sich ausdrückte. Mit sechzehn wurde er verhaftet, weil er in eine Wohnung eingebrochen war. Sie verurteilten ihn zu vier Jahren Gefängnis. Er gehörte zu jener Gruppe von Kriminellen, die man die »Fünf-Minuten-Einbrecher« nannte. Sie besaßen einen Satz Dietriche, mit denen sie jedes normale Türschloß aufschlossen; nach fünf Minuten hatten sie einen Bruch erledigt.

Slava beendete seine Schulzeit im Gefängnis und zählte zu den Besten in seiner Klasse. Zuvor war er nur ein durchschnittlicher Schüler gewesen, und seine guten Noten führte er auf den niedrigen Standard im Gefängnis zurück. Er las gerne, und mit sechzehn verschlang er den Roman »Krieg und Frieden«. Inzwischen bevorzugte er Dumas und andere französische Autoren, Science-fiction-Romane und Krimis.

Er fragte mich, ob ich irgend etwas über das Leben im Gefängnis wisse, und als ich den Kopf schüttelte, sagte er, daß er allein ein Jahr in Untersuchungshaft verbracht habe, bevor die Ermittlungen in seinem Fall abgeschlossen gewesen wären. »Ich hatte Glück«, bemerkte er. Manche Leute hätten bis zu sechs Jahre auf ihre Verurteilung warten müssen. Die Zustände in den Gefängnissen wären unmenschlich. Die Zellen wären dreckig, und jeder Häftling hätte nur ein paar Meter Platz. Der größte Skandal sei allerdings, daß etliche der Insassen unschuldig seien. »Jeder sollte darauf vorbereitet sein, entweder ein Gefangener oder ein Bettler zu werden«, zitierte Slava ein russisches Sprichwort und fügte hinzu: »Es bringt nichts, weiter über meine Jahre im Gefängnis zu reden. Ich habe dort nur gelernt, daß die Armen und Ungebildeten keine Rechte haben.«

1992 wurde er nach zweieinhalb Jahren Haft entlassen und kehrte in ein Moskau zurück, in dem das Leben inzwischen so teuer geworden war, daß er die Welt nicht mehr verstand. An seinem ersten Tag als freier Mann ging sein ganzer Verdienst aus dem Gefängnis für ein Schaschlik drauf.

Seine vorzeitige Entlassung war an eine Bedingung geknüpft. Er mußte in einer Fabrik arbeiten, in der sein Verhalten ständig überwacht wurde. Einige seiner Freunde aus der Jugendzeit hatten in der Zwischenzeit ihre Jobs verloren, andere waren Alkoholiker oder drogenabhängig geworden. Aber einige fuhren mittlerweile auch in teuren ausländischen Wagen herum, und die beneidete er sehr.

Slava wollte auch am schönen Leben teilhaben, doch sein geringer Lohn ließ das nicht zu. Aber »ein Russe findet irgendwie immer einen Dreh«, sagte er. »Wir haben ein Sprichwort: Wenn etwas verboten ist, und du willst es wirklich haben, dann gibt es auch einen Weg, es zu bekommen.« Slava bestach seine Vorgesetzten in der Fabrik, damit sie gegenüber den Behörden bestätigten, daß er regelmäßig zur

Arbeit erschien, und so hatte er Zeit, sich nach einer anderen Tätigkeit umzusehen.

Boris und Slava waren im selben Viertel aufgewachsen und seit der ersten Klasse Freunde. »Alle anderen tauchten unter, als ich in Schwierigkeiten kam, nur Boris ließ mich nicht im Stich. Er besuchte mich im Gefängnis, das über hundert Kilometer außerhalb von Moskau lag, und tröstete meine Eltern. Als ich wieder freikam, half er mir und machte mich mit seinen Freunden bekannt«, fuhr Slava fort.

Boris unterbrach ihn: »Ich wollte nicht, daß er in das Milieu zurückkehrt, in dem er aufgewachsen ist, oder daß er wieder im Gefängnis landet. Ich brachte ihm bei, wie man inzwischen im Leben zurechtkommt und welche Möglichkeiten es gibt.«

Slava war der Meinung, daß sich das Land in den vergangenen fünf Jahren zu rasch verändert hätte, und die Skepsis, die er vorbrachte, hörte ich auch von vielen anderen. Die Leute waren auf den abrupten Wechsel vom Kommunismus zum Kapitalismus nicht vorbereitet, der in einer zuvor klassenlosen Gesellschaft plötzlich eine Klasse der Armen hervorbrachte. Auch die Justiz konnte mit der rapiden Entwicklung nicht Schritt halten. Jeder wollte jetzt zu Geld kommen, und während die alten Kommunisten und die sogenannten neuen Demokraten emsig damit beschäftigt waren, sich Staatseigentum zu Schleuderpreisen unter den Nagel zu reißen, fanden andere, die solche Möglichkeiten nicht hatten, andere Wege, reich zu werden. Lug und Betrug gehören seither zum Alltag.

»Wir haben keine Gesetze, um die Menschen vor den Gaunern zu schützen. Jeder macht, was er will, und kommt damit durch«, schimpfte Slava, »warum also nicht auch wir?

Inzwischen ist es schwer, Dinge zu verbieten, die bisher geduldet wurden. Vor allem die Leute, die sich an das schöne Leben gewöhnt haben, lassen sich nichts mehr sagen.«

»Hätte ich je soviel wie ein amerikanischer Arbeiter verdient«, sagte Slava, »hätte ich nie mit dem Stehlen begonnen.«

Ich merkte, daß er sich langsam entspannte. »Wieviel brauchen Sie zum täglichen Leben?« fragte ich ihn.

»Unsere Familie braucht mindestens dreihundert Dollar, Miete, Essen, Nachtleben und Erholung eingeschlossen.«

»Was für eine Erholung?«

»Ich will offen zu Ihnen sein«, sagte Slava. »Wir sind nicht anders als viele junge Leute im Westen. Unter Freunden rauchen wir manchmal Marihuana. Wir haben auch Kokain und andere Drogen probiert, aber die sind nichts für uns.«

»Sind Drogen verboten?« fragte ich.

»Offiziell ja, aber wenn jemand mit bis zu vier Gramm Marihuana erwischt wird, muß er mit auf die Wache, bekommt vielleicht eine Tracht Prügel, und dann läßt man ihn höchstwahrscheinlich wieder laufen. Die wirklichen Verbrecher sind die Dealer«, sagte Slava. »Sie verdienen daran, daß sie die Gesundheit anderer ruinieren. Wenn die mal im Gefängnis landen, werden sie von den anderen Insassen ziemlich übel behandelt.«

Eine große Summe ging auch monatlich für die Bestechung der GAI, der Verkehrspolizisten, drauf. »Das sind einfache Leute wie wir, und ihre Gehälter sind so niedrig, daß sie nur mit Schmiergeldern über die Runden kommen. Sie betrachten uns gewissermaßen als Nebenerwerbsquelle«, erläuterte Slava.

»Und wie geht das genau?« fragte ich.

»Sie halten uns an, überprüfen unsere Papiere, und weil wir keinen Führerschein haben, müssen wir zahlen.«

Da ich wußte, daß alles seinen Preis hat, fragte ich wieviel sie ein Führerschein kosten würde. Der Preis war fünfhundert Dollar, aber aus einem mir unerfindlichen Grund scheuten sie sich, für dieses nützliche Papier Geld auszugeben. Dafür waren sie anderswo um so großzügiger. Wenn Gangster einen größeren Auftrag erledigt hatten, so Slava, gaben sie ihrem Boß meist eine bestimmte Summe, die dieser an Arme und Bedürftige weiterreichte, und da mein Trio einige Jobs auf eigene Rechnung durchzog, verteilten sie auch diese Summe selbst. Bettler, Waisenhäuser und Kirchen profitierten von ihrer Großherzigkeit. Außerdem kaufte Slava noch Essen und Bekleidung für entlassene Strafgefangene und übernahm anfallende Fahrtkosten.

Meine Gastgeber kümmerten sich auch mit Geld und Geschenken um ihre Väter und Mütter. Sie hatten eine kleine Zigarettenfirma gegründet, die ihre Eltern finanziell unterstützen würde, wenn sie selbst im Gefängnis landen sollten. Stolz berichtete Slava von ausländischen Küchengeräten, die er seiner Mutter gekauft hatte; er bedauerte nur, daß sie die Dinger nicht benutzte. »Sie kann sich an die moderne Technik nicht gewöhnen«, sagte er. »Also wir wollen unsere Eltern nicht ändern. Wir haben beschlossen, ein besseres Leben zu führen, und sie sind stolz auf uns und dankbar, daß sie uns nicht länger unterstützen müssen.« Bei diesem Satz fielen mir die vielen Konflikte in den Familien von Intellektuellen ein, in denen sich Eltern weigern, die neue Unabhängigkeit ihrer Kinder zu akzeptieren.

Als ich wissen wollte, wie oft sie ihre Eltern sähen, räusperte Slava sich und sagte mit gedämpfter Stimme: »Ich bin seit über einem Jahr nicht zu Hause gewesen. Ich telefoniere mit ihnen zwei- oder dreimal im Monat von einem besonderen Apparat, der nicht abgehört werden kann. Ich kann sie nicht besuchen, weil die Polizei hinter mir her ist.«

Boris und Slava waren in den vergangenen Monaten mehrere Male umgezogen, und inzwischen fanden sie ein Leben auf der Flucht ziemlich ermüdend. Sie wollten ins Ausland gehen und sprachen davon, sich in London eine Wohnung zu kaufen.

Ich wandte mich an Kyrill, der unserer Unterhaltung aufmerksam zugehört hatte. »Das ist wohl das Ergebnis deines Einflusses?« fragte ich.

»Ich könnte als ihr Dolmetscher arbeiten«, antwortete er lächelnd.

»Das Problem ist, daß Slava keinen Paß hat«, sagte Boris. »Im Augenblick kann er das Land nicht verlassen, aber wir haben jemanden geschmiert, der ihm innerhalb der nächsten Wochen einen gefälschten ausländischen Paß besorgen will.«

Boris wollte allerdings nicht ständig in einem fremden Land leben. Er hatte sogar das Angebot einer bekannten russischen Eiskunstläuferin abgelehnt, die ihn heiraten und in die USA mitnehmen wollte. »Ich gehöre hierher, hier fühle ich mich zu Hause, und nur hier kann ich ich selbst sein«, sagte er. »Vor ein paar Jahren war das Leben noch langweilig. Jetzt passiert jeden Tag etwas Neues, und man muß vor Ort sein, wenn man mit der ganzen Entwicklung Schritt halten will.«

»Wir haben uns an einen gewissen Lebensstil gewöhnt und versuchen, ihn aufrechtzuerhalten. Und wir haben unseren Stolz«, sagte Slava. »Einige Millionäre in Amerika haben ihr erstes Geld auch illegal gemacht. Wir müssen sehen, daß wir in den nächsten vier oder fünf Jahren so viel wie möglich verdienen, bevor unsere Geschäfte zu riskant werden.« Boris fügte hinzu: »Wenn wir anständige Geschäftsleute sein wollten, ginge es uns wie einer Maus, die es mit mehreren Katzen zu tun hat, und früher oder später würden wir gefressen werden.«

Als es an der Tür klingelte, bekam ich plötzlich Angst. Ich fühlte mich wie damals, als ich den reichen armenischen Geschäftsmann mit seinen bewaffneten Bodyguards getroffen habe. Wir fuhren in zwei Autos; er in einem Mercedes und ich in dem Begleit-Mercedes, und das in einem Tempo, das mir den Atem nahm. Sein Sohn, der neben mir saß, erzählte mir lachend von einer speziellen Genehmigung, die es ihnen erlaubte, ohne Rücksicht auf die Verkehrsregeln durch Moskau zu fahren. Alles natürlich wegen der Sicherheit. Ich fühlte mich wie das unschuldige Opfer bei einer Mafia-Schießerei.

Zu meiner Erleichterung erfuhr ich, daß es sich bei dem Mann an der Tür nur um einen Freund handelte, der mal eben vorbeigekommen war. Nach einem kurzen Gespräch kam Alex zurück in die Küche. Auch das Telefon klingelte; der Apparat hatte ein Display, in dem man die Nummer des Anrufenden sehen konnte. Erst wenn sie die Anzeige überprüft hatten, entschieden meine Gastgeber, ob sie den Hörer abnahmen.

Das Thema, das mich am meisten interessierte, womit sie eigentlich ihr Geld verdienten, vermied Slava während unserer Unterhaltung sorgfältig. Ich näherte mich der Frage, indem ich seine Meinung über die verschiedenen Arten von Kriminellen wissen wollte. Von bezahlten Killern, die keine Würde hatten, hielt er genausowenig wie von Räubern, die Menschen mit der Waffe angriffen und Unschuldige ermordeten. Schutzgeld-Erpresser, Racketeers, nannte er unredlich. »Wie kann man von jemandem Geld dafür verlangen, daß man nichts tut?« sagte Boris. Kindesentführer, Zuhälter und Drogendealer gehörten für ihn in die unterste Kategorie von Kriminellen. Auch einfache Diebe waren unter seinem Niveau, weil sie ungeübt und unprofessionell waren. Er erzählte von ein paar Amateuren, die ihren BMW ausgeraubt hatten. »Man muß nicht die Fenster einschlagen, um eine Zweihundertfünfzig-Dollar-Sonnenbrille oder einen Hundert-Dollar-Kassettenrecorder zu klauen. Man kann einen Wagen auch anders knacken«, sagte er.

»Wir verdienen unser Geld auf eine würdige und kunstvolle Weise«, erklärte Slava. »Diebstahl ist eine Fertigkeit, die Phantasie und Talent erfordert«, setzte Boris lebhaft hinzu. »Unsere Opfer sind nur die Reichen, die durch Korruption zu Geld gekommen sind. Zum Beispiel schüchtert ein Polizist in Uniform jeden Geschäftemacher ein, egal ob er mit illegalen Sachen oder sogar auf frischer Tat erwischt wird. Jedenfalls wird er bereit sein, jede Summe zu zahlen, um einer Verhaftung zu entgehen.«

»Unsere Arbeit ist kreativ, weil wir uns jedesmal etwas Neues einfallen lassen müssen«, sagte Slava. »In der Regel arbeiten wir allein, aber wir haben ältere, erfahrene Freunde, deren Rat uns wichtig ist. Es ist ein gutes Gefühl, mit jemandem zu sprechen, der doppelt so alt ist wie du, der dir zuhört und deine Ansichten teilt. Früher wurden Leute in unserem Alter einfach nicht ernst genommen.«

Der wichtigste Teil ihrer Arbeit besteht darin, Informationen zusammenzutragen. Die Vorbereitungen für einen Job können drei Wochen dauern, während der Einsatz selbst vielleicht in einer Viertelstunde erledigt ist. Ihre besten Quellen für Tips waren Schauspieler und Schauspielerinnen, Regisseure, Geschäftsleute und Sportler, zu deren Kreise sie sich Zugang verschafft hatten. Boris liest die Zeitungen, und es ist ihm egal, ob sie die Wahrheit oder Lügen drucken – er kommt durch die Artikel auf neue Ideen.

Und wie sehen sie ihre Zukunft?

Als Teenager hatten sie davon geträumt, einen BMW zu besitzen, wie sie ihn in Zeitschriften gesehen hatten. Diesen Wunsch haben sie sich erfüllt. Nun ist ihr Ziel, soviel wie möglich zu verdienen, damit sie nie wieder das Gefühl in ihrem Leben hätten, ihnen würde etwas fehlen. In vier Jahren werden sie fünfundzwanzig, und dann wollen sie sich zur Ruhe setzen, eine Familie gründen und ein geregeltes Dasein führen.

Haben sie jemals daran gedacht zu studieren?

Boris sagte, er habe die Gelegenheit dazu gehabt, als Slava im Gefängnis saß, aber er habe sie ausgeschlagen. Kriminelle Geschäfte standen damals schon hoch im Kurs, und sie führten schneller aus der Armut heraus als alles andere. Er ist fest entschlossen, das Viertel, in dem er aufgewachsen ist, zu verlassen und ein angenehmeres Leben zu führen als seine Eltern, Schulfreunde und Nachbarn.

»Ausbildung wird erst wichtig, wenn Talent und Wissen höher eingeschätzt werden als Geld«, sagte Kyrill. »Derzeit verdienen viele Leute mit einer gehobenen Ausbildung weniger, als sie zum Leben brauchen. Kann es denn richtig sein, daß Lehrer, Ärzte und Wissenschaftler weniger Gehalt kriegen als ein Straßenfeger oder ein Busschaffner?« Seine Kritik ist berechtigt, doch obwohl viele so denken wie er, finde ich seine Meinung kurzsichtig.

»Ich möchte mal Anwalt werden«, sagte Slava, »aber erst, wenn die Rechte der Menschen in diesem Land respektiert werden. Die Regierung ist gegen das Volk, und wir sehen in ihr einen Feind. Die ungerechten Gesetze und die unehrlichen Leute, die darüber wachen, daß sie eingehalten werden, haben uns zu Kriminellen gemacht. Wir sehen, wie sie leben, und wollen genauso gut leben. Keiner von uns wird jemals den Schwarzen Dienstag im Oktober 1994 vergessen, als der Rubel um 28 Prozent abgewertet wurde, oder die Ankündigung damals 1991, daß die Hundert-Rubel-Scheine plötzlich nicht mehr gültig seien. Die Opfer sind immer die Armen.«

»Wie kann man diese Situation ändern?« fragte ich.

»Man muß den Leuten beibringen, ein Bewußtsein zu entwickeln und sich verantwortlich zu fühlen für das, was sie tun«, sagte Kyrill. »Sie müssen das Eigentum anderer respektieren und verstehen lernen, daß sie, wenn sie etwas haben wollen, es nicht einfach stehlen können.« Diese Sätze veranlaßten Slava zu dem respektvollen Kommentar: »Gebildete Menschen wie Kyrill haben ihren eigenen Weg eingeschlagen. Er ist anders als wir, aber wir mögen ihn und vertrauen ihm. Wir wissen, daß er uns niemals verraten würde.«

Ich war sehr erleichtert über diese Bemerkung, denn für mich war es wichtig, daß meine Gastgeber Kyrills moralische Grundsätze nicht zerstört hatten.

Vier Stunden waren inzwischen vergangen, und meine Augen und meine Kehle brannten von der Kettenraucherei meiner Gastgeber. Slava sagte, daß er um Mitternacht eine Verabredung habe und daß es an der Zeit sei, unser Treffen zu beenden, aber vorher wolle er mir noch Polaroid-Fotos von der Feier seines zwanzigsten Geburtstags im vergangenen Jahr zeigen. Er hatte sechzig Freunde in ein Restaurant eingeladen und schwärmte jetzt noch von den Delikatessen, die an jenem Abend serviert worden waren. Spontan fragte ich, ob ich demnächst mal für sie kochen dürfe. Slava küßte mir die Hand und sagte: »Wir würden uns freuen, Sie bald wiederzusehen.« Ich hoffte, er meinte es ehrlich.

Auf dem Heimweg sagte Kyrill: »Du hast ihnen wirklich gefallen.« Mir waren sie auch sympathisch, doch ich stellte fest, daß ich immer noch herzlich wenig über sie wußte. »Warum werden sie von der Polizei gesucht?« fragte ich.

Vor ungefähr einem Jahr, erzählte Kyrill, hatten die Zeitungen über Raubzüge berichtet, an denen Boris und Slava beteiligt waren. Zusammen mit fünf anderen Männern hatten sie sich Polizeiuniformen angezogen und Lastzüge mit Zigaretten und elektronischen Geräten ausgeraubt. Ihre Beute war ungefähr eine halbe Million Dollar wert. Die Polizei kam ihnen durch einen ihrer Komplizen auf die Spur, den sie bei einer Verkehrskontrolle anhielten, seinen Wagen durchsuchten und im Kofferraum Uniformen entdeckten. Sie brachten ihn zur Wache, und während sie ihn noch vernahmen, traf ein Telex über den jüngsten Raub ein. Sie folterten den Komplizen, indem sie seine Hände ansengten und Nadeln unter seine Fingernägel steckten, bis er die Namen seiner Mittäter verriet. Ein Häftling, der an diesem Tag entlassen wurde, warnte die übrigen. Die Information kam gerade noch rechtzeitig, denn schon am Tag darauf erschien die Polizei in den Wohnungen.

Ein anderes Mal, so Kyrill, drangen Boris und Slava als Polizisten verkleidet in das Büro eines Mannes ein, der gestohlene Mobiltelefone so manipulierte, daß man damit gebührenfrei anrufen konnte. Der Mann kaufte sich auf der Stelle bei ihnen frei.

»Haben sie denn Waffen?«

Kyrill lachte über meine naive Frage und sagte: »Früher hatten sie viele Waffen zu Hause. Jetzt sind sie aus Sicherheitsgründen bei Freunden untergebracht. Vor einem neuen Job werden sie wieder eingesammelt.«

»Halten sie das, was sie tun, überhaupt für Unrecht?« fragte ich.

»Natürlich wissen sie, daß sie Verbrechen begehen, aber sie sagen, sie könnten nichts anderes machen«, antwortete Kyrill. »Die Jungs sind nur kleine Fische, aber sie haben Kontakt zu einem großen Mafia-Boß. Wenn die Polizei sie schnappt, werden sie so lange gefoltert, bis sie alles sagen, was sie wissen. Die meisten ihrer Jobs waren nicht ihre Idee. Man hat sie dazu angestiftet.« Er erzählte mir von Boris' letztem Einsatz, den er gemeinsam mit zehn anderen Männern erledigt hatte. Sie hatten von drei Autos erfahren, die regelmäßig aus einer anderen Stadt nach Moskau kamen und in denen sich immer viele Millionen Rubel befanden, die hier in Dollar umgetauscht werden sollten. Wieder zogen sie Polizeiuniformen an, hielten die Wagen an und hatten am Ende 300 000 Dollar, die sie gleichmäßig untereinander aufteilten.

Ich erinnerte ihn an Western-Filme, in denen die Verteilung der Beute unter den Banditen meist zu Mord und Totschlag führt.

»Sie arbeiten nur mit Leuten, denen sie vertrauen«, sagte Kyrill. Boris hatte zum Beispiel diesen Auftrag ohne seine Mitbewohner erledigt, doch Slava und Alex wurden an seinem Anteil beteiligt. »So ist das doch unter Freunden«, sagte Kyrill, der oft ohne Geld war, weil er es Freunden gegeben hatte, von denen er nie etwas zurückbekam. Er glaubte, daß sie ihm auch helfen würden, wenn er in Not geriete.

Etliche Wochen später kam das Trio zu einem Essen, das ich in Kyrills Wohnung veranstaltete, weil sie sich in meine nicht trauten. Aus ihrem früheren Apartment waren sie inzwischen schon wieder ausgezogen, und nun hausten die drei in einem winzigen Zimmer mit noch einem anderen Freund, bis sie irgendwo anders Unterschlupf fänden. Clyde hatten sie zu Alex' Eltern gebracht, wo er sich offensichtlich sehr wohl fühlte.

Den Gesichtern meiner Gäste konnte ich ansehen, daß sie Probleme hatten. An ihrem Chrysler waren teure Reparaturen fällig, dadurch würde er einige Monate nicht zur Verfügung stehen. Boris hatte Krach mit seinem Vater, weil die Polizei wieder einmal bei dem Alten aufgetaucht war, um nach dem Sohn zu suchen. Als Kyrill wenig später etwas für seinen Freund von zu Hause holte, traf er dessen weinende Mutter an. Sie hatte ihren Sohn seit über einem Jahr nicht gesehen und wollte wissen, was er denn jetzt mache.

Der Mann, der Slava einen ausländischen Paß besorgen wollte, war verschwunden; Slava selbst wäre fast festgenommen worden, als er eines frühen Morgens aus einer Diskothek kam. Vor der Tür stand ein Polizeiwagen, in den alle Gäste einsteigen und sich ausweisen mußten. Slava hatte nie Papiere bei sich, da sein Name im Fahndungscomputer stand. Er zahlte einem Polizisten fünfhundert Dollar und war gerettet, während die anderen ohne Ausweise mit auf die Wache mußten.

Die Vorstellung, daß Kyrill mit diesen Burschen verkehrte, beunruhigte mich, und ich sprach offen aus, daß ich mir Sorgen um ihn machte. Er versicherte mir, daß ihm nichts passieren würde, denn Slava und Co. waren nur Freunde, aber keine Geschäftspartner. »Ich habe nie solche Sachen wie sie gemacht«, sagte er. »Sie müssen immer damit rechnen, erwischt zu werden – so ein Leben möchte ich nie führen.«

Hatten sie ihn jemals eingeladen, bei ihnen mitzumachen?

»Nein,« sagte er. »Wenn sie einen Job machen, erfahre ich immer erst hinterher davon. Und ich habe sie auch nie gebeten, einsteigen zu dürfen. Sie halten mich für einen anständigen Kerl.«

»Aber wenn man soviel weiß wie du, könnte das die Polizei eines Tages schon interessieren«, entgegnete ich.

Er zählte noch mehrere Gründe auf, weshalb es dazu nicht kommen würde, aber ich blieb skeptisch.

Als ich eines Tages zu Hause auf Kyrill wartete, läutete das Telefon mit jenem charakteristischen längeren Klingeln, das ein Ferngespräch ankündigt. Ich war völlig verblüfft, seine Stimme zu hören: In zehn Minuten würde er bei mir sein. Sein jüngstes Geschäft bestand darin, daß er Handy-Telefone aus dem Ausland verkaufte, mit denen man sowohl Orts- als auch Ferngespräche führen konnte. Auch er hatte einen Experten in Moskau gefunden, der die Geräte so manipulierte, daß alle Anrufe gebührenfrei blieben. Seine Kunden waren Racketeers und »sogar ehrliche Geschäftsleute«, sagte er. »Sie kaufen die Apparate für zweitausend Dollar und können dann umsonst telefonieren. Die Dinger sind natürlich verboten, und die Leute im Ausland hätten sicher Angst, sich damit erwischen zu lassen. Aber die Russen scheren sich nicht um Gesetze, und jeder überlegt ständig, wie er etwas gratis kriegen kann.«

Ein Jahr, nachdem ich das Trio kennengelernt hatte, erzählte mir Kyrill, daß seine Freunde ihr gesamtes Geld aufgebraucht und sich getrennt hätten. Er sah sie jetzt kaum noch und hatte dadurch wieder mehr Zeit für mich.

»Ich vertrödle mein Leben«, bekannte er bei einem seiner Besuche. »Ich habe keinen ordentlichen Beruf und keine Ausbildung.«

Auf diesen Augenblick hatte ich seit Monaten gewartet, und nun ermutigte ich ihn, wieder zu studieren. Ein paar Wochen später erzählte er mir, daß er Kurse belegt habe, um die Aufnahmeprüfungen zu schaffen. Er wollte an einer guten Universität Wirtschaftswissenschaften studieren; gleichzeitig versicherte er mir, daß er nun endlich ein geregeltes Leben führen wolle. Ich hoffe nur, daß er es wirklich ernst meint.

Lehrer ohne Schulbuch

Tanja ist die jüngste Lehrerin an ihrer Schule, und als sie dreißig wurde, schlug man ihr vor, für den Ehrentitel »Lehrer des Jahres« in Rußland zu kandidieren. Doch sie lehnte ab. Die Vorbereitung auf den Wettbewerb hätte sie zuviel Zeit gekostet, und sie war nicht bereit, ihre Schüler und ihre Familie dafür zu vernachlässigen.

Tanja ist Deutschlehrerin an der ersten Schule in Moskau, in der nach dem Zweiten Weltkrieg wieder Deutsch als Fremdsprache unterrichtet wurde. Diese Schule wurde 1955 gegründet und ist als Schule Nr. 3 eine bekannte Einrichtung. Tanja selbst machte dort 1982 ihren Abschluß, und zwölf Jahre später kam ihre Tochter Katja hier in die erste Klasse.

An dem Tag, an dem Katja die Aufnahmeprüfung bestand, besuchte mich ihre Mutter. Sie wollte das Ereignis mit mir feiern, was ihr gleichzeitig einen guten Grund lieferte, ihre viertägige Fastenkur zu unterbrechen. Tanja erwies sich als perfekter Gast. Sie aß nicht nur ihren Teller völlig leer, sondern machte mir, der Köchin, auch noch Komplimente, was ihr prompt eine zweite Portion eintrug.

Tanja hat ein jugendliches Gesicht mit blasser, fast durchsichtiger Haut, kurze Haare und trägt eine Brille. Ihr ernster Gesichtsausdruck läßt sie allerdings älter aussehen. Ihr Lieblingsthema sind ihre Schüler, die sie als ihre Kinder betrachtet. Wenn sie über die Jungen und Mädchen und die Probleme ihrer Generation spricht, erscheinen plötzlich Falten auf ihrer Stirn.

Tanja hat ihre Schule für Katja ausgewählt, weil sie, wie sie meint, die beste in Moskau ist. Es ist eine Spezial-Schule, in die besonders Begabte aufgenommen werden, die sich oft auf eine Fremdsprache – Englisch, Französisch oder Deutsch – konzentrieren. Auch hier ist der Unterricht schulgeldfrei, aber es gibt andere Lehrpläne als auf den normalen Schulen. Die Schüler beginnen schon in der ersten Klasse mit einer Fremdsprache, statt wie sonst in der fünften, und das Fächerangebot ist breiter. In den vergangenen zwei Jahren ist das Lehrprogramm an Tanjas Schule um die Geschichte der Weltliteratur, um Religion und Kunst, einen Computer-, Geschäftsdeutsch- und Ökologie-Kurs erweitert worden.

Weil der Andrang auf die beschränkten Plätze in diesen Schulen groß ist, gibt es Aufnahmeprüfungen. Laut Vorschrift werden alle Kinder, die in dem betreffenden Schulbezirk wohnen, zugelassen, doch Kinder aus anderen Stadtgebieten müssen, wie Katja, einen Lese- und Rechentest ablegen, ehe sie in die erste Klasse dürfen. Die drastische Kürzung der öffentlichen Mittel für Erziehung und Ausbildung hat allerdings dazu geführt, daß Kinder reicher Eltern gelegentlich den ärmeren vorgezogen werden. Die Schulen brauchen einfach Sponsoren, und wenn sich Wohlhabende bereit erklären, Geld für Reparaturen oder Lehrmittel wie TV-Geräte oder Computer zu geben, werden ihre Söhne und Töchter aufgenommen. Aber schon im ersten Schuljahr müssen sie beweisen, daß sie mit den anderen intellektuell mithalten können, meint Tanja. Von ihrer Schule sind jedenfalls schon reiche Kinder mit unbefriedigenden Zensuren ausgeschlossen worden.

Ein weiterer Grund, weshalb Tanja ihre Tochter in ihrer Schule angemeldet hat, ist der, daß sie auf diese Weise mehr Zeit miteinander verbringen können. Zum Beispiel bei der täglichen einstündigen Busfahrt zur Schule und zurück. Außerdem lebt auch noch Tanjas pensionierter Vater in der Nähe, so daß Katja nach der Schule dort hingehen und ihre Hausaufgaben machen kann. Tanjas siebenundzwanzigstündige Unterrichtswoche, die von Montag bis Samstag geht, und die zusätzlichen fünfundzwanzig Stunden für Vorbereitungen, die sie meist abends in der Bibliothek verbringt, lassen ihr wenig Zeit, eine gute Mutter zu sein. Aber da Katja ja nun auf ihre Schule geht, kann sie zumindest ein Auge auf sie haben.

Wenn Tanja Probleme hat, ruft sie oft noch spät in der Nacht an oder frühmorgens vor der Schule. Wir machen dann eine Zeit aus, zu der wir uns treffen wollen, und sie kommt unweigerlich zu spät.

Kurz bevor Katja in die Schule kam, gab es so ein Problem, und Tanja war völlig aufgelöst. Sie hatte ihrer Tochter gesagt, wenn sie eine gute Schülerin werde, könne sie anschließend auf die Universität gehen und danach sicher eine interessante und kreative Arbeit finden.

»Warum soll ich denn lernen?« hatte die Tochter erwidert. »Ich kann doch Sachen verkaufen und auch ohne Lernen gut leben.«

Ich überzeugte Tanja, daß Katja noch jung und leicht beeinflußbar sei und daß sie das Mädchen nicht von der

Umgebung, in der es aufwächst, abschirmen könne. Gleichwohl versuchte sie später, ihrer Tochter klarzumachen, daß einem Menschen, der sich nur an materiellen Dingen orientiert, etwas Wichtiges in seinem Leben entgeht.

»Früher war man stolz, ein guter Schüler zu sein, und schlechte Noten galten als peinlich«, sagte sie. Heute verdienen Leute mit einer besseren Ausbildung weniger als viele, die nicht einmal einen Schulabschluß haben. Sie erzählte von einem früheren Schüler, der ständig ungenügende Zensuren hatte und in der neunten Klasse von der Schule abging. Heute trägt er teure Kleider und fährt einen Import-Wagen. Er gehört zu einer Gruppe von jungen Leuten, die ebenfalls der Meinung sind: »Warum etwas lernen, wenn man auch ohne Ausbildung alles haben kann?«

Tanja versicherte mir aber, daß durchaus nicht alle Jugendlichen so denken, und sie lud mich zu einem Treffen mit Abiturienten und Schülern aus den neunten und elften Klassen ein. Hier traf ich Mädchen und Jungen, die stolz sind auf ihre Schule und Spaß haben am Lernen. An einer anderen Schule in der Nähe, erzählten sie, rauchen die Schüler allerdings, amüsieren sich während des Unterrichts und machen nur selten ihre Hausaufgaben.

Ich habe schon öfter Geschichten über mangelnde Disziplin an Schulen gehört, und eine von Tanjas Schülerinnen meinte dazu: »Wir haben so viele Freiheiten. Wir können einfach Stunden schwänzen, und nichts passiert.« Tanja lachte nervös dabei, und das Mädchen lächelte verschmitzt, denn alle wissen, daß ihre Lehrerin eine Schwäche für die meisten ihrer Schützlinge hat.

Sicherlich schwänzen die Kinder an Tanjas Schule gelegentlich, rauchen, trinken Alkohol und nehmen sogar mal

Drogen, aber wie ich von einer Mutter, deren Kind eine normale Schule besucht, erfahren habe, gibt es dort noch weitaus ernstere Probleme. Sie beklagte sich über »Hooliganismus« unter den Kameraden ihres Jungen und berichtete, daß die Lehrer regelrecht Angst vor ihren Schülern haben. Sie haben ihr inzwischen empfohlen, daß sie ihrem dreizehnjährigen Sohn, der als einziger in der Klasse gerne lernt, zu Hause Stunden geben lassen soll. Seine Mitschüler quälen ihn , weil er sich weigert, mit ihnen zu rauchen oder zu trinken, und sie haben ihm angedroht, seine Brille zu zerbrechen, ohne die er praktisch blind ist. Während der letzten zwei Jahre haben 40 von 55 Lehrern ihren Beruf aufgegeben, so daß inzwischen zwei verschiedene Klassen in einem Raum unterrichtet werden, wie in einer Dorfschule. Ihr Sohn klagt darüber, erzählte die Mutter, daß er seit über sechs Monaten keine Mathematik-, Geographie- und Russischstunden gehabt hat.

Tanjas Schule mit ihren sechshundert Schülern hat nicht unter Lehrermangel zu leiden. In den Klassen sitzen weniger als zwanzig Jungen und Mädchen, während es in den normalen Schulen durchschnittlich 35 sind. Die Lehrer unterrichten eben lieber an den Spezial-Schulen mit höherem Ausbildungsniveau, obwohl sich das bei ihren Gehältern nicht bemerkbar macht. Nur die Fremdsprachenlehrer sind da eine Ausnahme, sie erhalten pro Fachgebiet eine kleine Zulage.

Einige von Tanjas ehemaligen Lehrern unterrichten immer noch an der Schule, und sechs ihrer vierzehn Deutsch-Kollegen sind wie sie hier zur Schule gegangen. »Ein paar, die hier weggegangen sind, um an Privatschulen mehr Geld zu verdienen, sind inzwischen zurückgekehrt«, sagte Tanja.

Bei ihren Worten erinnerte ich mich an eine Privatschule, die angeblich 20000 Dollar Schulgeld im Jahr kostet. Die Schüler fahren dort mit Chauffeur und Leibwächter vor.

»Wir haben Traditionen, und es herrscht eine harmonische Atmosphäre, an der alle festhalten wollen«, erzählte Tanja. »Wenn es im Lehrkörper Auseinandersetzungen gibt, geht es um Unterrichtsmethoden, die wir zu verbessern versuchen, damit unsere Schüler nicht das Interesse verlieren.«

Eine der beliebtesten Lehrerinnen an Tanjas Schule unterrichtet dort schon seit dreißig Jahren. »Das beweist, daß sie sich den revolutionären Veränderungen angepaßt hat«, meinte meine Freundin. Eine andere Kollegin, die immer noch kommunistische Ideen verbreitet, ist dagegen zum Gespött ihrer Schüler geworden. »Sie ist zu alt, um noch entlassen zu werden«, sagte Tanja, und ein Schüler fügte hinzu: »Wenn uns ein Lehrer etwas Falsches erzählt, streitet sich niemand mit ihm darüber. Wir wissen, daß viele zu alt sind, um sich auf die neuen Zeiten umzustellen.«

Tanjas Schüler sind sich bewußt, daß ihre Schule anders ist als die meisten. »Hier herrscht ein besonderes Verhältnis zwischen Lehrern und Schülern«, sagte einer, und ein anderer erklärte: »Die Lehrer versuchen, uns zu verstehen, und ermutigen uns zu Diskussionen. Sie wollen unsere Meinungen hören.«

Zum Beweis diskutierten sie darüber, wie wichtig ihre weitere Ausbildung ist, und Tanja hörte ihnen aufmerksam zu. Gelegentlich mischte sie sich ein, um ein Argument zu kritisieren, aber die Jugendlichen blieben bei ihrer Meinung.

So wollen viele Jungen studieren, »um der Armee zu entgehen«, und weil »wir hoffen, das Leben wird eines Tages wieder normaler, und ein solides Wissen zählt dann mehr als brutale Gewalt«. Ein anderer Schüler sagte: »Es ist unmöglich, einen angesehenen Beruf wie den eines Anwalts oder eines Volkswirts ohne eine gute Ausbildung auszuüben.« Bei diesen Worten warf einer ein: »Ob ein Beruf angesehen ist, hängt vom Gehalt ab.«

Diese Bemerkung löste sofort eine Diskussion über die »neuen Russen« aus. »Ein Absolvent dieser Schule kann kein ›neuer Russe‹ sein, denn hier werden uns andere Werte vermittelt«, sagte einer. Als ich wissen wollte, was denn für sie ein »neuer Russe« sei, erwiderte einer »ein Bandit«. Ein Urteil, das von vielen im Land geteilt wird. Ein anderer: »Das sind schlaue Leute, die von der unsicheren Lage in Rußland profitieren.« Ein dritter: »Das sind Leute, die es leid sind, weiter arm zu sein, und die ein angenehmes Leben führen wollen. Aber das können sie nur, wenn sie die Gesetze brechen.«

Tanja beendete die Diskussion mit der Bemerkung, daß sie im Alter ihrer Schüler vor allem Ideale gehabt habe.

Tanjas Herkunft unterscheidet sich deutlich von der ihrer Schüler. Sie kommt aus einer armen Familie, und in ihrer Kindheit besaß sie gerade mal einen Rock und einen Pullover. Aber Geld spielte damals keine große Rolle, und die meisten ihrer Klassenkameraden hatten auch nicht mehr. Ihre Eltern ließen sich scheiden, als sie noch jung war, und das Krankenschwestergehalt ihrer Mutter war so niedrig, daß sie abends noch als Putzfrau arbeitete und die Tochter ihr beim Aufwischen der Böden in einem Brotladen half.

Tanja gehört zu einer Generation, die sie als die Generation der Idealisten bezeichnet. Sie wuchsen auf im Glauben an kommunistische Werte wie Gerechtigkeit, Aufrichtigkeit und Solidarität. Sie war Aktivistin in der kommunistischen Jugendorganisation und beteiligte sich an sozialen Projekten zur Unterstützung der Alten und Kranken. Sie hatte ein Bild von Lenin über ihrem Bett hängen und war fest davon überzeugt, daß der Kommunismus die oberste Stufe der gesellschaftlichen Entwicklung sei. Ein System, das für Gleichheit eintrat, mußte das beste auf der Welt sein, glaubte sie. Ihr antikommunistischer Vater und ihre hochbetagte Großmutter teilten ihre Ansichten allerdings nicht und sagten: »Eines Tages wirst du schon noch die Wahrheit begreifen.«

1987 wurde Tanjas Ideologie schwer erschüttert. Sie las von den entsetzlichen Greueln, die Stalin an den Menschen verübt hatte. »Vorher hatte ich den Deutschen ihre barbarischen Verbrechen vorgeworfen, und nun entdeckte ich plötzlich, daß wir kein bißchen besser waren.« Je mehr Tanja las, desto mehr empörte sie sich. Sie stellte alles, was sie in der Schule gelernt hatte, in Frage und schwor sich zugleich, ihre eigenen Schüler nie zu belügen.

»Und wenn ich heute Berichte im Fernsehen verfolge oder einen Artikel lese«, sagte sie zu mir, »halte ich sie nicht mehr wie früher automatisch für richtig.«

Während des Putsches im Sommer 1991 versuchte sie, die Ereignisse mit ihrer sechzigjährigen Nachbarin zu diskutieren, die immer noch eine überzeugte Kommunistin war. Doch welches Argument sie auch immer vorbrachte, ihre Nachbarin weigerte sich, irgend etwas außer der Regierungsversion zu akzeptieren. Und als Tanja erklärte, daß die Regierung jahrelang gelogen habe und ihre Mitbewohnerin als Geschichtslehrerin auch andere Informationsquellen nutzen sollte, wurde sie der Wohnung verwiesen.

Im Unterricht versucht Tanja, ihren Schülern jene Ideale nahezubringen, von denen sie überzeugt ist, aber oft ist sie über die Reaktionen enttäuscht. Vor kurzem hat sie beispielsweise ihre Klasse gebeten, die Flure zu fegen und das Klassenzimmer zu putzen, weil das Geld der Schule nicht mehr für Reinigungskräfte ausreichte. Das Ergebnis war, daß sich einige Eltern beschwerten, ihre Kinder müßten niedrige Arbeiten übernehmen. Tanja wies die Vorwürfe zurück. Wenn ein Schüler sich weigern würde, beim Putzdienst mitzumachen, müßte er von seinen Klassenkameraden heftige Kritik einstecken, erklärte sie. Schließlich fand sich ein Elternteil bereit, die Kosten für eine Putzfrau zu übernehmen. Für Tanja ist die Schule von Kind an so etwas wie ein zweites Zuhause gewesen, und mitzuhelfen, daß dort alles sauber gehalten wird, empfindet sie als ganz normal.

Die Unterrichtsmethoden und die Lehrmittel, die Tanja benutzt, unterscheiden sich beträchtlich von denen ihrer einstigen Lehrer. Eine Kollegin, die schon drei Jahrzehnte hier arbeitet, sagte: »Bis Ende der achtziger Jahre waren die Lehrer gehalten, strikt die Weisungen zu befolgen, die das Erziehungsministerium herausgab. Alles war festgelegt und vorgeschrieben. Diskussionen gab es nicht. Das Ministerium in Moskau versorgte alle Schulen der Sowjetunion mit Lehrbüchern, Lehrplänen und Examensaufgaben, und die Lehrer hatten gewissermaßen nur für den Weitertransport dieser Informationen zu sorgen.«

Es war ihnen untersagt, eine eigene Meinung zu äußern oder von den politischen Dogmen abzuweichen. Als sich eine Kollegin eines Tages weigerte, einen Chruschtschow-Text für eine Grammatikübung zu benutzen, weil er nach ihrer Meinung kein Beispiel für gutes Russisch war und sie lieber ein Werk von Puschkin oder Turgenjew nehmen wollte, wurde sie ins örtliche Büro der Kommunistischen Partei zitiert und bekam einen offiziellen Tadel.

Als Tanja zu unterrichten begann, las sie ihrer Klasse Artikel aus dem früher verbotenen deutschen Magazin »Der Spiegel« vor. Ein Vorgesetzter rügte sie deswegen zwar, aber über diese Kritik setzte sie sich hinweg. Heute liest derselbe Kollege den »Spiegel«, wann immer Tanja ihm ein Exemplar leiht.

Zu den weitverbreiteten Übeln an Schulen und Instituten zählt heute, daß Eltern die Lehrer bestechen, damit ihre Kinder gute Zensuren bekommen. Tanjas Weigerung, diese Praxis mitzumachen, hätte sie 1990 fast ihre Stelle gekostet. Damals brachte ihr ein Schüler, der ständig im Unterricht störte, eine Packung Pralinen von seiner Mutter mit. Die war Leiterin eines Lebensmittelgeschäfts, und die Läden waren seinerzeit fast leer. Tanja teilte sich die Süßigkeiten mit ihrer Klasse, und am nächsten Tag überreichte ihr der Junge eine weitere Packung mit der Bemerkung, die sei für ihre Familie bestimmt. Sie lehnte das Geschenk ab und sagte ihm, daß er auf diese Weise keine besseren Noten erhalten werde. Daraufhin bekam sie die patzige Antwort: »Ich werde dafür sorgen, daß Sie rausfliegen.«

Schon kurze Zeit später wurde ihr bewußt, daß der Direktor der Schule verstärkt Druck auf sie ausübte. In jenem Lebensmittelgeschäft kauften nämlich viele Lehrer ein, und etliche waren der Mutter des Jungen sehr verbunden. Der Schulleiter bestand darauf, daß Tanja ihm Noten gab, die zur Versetzung reichten. Als sie sich weigerte, drohte er ihr einen Prozeß an, weil sie den Schüler angeblich geschlagen habe. Solch ein Verfahren hätte unweigerlich zu ihrer Entlassung und zur Aberkennung ihres Lehrerdiploms geführt.

Die Klassenkameraden des Jungen und andere Lehrer baten Tanja, dem Schüler die notwendige Zensur zu geben. »Sie können nicht gegen ihn gewinnen«, sagten sie. »Das liegt im System.« Tanja war entsetzt, daß ihre Schützlinge das alles für ganz normal hielten und schon mit zwölf Jahren nicht mehr an so etwas wie Gerechtigkeit glaubten. Kurz bevor es zum Prozeß kam, wurde der Direktor aus einem unbekannten Grund gefeuert, und der Junge mußte die Schule schließlich auch verlassen. Die gegenwärtige Direktorin wurde von den Eltern, Lehrern und Schülern gemeinsam gewählt, und sie stellte es Tanja frei, so zu unterrichten, wie sie es für richtig hält.

»Nicht alle Schulleiter sind so progressiv«, sagte Tanja. Sie hat die veralteten Lehrbücher abgeschafft, die noch immer in vielen Schulen benutzt werden, und greift jetzt für ihren Unterricht auf russische und deutsche Zeitungen zurück, auf Filme vom Goethe-Institut und von der Deutschen Welle und auf Lehrbücher aus deutschen Schulen. Oft verwendet sie auch Interviews mit Deutschen über den Faschismus, die Wiedervereinigung und andere politische Themen. Viele Texte tippt sie zu Hause auf der Maschine, und als das Kopiergerät in der Schule gestohlen wurde, bezahlte sie selbst die Kosten, die für das Vervielfältigen entstanden. Lachend zitierte sie ihren Mann: »Den größten Teil des Geldes, das du verdienst, gibst du für deine Schüler aus, und darum wirst du auch immer Schulden haben.«

»Ich beneide meine deutschen Kollegen, die in ihren Schulen mit Computern, Sprachlabors, Kopierern und modernen Lehrbüchern arbeiten können«, sagte Tanja. »Ich komme in eine Klasse, in der es keine Lehrmittel gibt und die Schüler von den Texten abhängig sind, die ich ihnen aufschreibe. Im Augenblick sind wir in einer Phase des Experimentierens, und es ist gut, daß jeder seine eigene Methode anwenden darf. Die Prüfungen werden am Ende darüber entscheiden, welcher Weg der beste ist. Manchmal denke ich jetzt aber schon darüber nach, daß wir möglicherweise zu viele Freiheiten haben.«

Wenn man von den Leistungen ihrer Schüler ausgeht, von denen einige das beste Deutsch an der Schule sprechen, sind Tanjas Unterrichtsmethoden jedoch ziemlich erfolgreich.

Seit sie das Spracheninstitut absolviert hat, ist Tanjas Deutsch deutlich besser geworden. Sie führt das auf ihren regelmäßigen Kontakt mit Deutschen zurück. Wir haben uns Anfang der neunziger Jahre kennengelernt, als Tanja ihre erste Auslandsreise machte. Sie kam damals nach Köln, um dem amerikanischen Konzern IBM bei der Durchführung eines humanitären Hilfsprogramms für eine kleine Stadt in Rußland zu helfen. Der ersten Reise folgten weitere. »Als Schülerin hätte ich mir nicht vorstellen können, deutsche Freunde zu haben.« Ein einziges Mal hat eine deutsche Klasse in den achtziger Jahren ihre Schule besucht, und damals war es ihr und ihren Mitschülern noch verboten, den Besuchern ihre Privatadresse zu geben. »Sie könnten euch erpressen«, lautete die Begründung.

Daß sich die politischen Zustände inzwischen entscheidend verändert haben, ist den Schülern von heute deutlich anzumerken. »Sie sind viel freier als wir das früher waren«, findet Tanja. »Wir haben es damals nicht gewagt, unseren Lehrern zu widersprechen. Sie hatten grundsätzlich recht.

Jetzt streiten die Schüler mit mir, wenn sie nicht meiner Meinung sind. Wir haben noch alles auswendig gelernt und waren folgsam; die Mädchen und Jungen von heute sind manchmal richtig aufsässig. Das totalitäre System, in dem ich aufgewachsen bin, duldete nur Konformisten; meine Schüler sind Individualisten.«

Tanja nutzt jede Gelegenheit, um ihren Schülern den Unterschied zwischen richtig und falsch zu demonstrieren. Als zum Beispiel einer das Auto der Eltern eines Klassenkameraden absichtlich beschädigte, erteilte sie ihm vor der Klasse eine Rüge. »Meine Eltern bezahlen den Schaden«, gab er zur Antwort. »Das Geld deiner Eltern wird deine Probleme nicht lösen können«, wies sie ihn zurecht.

Einer ihrer Schüler sagte kürzlich: »Die Gesetze zu mißachten, ist eine gängige Lebensform geworden. Denken wir nur an die Menschen, die umgebracht werden und deren Mörder frei herumlaufen, oder an all die übrigen Verbrechen, die nicht aufgeklärt werden. Darum kommen inzwischen so viele von uns mit Gaspistolen oder anderen Gegenständen, mit denen sie sich verteidigen können, zur Schule.«

Tanja erinnert sich immer wieder an die Vergangenheit. Damals war es üblich, daß die Schüler in den kommunistischen Jugendorganisationen mitmachten und auch mehr Zeit in der Schule verbrachten. Die Eltern halfen ihren Kindern bei den Hausaufgaben, lasen ihnen vor und gingen mit ihnen ins Theater oder Kino. Heute gibt es in der Schule kaum noch Aktivitäten außerhalb des Lehrplans, und kulturelle Veranstaltungen sind für viele zu teuer geworden. »Die Eltern schuften sich ab, um den Lebensunterhalt zu verdienen, und ihre Kinder sind sich selbst überlassen, sehen immer mehr Gewalt im Fernsehen und kommen in Schwierigkeiten. Wer einen Computer hat, ist noch relativ gut dran: das ist wenigstens ein Zeitvertreib, bei dem man was lernen kann.«

Tanja ist natürlich dagegen, daß viele ihrer Schüler arbeiten. Sie hat Sorge, sie könnten in einer schlechten Firma landen oder in unredliche Geschäfte verwickelt werden. Ehrliche Jobs wie Zeitungen austragen oder bei der Post arbeiten werden nur schlecht bezahlt. »Manche meiner Schüler verdienen mehr in einer Woche als ich im ganzen Monat. Ich habe Angst, daß sie am Geldverdienen Geschmack finden und mit der Schule aufhören.«

»Vielleicht existierten die Ideale von gestern nur auf dem Papier, aber sie gaben den Menschen moralische Werte«, fuhr sie fort. »Meine Schüler gehören zu einer Generation von Materialisten, die nur noch an sich selbst denkt und daran, wie sie gut leben kann. Sogar manche Freundschaften beruhen heute auf Geld und Besitz und nicht mehr auf Gefühlen. Meine Generation hat noch gelernt, zu geben und nicht nur zu nehmen, das versuche ich meinen Schülern klarzumachen. Es ist zum Beispiel keinem je eingefallen, Bedürftigen alte Kleidung zu geben, bis ich es ihnen einmal vorgeschlagen habe.«

Tanja zieht ein Resümee: »Kein Land hat je in so kurzer Zeit eine so radikale Veränderung durchgemacht. Die Regierung hat den Menschen viele Versprechungen gemacht und sie dann im Stich gelassen. Instabilität und Gesetzlosigkeit sind an die Stelle alter Traditionen und menschlicher Werte getreten. Darum ist die Rolle des Lehrers heute wichtiger als je zuvor. Die junge Generation muß eine neue Gesellschaft aufbauen, und dazu bedarf es unserer Führung.«

Tanjas Einsatzwille, ihre Ideale und ihr Engagement finden bei ihren Schülern Widerhall. Sie besuchen sie oft auch noch nach ihrem Abschluß, um mit ihr Probleme zu besprechen. Sie ist eine großartige, beispielhafte Lehrerin – und für viele eine unentbehrliche Freundin geworden.

Das große gelbe M über Moskau

Das große gelbe M, das vor 15 000 McDonalds-Filialen in achtzig Ländern prangt, hat in Moskau eine ganz besondere Bedeutung. Es dokumentiert den erfolgreichen Abschluß von vierzehnjährigen Verhandlungen zwischen George Cohon, dem dynamischen Präsidenten der McDonalds-Kette in Kanada, und der Moskauer Stadtverwaltung. Die Ausdauer und das Verhandlungsgeschick eines ehemaligen US-Anwalts, der zu einem kanadischen Geschäftsmann wurde, haben Moskau aber mehr als nur den Big Mac beschert. Mr. Cohons »Burger-Diplomatie«, wie er sie zu nennen pflegt, hat dem Land erstmals gezeigt, welchen Service der Westen zu bieten hat, wenn man ihn sich leisten kann.

Ein Journalist hat McDonalds einmal als »eines der sieben Wunder von Moskau« bezeichnet. Ein Kunde meinte: »Ein Besuch bei McDonalds ist fast wie eine Reise in die USA, ohne Rußland zu verlassen«, und ein Teenager schwärmte: »McDonalds ist ein richtiges Familienrestaurant, wo meine Eltern und ich gut essen und sich wohl fühlen können. Kein russisches Restaurant hat solch eine Atmosphäre.« Tatsächlich ist McDonalds dies alles für sein Publikum und noch mehr.

Fünf Jahre, nachdem am Puschkin-Platz das erste Restaurant mit seinen siebenhundert Plätzen eröffnet wurde, hat es den McDonalds-Weltrekord aufgestellt. Von Januar 1990 bis Januar 1995 haben 73 Millionen Menschen, im Schnitt also 40 000 täglich, die Filiale besucht.

Dieser spektakuläre Erfolg ist auf die rasche Bedienung, das gute Essen, die freundliche Umgebung und das angenehm aussehende, höfliche Personal zurückzuführen – alles Dinge, die im Westen selbstverständlich sind. Für Russen sind sie es aber ganz und gar nicht. Voller Überraschung haben sie festgestellt, wie schnell die lange Schlange, die sich vor dem Restaurant bildet, vorwärtsrückt. Auch die aufmerksame und prompte Bedienung ist für sie ungewöhnlich. Nach dem Gedränge und Geschrei in der Schlange werden sie zu ihrer Verblüffung am Eingang von einem freundlich lächelnden russischen Gesicht begrüßt, und wenn sie das Lokal verlassen, hören sie ein »Danke für Ihren Besuch und kommen Sie bald wieder«. Sonst sind sie immer nur auf mürrische Bedienungen getroffen, die ruppig oder gleichgültig mit ihren Gästen umgingen. »Russen gewöhnen sich an alles und lassen sich alles gefallen. Und darum finden sie auch alles normal«, erklärte mir einer meiner Freunde. »Erst wenn sie etwas anderes kennenlernen, verändert sich auch was in ihrem Kopf.«

McDonalds hat alles unternommen, um die Gäste zufriedenzustellen. Das ist etwas völlig Neues in einem Land, in dem die Bedürfnisse der Menschen einfach ignoriert worden sind. Die fröhliche und bunte Einrichtung der Restaurants steht im krassen Gegensatz zu den trostlosen kargen Cafeterias, in denen die Tische verschmiert, die Bestecke fettig und die Gerichte oft fade sind. Bei McDonalds spielt im Hintergrund Musik, und am Wochenende treten »Mitglieder des Teams« als Clowns auf und veranstalten Spiele für die kleinen Besucher.

Als ich an einem regnerischen Tag in die Filiale ging, stand ein Angestellter an der Tür und wischte immer wieder den Boden auf.

Eine Kundin zeigte auf die glänzenden Fliesen und bemerkte erstaunt: »Wie machen die das bloß?«

Russische Klos sind in der Regel dreckig und stinken – die bei McDonalds sehen aus wie in einer Hygiene-Ausstellung, und immer wieder kommen gutgekleidete Leute von der Straße, um sie zu benutzen.

Anders als im Westen, wo sich selbst Menschen mit geringem Einkommen einen Big Mac leisten können, ist McDonalds für die meisten Moskauer zu teuer. Ein Big Mac, Pommes frites und ein Getränk kosten zehn Prozent eines Lehrergehalts und zwanzig Prozent von dem, was eine Krankenschwester im Monat verdient. Für viele ist ein Besuch bei McDonalds deshalb ein besonderes Ereignis und entsprechend ziehen sie sich an. Für andere, die nicht aufs Geld achten müssen, ist es ein bequemer Imbiß zwischendurch. In den Schlangen vor den einzelnen Registrierkassen stehen Großmütter mit ihren Enkelkindern, Touristen aus anderen russischen Städten, Geschäftsleute, Teenager und Twens, um ihre Bestellungen aufzugeben, die laut McDonalds-Vorschrift innerhalb einer Minute erledigt sein müssen.

Am Eingang und im Inneren des Restaurants stehen uniformierte und mit Walkie-talkies ausgerüstete Sicherheitsleute. Wenn zum Beispiel ein Betrunkener versucht, Einlaß zu finden, oder ein Gast gegen die Hausregeln verstößt, die in den Räumen das Rauchen und das Trinken von Alkohol verbieten, sorgen sie für Ordnung.

Als McDonalds für seine erste Filiale in einer Tageszeitung Stellenanzeigen aufgab, meldeten sich für die 630 ausgeschriebenen Posten 27 000 junge Leute. Unter den Bewerbern waren auch jene, die inzwischen Manager und Filialleiter geworden sind. Sie alle haben in der Küche angefangen, sich in der McDonalds-Hierarchie hochgearbeitet und dabei Titel erworben, die nur Insider verstehen.

An der Spitze des Personals steht jetzt Marina Tulupnikowa, die den Rang einer Personalchefin hat und 1989 die erste russische McDonalds-Angestellte war. Dank ihres freundlichen Wesens und ihrer Kompetenz hat sie diesen Posten bereits drei Jahre nach ihrer Einstellung bekommen, und schon 1990 ist sie für ihr außerordentliches Engagement von der Unternehmensleitung ausgezeichnet worden.

Ihre Karriere begann sie Mitte der siebziger Jahre als Englischlehrerin an einer Oberschule, und sie liebt es noch heute, sich auf Englisch zu unterhalten. Der Erfolg von McDonalds, sagt sie, beruht auf Teamarbeit, und jeder einzelne muß vor allem beweisen, daß er sich in ein Team einfügen kann.

Die gesamte Ausbildung findet am Arbeitsplatz statt. Eine bessere Schulbildung oder familiäre Beziehungen verschaffen einem Bewerber keine Vorteile gegenüber den anderen, wie es in vielen Firmen oder Instituten der Fall ist. »Wenn ein Kandidat mit ungewaschenen Haaren und dreckigen Fingernägeln zum Vorstellungsgespräch erscheint, wird er abgelehnt«, sagt Marina. Da sich viele russische Mädchen stark schminken, frage ich sie, ob das denn zum Image von McDonalds paßt. »Wir verstehen«, antwortet sie, »daß die

Bewerberinnen für das Gespräch mit uns so hübsch wie möglich aussehen wollen, und wenn wir meinen, daß die eine oder andere ihr Erscheinungsbild für die Firma ändern sollte, reden wir mit ihr darüber. Wenn sie einverstanden ist, stellen wir sie ein.«

McDonalds sucht vor allem Mitarbeiter, die mit Menschen umgehen können. Wenn jemand schlechtes Russisch spricht oder eher verschlossen ist, hat er keine Chance. Besonderer Wert wird auf ein freundliches Gesicht und ständiges Lächeln gelegt. Ich habe oft gehört, wie Russen sich über das »amerikanische Lächeln« mokierten, und deshalb eine Freundin nach einem Besuch bei McDonalds gefragt, was sie von ihren Landsleuten halte, die dort mit einem solchen Lächeln bedienen. »Ich sehe das mit gemischten Gefühlen«, sagte sie. »Ich weiß, daß es typisch amerikanisch ist und ihr das gewissermaßen im Blut habt. Ich finde auch, daß es absolut unnatürlich aussieht, trotzdem gefällt es mir. Gleichzeitig aber schmerzt es mich, daß eine solche Banalität wie diese künstliche Höflichkeit mir angenehmer ist als die natürliche Ruppigkeit, die zu unserem Alltag gehört.«

Der Unterschied zwischen einem russischen Restaurant und McDonalds besteht aber nicht nur im Lächeln der Mitarbeiter, der Sauberkeit und dem ebenso guten wie rasch servierten Essen. Zu den vielen Vorzügen einer Anstellung bei McDonalds zählt, daß man sich seine Arbeitszeit selbst einteilen kann. So können bei McDonalds auch viele Studenten arbeiten – manche haben einen Ganztags-, manche einen Halbtagsjob –, sofern sie das vorgeschriebene Mindestalter von achtzehn Jahren haben. Das Durchschnittsalter der Angestellten liegt zwischen einundzwanzig und zweiundzwanzig.

»Wir sind wie eine große Familie, und die Hierarchie spielt keine Rolle«, sagt Marina. »Jeder spricht mich mit dem Vornamen an, und das gefällt mir. Inzwischen sind praktisch alle meine besten Freunde auch Kollegen. In dem russischen Büro, in dem ich vorher gearbeitet habe, kam man an den Direktor nur über seine Sekretärin heran.«

Ein Angestellter fügt hinzu: »In russischen Firmen ist es normal, daß die Chefs arrogant sind und so gut wie nie mit dem einfachen Mitarbeiter reden. Bei McDonalds behandeln dich die Vorgesetzten wie ihresgleichen und verschanzen sich nicht hinter verschlossenen Türen.«

Ich erinnerte mich bei diesen Worten, daß der Generaldirektor und seine Stellvertreter nicht in einem abgeschlossenen Büro saßen, als sie mich einmal empfingen. Jeder hatte Zutritt zu ihrem Arbeitsplatz.

»Die Angestellten respektieren einander und werden mit Respekt behandelt«, sagt Vera Iwanowskaja, die 32jährige Filialleiterin am Puschkin-Platz. Nach einem Abschluß als Ingenieurin begann sie vor fünf Jahren ihre Karriere bei McDonalds als einfaches Teammitglied. Mit ihrer freundlichen Art, ihrer Begeisterungsfähigkeit und Offenheit ähnelt sie eher einer Amerikanerin, und niemand war überrascht, als sie 1994 als »Manager des Jahres« ausgezeichnet wurde.

Als sie seinerzeit ihre Stelle antrat, sah sie voller Erstaunen, wie der Filialleiter gerade den Boden wischte, während ein Angestellter eine Pause machte. »Wenn jemand Hilfe braucht, sagt niemand, daß er dafür nicht zuständig ist. Jeder hilft jedem«, sagt Vera. George Cohon, der kanadische Präsident, macht da keine Ausnahme. Als ich einmal neben ihm im Restaurant saß, fiel ihm das Tablett eines Gastes auf, das vom Personal noch nicht abgeräumt war. Er wollte gerade aufstehen und es wegtragen, als ein Angestellter ihm zuvorkam.

Sweta Poljakowa, die vierundzwangzigjährige Marketing-Direktorin, hat vor fünf Jahren bei McDonalds angefangen, als sie noch eine Abendstudentin war. Ihrer Mutter gefiel das gar nicht, denn Kellnerinnen haben in Moskau keinen guten Ruf. Außerdem, so erklärte sie ihrer Tochter, studiere man nicht am renommierten Fremdspracheninstitut, um dann in einem Restaurant zu servieren.

Sweta erinnert sich noch gut an den Test durch McDonalds-Mitarbeiter, dem sich jeder unterwerfen muß, bevor er eingestellt wird. »Was sagen Sie, wenn Sie gerade den Boden in der Damentoilette aufwischen und einige Ihrer Kommilitoninnen kommen herein?« wurde sie gefragt. »Wenn es Freundinnen von mir sind«, antwortete Sweta, »werden sie mich verstehen. Ich möchte für dieses Unternehmen arbeiten und werde stolz auf jeden Posten sein, den man mir zuweist.«

Sie fing in der Küche an, und nach einem Jahr bat sie darum, in die Übersetzungsabteilung wechseln zu dürfen. Dort arbeitete sie so erfolgreich, daß man sie in die Geschäftsleitung übernahm und dann mit dem Marketing betraute. Zur Vorbereitung flog sie nach Chicago, um an einem Zehn-Tage-Kurs an der University of Hamburgerology teilzunehmen, einem Institut von McDonalds, an dem die Firma ihre Manager aus der ganzen Welt ausbildet. Darauf folgte noch ein Training in Toronto, in der kanadischen Zentrale.

Die Karrieren von Swetlana, Marina und Vera sind Beispiele für die Personalpolitik von McDonalds. Anstatt Leute von außen auf Spitzenposten zu setzen, gibt die Firma Mitarbeitern, die Energie, Talent, Durchsetzungsvermögen und Führungsqualitäten besitzen, die Möglichkeit, innerhalb des Unternehmens aufzusteigen. Inzwischen sind die meisten leitenden Stellen von Russen besetzt.

Die Arbeit bei McDonalds hat auch Dutzende von Paaren zusammengebracht. Swetas Ehemann beispielsweise ist ein Angestellter, der in die Importabteilung befördert wurde.

Der Verdienst bei McDonalds hängt von der erbrachten Leistung ab, und die Gehälter werden der Inflation angepaßt. Sie setzen sich – im Gegensatz zu anderen Firmen – aus drei Teilen zusammen: dem Grundgehalt und zwei verschiedenen Prämienarten. Die eine richtet sich nach der Leistung und dem Umsatz, die andere nach der Pünktlichkeit und der Anwesenheit. Die zweite Prämie ist als besonderer Ansporn für diejenigen gedacht, die gern zu spät kommen und sich krankmelden, wenn ihnen nicht nach Arbeit zumute ist. Swetas Gehalt soll vertraulich behandelt werden, aber sie verrät mir immerhin, daß sie mehr als ihr Vater verdient, der Generaldirektor des Moskauer Joint-venture-Unternehmens mit dem US-Fahrstuhlhersteller Otis ist.

Während des achtstündigen Arbeitstages haben die McDonalds-Angestellten zwei bezahlte Fünfzehn-Minuten-Pausen und eine halbe Stunde Mittagszeit mit freier Verpflegung. Einige Anfänger fanden die geforderte Disziplin allerdings zu streng und die Arbeit zu ermüdend, und so hörten sie schon vor Ablauf der dreimonatigen Probezeit wieder auf.

Mir fiel auf, daß Sweta und Marina sich betont klassisch anziehen, was in Moskau bei Frauen ihres Alters nicht unbedingt üblich ist, und ich fragte sie, ob es bei McDonalds eine Kleiderordnung für leitende Angestellte gebe. »Man hat mir nicht gesagt, was ich zu tragen und wie ich auszusehen habe«, antwortete Sweta, »aber ich weiß, daß mein Auftreten mit darüber entscheidet, wie Geschäftspartner mich einschätzen.«

Diese Einstellung hat auch auf ihr Verhalten abgefärbt. Als ich sie einmal aus Deutschland anrief und mich dabei nach ihrem Befinden erkundigte, bekam ich zu meiner Verblüffung ein »Einfach großartig« zu hören, eine typisch amerikanische Floskel, die Russen nie benutzen würden.

In den Restaurants gelten natürlich bestimmte Regeln für die Kleidung und das Auftreten. Die Angestellten haben aus hygienischen Gründen Uniform und eine Mütze zu tragen; Nagellack und Schmuck sind, mit Ausnahme eines Eherings, nicht gestattet. An der Bluse darf nur der oberste Knopf geöffnet sein.

Als McDonalds in Moskau anfing, mußte die Firma zahlreiche Hindernisse überwinden. Die meisten betrafen den Nachschub von Lebensmitteln. Die internationalen Standards von McDonalds mußten gehalten werden und die sowjetischen Produkte genügten ihnen nicht. So waren etwa die sowjetischen Kartoffeln rund, während McDonalds ovale für seine langen, dünnen Pommes frites haben wollte. Die Firma brauchte auch dreizehn bis fünfzehn Zentimeter lange Salatgurken und saure Gurken mit einem Durchmesser von drei bis fünf Zentimetern.

Um dieselbe Qualität wie in Toronto, Köln oder New York gewährleisten zu können, wurde das Unternehmen zum erstenmal in seiner vierzigjährigen Geschichte sein eigener Lieferant. 750 000 Dollar wurden im ersten Jahr allein für Kartoffeln investiert, ferner wurden bestimmte Salate, Zwiebeln und Gurken angebaut, und für den Ankauf von Landwirtschaftsmaschinen mußten 300 000 Dollar bereitgestellt werden.

Außerdem baute McDonalds den McComplex, eine 10 000 Quadratmeter große Anlage zur Verarbeitung von Lebensmitteln vor den Toren Moskaus. Sechsundzwanzig internationale Firmen waren an der Errichtung dieses 45-Millionen-Dollar-Projektes beteiligt, das heute als eine der modernsten Anlagen dieser Art in Europa gilt. Fleisch, Milch, Käse und Kartoffeln können hier verarbeitet werden, Soßen werden hergestellt, und eine Bäckerei wurde gebaut.

Was Rußland und die GUS-Staaten nicht liefern können, wird importiert. Dazu gehören zum Beispiel Verpackungsmaterial oder eigens für McDonalds entwickelte Produkte wie eine bestimmte Gewürzmischung für den Apfelkuchen aus Atlanta, Georgia, und bestimmte Aromastoffe für Schokoladensirup und den Erdbeerbelag aus London.

Der Generaldirektor von McComplex, der Kanadier Glen Steeves, ist stolz auf die Labors, die für die Qualitätsprüfungen zuständig sind, und erklärt, daß die McDonalds-Standards strenger sind als die staatlichen Vorschriften in den USA, in Westeuropa oder Rußland. Fleisch zum Beispiel wird nach vierzig verschiedenen Kriterien untersucht, unter anderem auf Feuchtigkeitsgehalt, Radioaktivität, chemische Bestandteile und das Portionsgewicht. Rohmilch aus der Molkerei wird mittels in Deutschland erworbener Tanklastzüge zu McComplex gefahren. Nach jeder Lieferung werden die Lkws innen und außen mit speziell für McDonalds entwickelten Desinfektionsmitteln gereinigt.

Heute kommen 90 Prozent des Nachschubs von 150 Lieferanten in Rußland und den früheren Sowjetrepubliken, und einige der Lebensmittel, die anfangs in McComplex weiterverarbeitet wurden, bereiten die russischen Firmen – etwa der Salatproduzent – jetzt selber zu. In einem Projekt, das McDonalds in Sotschi am Schwarzen Meer unterstützt, wurde erstmals in Rußland Eisbergsalat angebaut. Das Unternehmen stellte Berater, versorgte die Bauern mit Setzlingen und Geräten und kümmerte sich um den Transport. Inzwischen kauft der Hersteller alles selbst ein, verarbeitet den Salat und schickt ihn geschnitten in Spezialkisten nach Moskau. McComplex fungiert in diesem Fall nur noch als Verteiler.

Die Kosten für die Geräte hat der Produzent bereits an McDonalds zurückgezahlt, und zu seinen Kunden zählt mittlerweile auch das Radisson Hotel in Sotschi. »Wir möchten, daß unsere Zulieferer erfolgreich sind und auch andere Abnehmer finden«, erklärt Steeves. »Je mehr sie verkaufen, desto geringer sind die Gemeinkosten, und so können wir unsere Preise niedrighalten.«

Niedrige Preise sind bei McDonalds besonders wichtig, und sie müssen gehalten werden, trotz der Inflation. Das bedeutet, andere Einkommensquellen zu erschließen. So errichtete das Unternehmen ein zwölfstöckiges Hochhaus und vermietet darin Büroräume an ausländische Firmen. McComplex liefert Apfelkuchen an McDonalds-Filialen in Deutschland und andere europäische Länder; außerdem verkauft es Produkte wie Käse, Gebäck oder »Pelmeni« (russische Ravioli) an lokale Geschäfte. Die Qualität ist dieselbe, nur die Zutaten variieren, und die Waren tragen nicht das McDonalds-Zeichen.

Als ich den McComplex besucht habe, fiel mir die spezielle McDonalds-Kartoffelsorte auf. Es handelt sich um eine niederländische Züchtung, und die Netze, die ich dort sah, sind genauso wie jene, die in einem Laden in meiner Nachbarschaft liegen, wo »holländische Kartoffeln« angeboten werden. McDonalds liefert sie an regionale Geschäfte. Ich vermute, sie werden von Kunden gekauft, die es prestigefördernd finden, ausländische Kartoffeln zu erwerben, obwohl sie siebenmal teurer sind als einheimische.

McComplex-Direktor Steeves plant, die Verarbeitung von Lebensmitteln in Zukunft noch stärker russischen Firmen zu übertragen und dann vor allem den Vertrieb zu betreuen. Früher wurden russische Mitarbeiter zur Ausbildung nach Europa geschickt, heute kommen schon Europäer zu McComplex, das sich zu einem Trainingszentrum entwickelt hat.

Für russische Besucher ist McComplex eine »Insel der Träume«, wie ein Journalist schrieb. Er meinte damit sowohl die moderne Technologie als auch die peinlich saubere Einrichtung und die vollautomatische Produktion – alles Dinge, von denen russische Firmen, die oft schwer kämpfen müssen, wenn sie keinen westlichen Partner haben, nur träumen können. Die Hygiene bei McComplex übertrifft, wie ich feststellen mußte, die in russischen Operationssälen bei weitem.

»McDonalds macht immer langfristige Investitionen, und unsere Politik hier besteht darin, die Gewinne in die russische Wirtschaft zu investieren, auch wenn das jetzt noch nicht profitabel ist«, erläutert George Cohon und verrät bei der Gelegenheit, daß die Kanadier eine beträchtliche Summe vom Erlös erhalten werden. Gemäß dem Vertrag, der 1988 mit der Moskauer Stadtverwaltung geschlossen wurde, kann McDonalds in der russischen Hauptstadt insgesamt zwanzig Restaurants einrichten.

Daß Bürgermeister Juri Luschkow die Firma McDonalds als »Beispiel für andere internationale Unternehmen« rühmte, hängt nicht zuletzt mit dem Beitrag zusammen, den sie für Moskau geleistet hat. So wurden Einnahmen aus dem Restaurant am Puschkinplatz für die Restaurierung eines Gebäudes aus dem 19. Jahrhundert in der Arbat verwendet, wo McDonalds jetzt ebenfalls eine Filiale hat. Russische Firmen erhielten den Auftrag für den Bau eines zwölfstöckigen Bürohauses. McDonalds beschäftigt über 2500 Moskauerinnen und Moskauer und ist bei seinen Lieferanten dafür bekannt, daß alle Rechnungen pünktlich beglichen werden, was bei russischen Firmen nicht immer der Fall ist. Manchmal wird sogar im voraus gezahlt, wenn zum Beispiel ein Zulieferer in finanziellen Schwierigkeiten ist. Außerdem bildet das Unternehmen junge russische Geschäftsleute aus.

Getreu der weltweiten McDonalds-Philosophie, »der Gemeinschaft etwas zurückzugeben«, hat auch das russische Unternehmen diese soziale Verpflichtung erfüllt: Durch kanadische Sponsoren und aus den Gewinnen der Restaurants kamen in den vergangenen fünf Jahren insgesamt drei Millionen Dollar zusammen, die zum einen für die medizinische Versorgung und für Geräte, zum anderen für die Verpflegung bedürftiger Bürger ausgegeben wurden. McDonalds jüngstes Geschenk an die Hauptstadt ist der »McHappy Place«, eine Sport- und Vergnügungsanlage für behinderte Kinder. Sie ist das erste Projekt, das von der in

Amerika ansässigen Ronald McDonalds' Children Charity unterstützt wurde.

Bevor ich McDonalds in Moskau kennenlernte, habe ich das Unternehmen und seine Dienstleistungen – im Gegensatz zu vielen Russen – für nichts Besonderes gehalten. Ich war es gewöhnt, daß der Kunde überall als König behandelt wird, weil sonst der Konkurrent das Geschäft macht. Seit sich Rußland dem Westen geöffnet hat, kritisieren viele Russen den wachsenden amerikanischen Einfluß. Doch McDonalds hat die Russen mit amerikanischen Eigenschaften bekanntgemacht, die ein Beispiel dafür sein können, wie man mit Kunden umgeht und den einzelnen respektiert.

Familientreffen

Es war einer dieser Abende, an denen nur unvorhergesehene Dinge passieren. Die erste Überraschung war Larissa, die vor dem dunklen Eingang zu ihrem achtstöckigen Mietshaus stand und auf mich wartete. »Wenn ich nicht hier wäre, könntest du lange hier stehen, bis einer kommt und dich reinläßt«, sagte sie, und während sie die Tür mit einem Schlüssel öffnete, fügte sie spöttisch hinzu: »Willkommen im russischen High-Tech-Zeitalter.«

Seit Monaten hatte sie versucht, sich mit den vierzehn Parteien in ihrem Haus darüber zu einigen, aus Sicherheitsgründen an der Eingangstür ein Schloß einbauen zu lassen. Larissas Nachbarn aber waren überwiegend ältere Menschen, die Angst hatten vor den Bürokraten in ihrer Hausverwaltung. Geduldig hatte sie ihnen immer wieder erklärt, daß die Wohnungen inzwischen ihnen gehörten und die Bürokraten von ihnen bezahlt würden, damit sie das Haus in Ordnung hielten. Auch die Eingangstür gehörte ihnen, und sie könnten entscheiden, was sie damit machten. Als sie vorschlug, die Hälfte der Kosten für das Schloß zu übernehmen, waren sie endlich einverstanden.

Mir fiel die Veränderung im Innern schon auf, noch bevor Larissa sagte: »Sieh mal, wie sauber der Flur und das

Treppenhaus sind. So sieht es aus, wenn nur noch die Bewohner und ihre Besucher Zutritt haben.« Ich kannte das Problem von meinem Haus und von anderen Freunden, die im Zentrum von Moskau wohnen. Die meisten wurden ihren Ärger über Betrunkene und Obdachlose, die in den Fluren schliefen und die Treppenhäuser verdreckten, erst dadurch los, daß sie eine Stahltür und ein Sicherheitsschloß installierten.

Larissa hatte mich diesmal zu einem Treffen mit ihrer Schwester Natascha und ihrer Mutter eingeladen. Natascha war aus Belgorod angereist, einer russischen Stadt in der Nähe der ukrainischen Grenze, und ihre Mutter aus einem entlegenen Dorf im Norden, vierundzwanzig Stunden Zugfahrt von Moskau entfernt. Der Anlaß war der fünfundsiebzigste Geburtstag der Mutter.

Ich kenne Larissa seit über zehn Jahren, und ihre Mutter hat mich so sehr ins Herz geschlossen, daß sie mir einmal am 8. März, dem Weltfrauentag, ein Glückwunschtelegramm sandte. Leider war es falsch adressiert und wurde daher an sie zurückgeschickt, was sie nicht ganz verstand. Ich vermute, sie mag mich, weil ich einer der wenigen Menschen bin, der sie nicht unterbricht, wenn sie ihre dogmatischen und oft unsinnigen politischen Ansichten zum besten gibt. Stalin ist für sie immer noch ein Held, und das herausragende Ereignis in ihrem Leben ist, daß sie 1949 einen Brief aus seinem Büro bekommen hat. Er enthielt eine Antwort auf einen Brief von ihr, in dem sie sich darüber beklagt hatte, daß sie und ihr Mann keine Wohnung hätten und der Winter nahte. Das Ergebnis war, daß ihnen ein Zimmer in einer Gemeinschaftswohnung zugewiesen wurde.

Ich kann bis heute kaum glauben, daß eine so engstirnige und ständig nörgelnde Frau zwei so außergewöhnliche Töchter haben kann. Larissa und Natascha sind als Kinder bei einer verarmten Großmutter in einem kleinen Dorf aufgewachsen. Als Natascha dann die Oberschule beendet hatte, stellte sie fest, »daß niemand mich brauchte und niemand etwas mit mir zu tun haben wollte. Und da ich keine Freunde oder Verwandte hatte, die mir helfen konnten, habe ich mir zuerst Arbeit in einer Fabrik gesucht.«

Ich habe solche Äußerungen von vielen Arbeiterkindern gehört, die jetzt in ihren Zwanzigern sind, und einige fügten noch hinzu: »Wer vor der Perestroika nicht über Beziehungen verfügte oder von seinen Eltern oder einflußreichen Freunden unterstützt wurde, hatte keine Chance, Zugang zu einer Elite-Schule oder zu einem angesehenen Beruf zu erhalten. Jetzt bieten sich uns Möglichkeiten, die uns zuvor immer versperrt waren.«

Die beiden Mädchen gaben aber nicht auf und bewältigten schier unüberwindbare Hindernisse, bis sie schließlich an der Moskauer Staatsuniversität (MGU), der renommiertesten Hochschule der früheren Sowjetunion, ihren Doktor machten. Larissa ist inzwischen eine angesehene Soziologin, die wegen ihrer Deutsch-und Englischkenntnisse auch die Gelegenheit bekam, in Deutschland und England zu arbeiten; Natascha lehrt an einem pädagogischen Institut in Belgorod Logik, Religionsgeschichte und Ethik.

Das Abendessen begann friedlich. Larissa erzählte uns Geschichten, die sie als junges Mädchen von ihrer Großmutter gehört hatte. Während des Zweiten Weltkrieges lebte die Großmutter in besetztem Gebiet und hatte drei deutsche

Soldaten in ihre Wohnung eingewiesen bekommen. Diese Männer hatten die Angewohnheit, sich jeden Abend in einer besonderen Schüssel die Füße zu waschen, was sie sehr beeindruckte, aber sie konnte sich nicht vorstellen, wie eine Armee, die bei ihrem Marsch durch Europa und Asien Schüsseln zum Füßewaschen dabei hatte, den Krieg gewinnen sollte. Als sie schließlich vor der Sowjetarmee fliehen mußten, ließen sie ihre Fußschüsseln zurück. Anfangs nutzten die Dorfbewohner sie zum Einkochen von Marmeladen und anderen Konserven, weil in ihnen nichts anbrannte, danach wurden Kohlen und Holz für den Ofen darin aufbewahrt.

Ihre Mutter wurde schnell mürrisch, weil Larissa über den Krieg sprach, der eigentlich ihr Lieblingsthema war, und riß das Gespräch an sich, um über ihre eigenen Erlebnisse zu berichten. Sie hat als Postbeamtin hinter der Front gedient und fand daher, daß es ihr zustünde, aus dieser Zeit zu erzählen. Nachdem sie die Strategie des Krieges im allgemeinen und ihre Rolle im besonderen dargelegt hatte, kam auch sie auf die drei Soldaten zu sprechen, die bei ihrer Mutter einquartiert waren. Zwei waren Bauern, und der dritte war ein Zigarettenfabrikant aus Hamburg, der irgendwie ihre Achtung gewann. »Er hatte immer ein Foto von seiner Frau und seinen zwei Töchtern bei sich und küßte es täglich«, erinnerte sie sich mit einem Anflug von Rührung in der Stimme.

»Meine Großmutter und meine Mutter haben die Deutschen als Feinde betrachtet«, sagte Larissa. »Das stimmt nicht«, rief die Mutter. »Du warst aber schockiert, als ich anfing, als Deutsch-Dolmetscherin zu arbeiten«, entgegnete Larissa ruhig und bestimmt. »Hitler war unser Feind, nicht das deutsche Volk«, erklärte die Mutter kampfeslustig. »Erst in den letzten vier Jahren, als ich in Deutschland gearbeitet und für dich und die Familie Geschenke von deutschen Freunden mitgebracht habe, hast du deine Meinung geändert«, erinnerte Larissa sie.

Um die Atmosphäre zu entspannen, wechselte ich das Thema und erkundigte mich nach den wachsenden antideutschen Ressentiments, von denen ich kürzlich in westlichen Zeitungen gelesen hatte. Natascha antwortete, daß die Russen ambivalente Empfindungen gegenüber den Deutschen hätten: »Sie respektieren ihre Leistungen, aber in jedem Nachbarn, der mehr kann und besser lebt, sehen sie einen potentiellen Feind. Neid ist ein altes russisches Übel.«

Larissa warf ein, daß die Deutsche Mark nach dem Dollar die zweite internationale Leitwährung ist und daß in einem Land, in dem jeder nur an Geld denkt, so etwas wirklich neidisch machen kann.

»Bei uns will jeder nur Geschäfte machen«, fuhr sie fort. Als Beispiel erwähnte sie einen früheren russischen Kollegen, der eine Engländerin geheiratet hat. Nachdem er schon mehrere Jahre im Ausland lebte, kam er zu Besuch in die Heimat, um Freunde und Verwandte wiederzusehen. Aber bereits nach wenigen Tagen war er so enttäuscht und deprimiert, daß er nach London zurückfahren wollte. Alle redeten mit ihm nur über Geschäfte, etwas anderes interessierte sie nicht. Selbst ein alter Lehrer, dem er für seinen Englischunterricht danken wollte, schlug ihm irgendeinen Handel vor. »Ich kann ja verstehen, daß sie jede Chance nutzen wollen, um ihren Lebensstandard zu verbessern, aber dabei vergessen sie völlig eine der wichtigsten russischen Werte, die persönlichen Beziehungen zwischen Freunden«, sagte Larissa.

»Als ich 1993 bei der BBC in London arbeitete, galt das bei den Russen als eine angesehene Tätigkeit. Jetzt bin ich Gastprofessorin an der Universität in Münster, und kaum einer meiner Landsleute ist beeindruckt. Die Leute wollen nur noch viel Geld verdienen, und das bekommt man nicht durch ein Gehalt, sondern indem man Geschäfte macht. Viele beklagen sich über die neuen Reichen, die auf irgendwelchen krummen Wegen gewaltige Summen zusammengerafft und sich große Paläste gebaut haben. Ich kann diese Leute nicht verdammen, denn allein durch harte Arbeit kann man es in diesem Land zu nichts bringen. Und wenn die Reichen keine guten Geschäftsleute sind, werden sie am Ende alles wieder verlieren.«

Ihre Mutter war empört über diese Bemerkungen, und während sie mit dem Zeigefinger auf sie zeigte, erhob sie ihre schrille Stimme: »Du verstehst überhaupt nichts vom Leben, weil du dich nur unter Gebildeten bewegst. Wenn du in meiner Umgebung zu Hause wärst, wüßtest du, wie einfach die Leute leben. Mein Nachbar kann sich keine Zugfahrkarte leisten, um seine Mutter zu besuchen. Ein anderer hat seit vier Monaten kein Gehalt bekommen. Kannst du mir ein anderes Land auf der Welt nennen, in dem ehrliche, hart arbeitende Menschen ihren Lohn nicht bekommen und in dem die Polizei nicht daran interessiert ist, nach einem Mörder zu fahnden? Früher hätte es solche Dinge bei uns nicht gegeben.«

»Früher wurden die Leute ausgebeutet und belogen, und du hast diese Lügen geglaubt«, entgegnete Larissa. »Aber die Lügen gehen weiter«, protestierte ihre Mutter. »Jetzt habe ich die Freiheit, offen meine Meinung zu sagen«, warf Larissa ein. »Dir hört vielleicht jemand zu, weil du gebildet bist, aber wer hört mir zu? Jelzin ist schuld an der Korruption, der Gesetzlosigkeit und den wirtschaftlichen Schwierigkeiten, die heute überall herrschen. Du lobst diese Regierung, weil du gebildet bist, fremde Sprachen sprichst und im Ausland arbeiten kannst. Ich habe diese Möglichkeiten nicht gehabt, denn jede Sekunde meines Lebens habe ich für meine Kinder geopfert. Vergiß nicht, daß ich als Putzfrau in einem Kindergarten gearbeitet habe, damit ihr dort einen Platz bekommt,« konterte die Mutter. »Das war ein Kindergarten«, warf Larissa ein, »in dem nur Kinder und Enkelkinder von Parteifunktionären aufgenommen wurden.« Ohne auf ihren Einwand zu achten, fuhr die Mutter fort: »Wenn du heute studieren wolltest, wäre das unmöglich, denn kostenlose Ausbildung gibt es nicht mehr.« Und Larissa entgegnete: »Das stimmt nicht. Wenn mittellose Studenten die Aufnahmeprüfungen schaffen, haben sie auch zu den angesehenen Instituten Zutritt. Begreifst du nicht, daß das elende Leben und die Unwürdigkeiten, die du erdulden mußtest, der Preis waren, den du der Regierung für meine Ausbildung gezahlt hast?«

Natascha hatte sich während des Streits in die Küche zurückgezogen, und jetzt entschuldigte sich auch Larissa für ein paar Minuten, um etwas gegen ihre Migräne zu unternehmen. »Ich gehe bald, und dann sind ihre Kopfschmerzen verschwunden«, sagte ihre Mutter kalt.

Als wir alleine waren, wollte ich mehr von ihr wissen. Sie hat immer etwas zu beklagen gehabt, von ihrer Gesundheit bis hin zur Regierung, und jetzt gab ihr meine Frage die Gelegenheit, über den Kartoffelpreis zu murren. Die meisten anderen Lebensmittel interessierten sie nicht, weil sie behauptete, sie seien durch Chemikalien vergiftet und ungenießbar. Widerwillig gab sie immerhin zu, daß die Läden in ihrer Nachbarschaft heute ein größeres Angebot haben als noch vor ein paar Jahren und daß sich das Leben für einige ihrer arbeitsamen Nachbarn verbessert habe. Und sie selbst sei in der Lage, monatlich etwas Geld zu sparen, um davon demnächst ihre Zähne machen zu lassen.

»War Ihr Leben denn leichter, bevor Jelzin Präsident wurde?« fragte ich. Nach einer langen Pause machte sie die erste vernünftige Bemerkung des Abends: »Ich bin nicht mehr jung und gesund genug, um herauszufinden, ob das Leben heute besser ist. Ich hungere nicht, und ein führender Augenarzt in Moskau hat mich gratis operiert, weil ich eine Veteranin bin. Mein größter Kummer ist, daß meine Töchter so weit von mir entfernt leben.«

Larissa und Natascha hörten unsere Unterhaltung im Nebenzimmer und kamen jetzt im richtigen Moment zurück. Sie ermunterten ihre Mutter, mir das Familien-Fotoalbum zu zeigen, das sie eigens von zu Hause mitgebracht hatte. Diese versöhnliche Geste lockerte die Atmosphäre auf, und bald lachten wir alle über die Fotos der Töchter als kleine Mädchen.

Natascha sagte den ganzen Abend wenig, aber an ihrem angespannten Gesichtsausdruck konnte ich sehen, wie sehr sie die Unterhaltung mitnahm. Sie ist keine Kämpferin wie Larissa, hat aber nicht die Nerven, ihrer Mutter zu widersprechen. »Ich bin eine gute Zuhörerin, und mehr braucht meine Mutter nicht«, sagte sie einmal zu mir.

Als ich nach ihrer Datscha fragte, sah ihr Gesicht plötzlich ganz jung aus. Ihre dunklen Augen leuchteten, während sie übersprudelnd von den Fortschritten erzählte, die es in den drei Jahren seit unserem letzten Treffen gegeben hatte.

Damals war es ihr Hauptproblem gewesen, Ziegelsteine zu finden, damit sie überhaupt anfangen konnten. Sie und Luda, eine frühere Klassenkameradin, waren die Bauherrinnen, und ihre Bibel war das Buch »Unser Haus«, das es inzwischen auch auf Russisch gibt.

»Möchtest du ein Foto von der Datscha sehen?« fragte sie und brach dabei in ein kurzes schrilles Kichern aus, das ihre Unsicherheit verriet. Noch bevor ich bejahen konnte, eilte sie davon, um die Aufnahmen zu holen. Der zweistöckige Bau sah solide aus, aber ich fragte mich, woher die zierliche, gerade mal 45 Kilo schwere und 1.60 Meter große Natascha die Kraft genommen hat, so ein Haus zu bauen.

»Warum kommst du nicht auf die Datscha und verbringst einige Tage in Belgorod, damit ich dir alles zeigen kann?« fragte Natascha. Die spontane Einladung klang verlockend, vor allem, weil ich seit Jahren nicht außerhalb von Moskau gewesen war, und so sagte ich sofort zu. Vor fünf Jahren hätte ich noch auf eine Genehmigung aus der Presseabteilung des Außenministeriums warten müssen.

Kaum hatte ich zugestimmt, meldete sich die Mutter zu Wort: »Sie müssen sehr vorsichtig sein. Ich habe während meiner Zugfahrt weder geschlafen noch etwas gegessen. Ich hatte ständig Angst, daß maskierte Banditen auftauchen würden.« Ich erinnerte mich, daß mir eine Freundin erzählt hatte, während einer Reise auf der Strecke Moskau-Leningrad sei ihr Abteil wegen der Gefahr von Zugräubern verriegelt gewesen.

Doch die beiden Schwestern versicherten, daß mir während meiner zwölfstündigen Nachtfahrt nichts zustoßen werde, wenn ich ihre Ratschläge befolgte. Als erstes sagten sie mir, was ich alles nicht tun sollte. Nicht viel Geld mitnehmen. Keine Originaldokumente mitnehmen, nur Kopien. Nicht mehr als eine leichte, unauffällige Tasche mitnehmen. Keinen Platz im »Lux«-Waggon mit den Zweierbett-Abteilen buchen, denn in dem fahren die »neuen Russen«, und bei denen könnte es Ärger geben. Lieber ein unteres Bett in der einfachen Klasse mit den Vierbett-Abteilen reservieren.

»Und erzähl niemandem, daß du eine amerikanische Journalistin bist.«

»Was soll ich denn sonst sagen. Bei meinem Akzent weiß doch jeder, daß ich keine Russin bin«, erwiderte ich.

Nachdem wir verschiedene Alternativen durchdiskutiert hatten, entschieden Larissa und Natascha, daß ich mich als Ungarin ausgeben solle. Vom Äußeren her könne das hinkommen, und die Möglichkeit, daß irgend jemand im Zug die Sprache beherrsche, sei gering. Der letzte gute Rat der beiden Schwestern lautete: »Vermeide jede Unterhaltung mit den Leuten in deinem Abteil, und sobald die Decken verteilt sind, legst du dich schlafen.«

Am Abfahrtstag eine Woche später war ich unruhig und mochte nichts essen. Angst war an die Stelle meiner Begeisterung über die bevorstehende Reise getreten. Als Frau und Fremde allein diese Fahrt zu machen, kam mir plötzlich völlig verrückt vor. Um meine Furcht zu zerstreuen, konzentrierte ich mich auf die Maßnahmen zu meinem Schutz. Ich zog leicht verblichene, ausgebeulte Jeans an, eine altmodische Bluse und abgewetzte Turnschuhe und legte kein Make-up auf. Naiv, wie ich bin, glaubte ich, daß man mich in diesem Aufzug nicht als Ausländerin erkennen würde. Mein letzter Versuch, mich zu beruhigen, bestand darin, daß ich Geld in meine Socken stopfte und eine Kopie meines Passes und meines Visums unter der Kleidung zum Wechseln in der kleinen Reisetasche versteckte.

Viel früher als erwartet kamen meine Freunde, um mich abzuholen, und ihre Gegenwart war eine willkommene Ablenkung. Zur russischen Gastfreundschaft gehört, daß man seinen Besuchern, egal zu welcher Tageszeit sie auftauchen, etwas zu essen anbietet, und so stellte ich schnell ein paar Reste auf den Tisch.

Moskau hat viele Bahnhöfe, deren Gleise in die verschiedenen Teile des Landes führen, und meine Freunde fragten mich, zu welchem ich müßte. Glücklicherweise hatte Natascha den Namen aufgeschrieben.

Der Kursker-Bahnhof erwies sich als Irrenhaus. Passagiere mit gewaltigen Gepäckmengen versperrten entweder den Durchgang oder stürmten in alle möglichen Richtungen auseinander, wobei sie alles umrempelten, was ihnen in die Quere kam. Meine Freunde geleiteten mich durch die Horden und an der Fahrkartenkontrolle vorbei auf den Bahnsteig, wo der Zug nach Belgorod schon wartete. Um zwanzig Uhr sollte er abfahren, und die vierzig Minuten bis dahin vergingen rasch. Eine blondgefärbte, stark geschminkte Schaffnerin in einer blauen Uniform, die ihr mindestens eine Nummer zu klein war, stand am Eingang zu meinem Wagen und überprüfte die Tickets. Ohne mich auch nur eines Blickes zu würdigen, erlaubte sie meinen Freunden, mich in mein Abteil zu begleiten. Dort begrüßte uns mit strahlendem Lächeln ein gutaussehender, jungenhaft wirkender Mann, der ein kaum wahrnehmbares blondes Bärtchen hatte und sich als Andrej vorstellte.

Meine Freunde blieben noch ein paar Minuten, und unterhielten sich mit ihm. Wir warteten auf die anderen Passagiere, die aber nicht erschienen. Andrejs Offenheit gefiel den Freunden, und als sie mich verließen, waren sie von meinem nächtlichen Nachbarn sehr angetan. Ihr Versuch, das Fenster zu unserem Abteil vom Bahnsteig aus zu putzen, amüsierte ihn. »Es würde Jahre dauern«, meinte er, »dieses Fenster wieder sauber zu bekommen.«

Bald nachdem der Zug aus dem Bahnhof gefahren war, verteilte die Schaffnerin für die übliche Gebühr Decken, fragte, ob man noch einen Tee wünsche, und verschwand dann bis zum nächsten Morgen. Andrej zog Hausschuhe an, und ich folgte seinem Beispiel. Dann stellte er sein Essen auf den Tisch zwischen den beiden Stockbetten. Ich konnte kaum glauben, was ich sah, nämlich, daß er einen Liter Pepsi, sechs Schokoladenriegel, einen Stapel Käsebrote, einen Stapel Wurstbrote und ein Pfund Tomaten verdrückte, wo er doch so eine dünne Taille und so einen schmalen, aber muskulösen Körper hatte.

»Bedienen Sie sich«, sagte er und erzählte zwischen den Bissen von einer Reise, die er vor kurzem mit seiner Freundin nach London gemacht habe. Es wäre die aufregendste Woche seines Lebens gewesen. Er würde gern mehr verreisen, aber erst wolle er sein Englisch verbessern. Seine Offenheit und seine Freundlichkeit nahmen auch mich für ihn ein, und ich beschloß, ihm zu erzählen, wer ich bin. Zu meiner Erleichterung reagierte er ganz unbefangen. »Das ist das erste Mal, daß ich mit einer amerikanischen Journalistin rede«, sagte er. Der Name »Lois« machte ihm allerdings Schwierigkeiten, und er fragte, ob wir ihn ändern könnten. Wir einigten uns auf »Loika« – so nennen mich meine Freunde.

Andrej war so spontan und ungezwungen, daß ich ihn bat, unsere Unterhaltung auf Band aufnehmen zu dürfen. Er war geschmeichelt. Als ich mein Sony-Gerät auspackte, zog er seinen Sharp-Walkman hervor und sagte: »Das ist Ihre Technologie und das hier meine. Ich benutze meinen Walkman jeden Tag, um mir Schlager anzuhören. Dabei kann ich mich entspannen. Kennen Sie die Musik von Ennio Morricone?« fragte er. »Die höre ich am liebsten.«

»Was machen Sie, wenn Sie nicht mit dem Zug herumreisen?« fragte ich ihn.

»Ich gehöre zu einer Akrobatentruppe.«

»Sie sind der erste Zirkusartist, den ich kennenlerne«, antwortete ich. »Erzählen Sie mir doch ein wenig aus Ihrem Leben.«

»Ich arbeite noch nicht lange in diesem Beruf«, begann er. »Nach dem Wehrdienst habe ich mich einer Baubrigade in der Nähe von Moskau angeschlossen und in einer Saison 1500 Dollar verdient. Der Job hat mir Spaß gemacht, bis ich eines Tages in einer Moskauer U-Bahn-Station in Sascha hineingelaufen bin. Er ist ein alter Freund und Nachbar aus St. Petersburg, wo ich geboren bin. Er arbeitete für den Zirkus und fragte mich, ob ich nicht bei einer neuen Nummer mitmachen wolle, die er gerade entwickelte. Ich konnte mir nicht vorstellen, daß ich eine Chance hätte, denn der Zirkus ist so etwas wie ein Elite-Club, in dem vor allem Familienangehörige arbeiten und die Jobs von Generation zu Generation weitergegeben werden. Aber Sascha behandelte mich wie einen Verwandten, und so wurde ich aufgenommen. Wir haben einen Videofilm von unserer Nummer gemacht, und nun sind Zirkusunternehmen in ganz Europa an uns interessiert.«

Andrej war jetzt auf dem Heimweg nach Gravernja, seiner »Märchenstadt«, wie er sie nannte, die fünf Kilometer von der ukrainischen Grenze entfernt liegt. Mit ihren Flüssen und Wäldern, ihren fruchtbaren Böden und ihrer sauberen Luft sei die Region dort das ideale Erholungsgebiet von morgen, meinte er. Bei seinem Besuch wolle er das Angenehme mit dem Nützlichen verbinden. Er wolle sich Papiere besorgen, um im Ausland arbeiten zu können, und außerdem wolle er seine jetzt dreiundsiebzigjährige Großmutter wiedersehen, die für ihn der wichtigste Mensch in seinem Leben sei. »Meine Großmutter hat mich aufgezogen, und ich bin froh, daß mittlerweile ich sie unterstützen kann. Sie besitzt alle meine Ersparnisse, und ich halte sie für vertrauenswürdiger als jede Bank«, sagte er. Sie hat Andrej ihr Haus und ein kleines Stück Land vermacht, das vor drei Jahren privatisiert worden ist. Nicht zuletzt aus Dankbarkeit darüber macht er ihr jetzt das Leben so angenehm wie möglich. Vor kurzem hat er Gas- und Wasserrohre verlegt und Küchenmöbel aus der Ukraine gekauft. Eine ähnliche Einrichtung aus russischer Produktion wäre doppelt so teuer gewesen, hätte aber nicht die gleiche Qualität gehabt, erklärte er.

Er hilft seiner Großmutter auch im Gemüsegarten, von dem sie sich den ganzen Winter über ernähren kann. »Mit unseren selbstangebauten Sachen und unseren Hühnern und Gänsen sind wir fast autark. Wir müssen nur Brot, Butter und Käse kaufen«, sagte Andrej stolz. Er wollte jetzt zwei Wochen in Gravernja bleiben, und ich fragte ihn, wie er sich diese Zeit über in Form halte.

Morgens wolle er joggen und am Nachmittag »Tarzan« spielen, antwortete er.

Aber nicht nur der Zirkus interessierte Andrej, sondern auch das Geschäftemachen. Er hat damit angefangen, als es noch illegal war. Als Teenager hat er auf dem Schwarzmarkt Kassettenrecorder verkauft. »Das war eine ziemlich riskante Angelegenheit, und ich bin froh, daß ich nicht erwischt wurde.« Von seinem Verdienst kaufte er in Devisengeschäften ein, wo er die Konsumwelt des Westens kennenlernte. Aus jener Zeit stammt seine Vorliebe für Camel-Zigaretten.

Nachdem er erst mal Geschmack an den schönen Dingen gefunden hatte, begann er seine Zukunft zu planen. Zu einer Zeit, als es noch billig war, kaufte er sich sechzig Hektar Land, und da er es nicht brachliegen lassen wollte, verpachtete er es an einen Freund, der sich einen Bankkredit besorgte, damit Geräte kaufte und auf dem Boden Ackerbau betrieb. Er fing an mit Weizen und Sonnenblumen und probierte anschließend verschiedene Kartoffelsorten aus, um herauszufinden, welche den meisten Ertrag brachte.

»Drei Jahre sind vergangen, seit er mit der Kultivierung des Landes begonnen hat«, sagte Andrej, »und in dieser Zeit hat er viele Geschäfte gemacht. Er hat seinen Kredit zurückbezahlt, ein Haus gebaut, einen Mercedes 300 und einen Cherokee-Jeep gekauft. Es geht ihm gut, und ich bekomme fünfzehn Prozent von seinem Gewinn.« Als ich fragte, ob er irgendwelche »Beschützer«, sprich Racketeers, habe, antwortete mein Gegenüber: »Er hat gute Beziehungen.«

Andrej hat kein Auto, denn er reist meistens mit dem Zug. »Aber wenn ich mir einen Wagen kaufen würde, wäre es bestimmt kein russischer«, versicherte er mit Nachdruck. »Ausländische sind billiger und besser.« Viele einheimische Produkte schnitten gegenüber Importwaren schlechter ab, sagte er bedauernd. Als Beispiel erwähnt er eine Säge, die der Boss seiner Baubrigade aus England mitgebracht hatte. Das russische Modell brauchte zehn Minuten, um das zu schaffen, was das englische in zehn Sekunden erledigte. »Wettbewerb ist ein Motor für den Markt«, sagte er, »und dadurch verbessert sich die Qualität der Angebote.«

»Das hier ist meine Heimat«, fuhr er fort, »und im Augenblick bin ich nur auf unsere Geschichte und unsere Kultur stolz. Aber ich möchte gern auf mehr stolz sein können. Wenn ich ins Ausland fahre, möchte ich dort unsere Produkte in den Läden finden. Die Ausländer sollen mit ›Made in Russia‹ Qualität verbinden.« Er zeigte mir seine schwarze Vinyl-Tasche. Sie hatte einen roten Rand, auf dem in großen Buchstaben »Regardies, Pushing for Power« stand. Er hat sie auf einem Markt gekauft und schwärmte davon, wie billig und gut sie ist. »Eine russische Firma hat sie hergestellt, aber wenn sie etwas auf Russisch draufgeschrieben hätte, würden sie die Leute kaum kaufen.«

Nach der Oberschule hat Andrej in einer staatlichen Fabrik gearbeitet, die Produkte für den heimischen und den ausländischen Markt herstellte. »Anfangs hat uns die Qualität der Sachen, die wir für uns produzierten, überhaupt nicht interessiert. Wir haben uns ganz auf die Waren fürs Ausland konzentriert. Dann aber wurde uns klar, daß ein potentieller Kunde uns womöglich nach den Dingen beurteilt, die wir für den russischen Käufer herstellen, und dann bestimmt kein Geschäft mit uns macht. Von da an produzierten wir alles in derselben Qualität.«

Andrej ist stolz darauf, daß seine Mutter in einer der beiden noch bestehenden Reparaturfabriken für Hubschrauber arbeitet, die auch Aufträge aus dem Ausland bekommt. China, Korea, die USA und andere Länder schicken ihre

Helikopter zum Überholen dorthin. Vor kurzem hat sie für ihre Arbeit an einer US-Maschine eine amerikanische Fliegerjacke bekommen, die sie Andrej geschenkt hat.

»Wie kommen Sie mit Ihren Eltern zurecht?« fragte ich ihn.

Seit er zu Hause ausgezogen sei und sich selbst versorge, sei ihr Verhältnis gut, sagte er. »Als ich meiner Mutter erzählte, daß ich nach London fahren würde, wollte sie es nicht glauben. Schade, daß ihre Arbeit in der Rüstungsfabrik ihr keine Reisen ins Ausland erlaubt. Obwohl sie und mein Vater, der Ingenieur ist, gut verdienen, kennen sie nichts vom Leben. Ich dagegen nutze mit meinen zweiundzwanzig jede Gelegenheit, die sich mir bietet, und darum finde ich mein Leben ziemlich spannend. Und alles, was ich erreicht habe, verdanke ich mir selbst.«

Sorgen macht er sich allerdings um seinen fünfzehnjährigen Bruder, den er für faul und verzogen hält. »Ich hoffe, er lernt noch, selbst Geld zu verdienen, anstatt sich nur auf die Unterstützung unserer Eltern und Großeltern zu verlassen. Wenn du selbstverdientes Geld ausgeben kannst, erhöht das dein Selbstwertgefühl«, erklärte er.

Im übrigen fand er, daß sich das Leben in Rußland allmählich normalisiere.

»Was verstehen Sie darunter?« wollte ich wissen.

»Wenn ich mir vor fünf Jahren irgend etwas Anständiges kaufen wollte, mußte ich dafür in einen Devisenladen gehen. Heute kann ich dasselbe Angebot in Rubel-Geschäften finden, die früher nur leere Regale hatten. Meine Mutter kann sich alles kaufen, was sie braucht, ohne sich stundenlang in einer Schlange anstellen zu müssen oder jemanden zu finden, der das für sie tut. Früher haben ein guter und ein schlechter Arbeiter den gleichen Lohn erhalten. Jetzt werden die mit guter Arbeit gut bezahlt, und die anderen bekommen weniger oder werden entlassen. Ich kann heute Land und Eigentum erwerben. Ich kann Geld verdienen und mich anziehen, wie ich möchte, ohne daß mich die Leute für einen Spekulanten oder Schwarzhändler halten.«

Mit fünfundzwanzig will Andrej heiraten, das ist nach seiner Meinung das richtige Alter, um seßhaft zu werden und eine Familie zu gründen. Sein Ziel ist, dann sein Geld für sich arbeiten zu lassen, so daß er sich alles leisten kann, was er will. Vielleicht wird er aber auch ein Geschäftsmann, ein Bauer oder ein Schriftsteller und schreibt ein Buch über »Die Abenteuer eines jungen Millionärs«. Von der Zukunft erhofft er sich außerdem, »daß auf die Einhaltung der Gesetze, die meine Rechte sichern, geachtet wird und daß die Polizei meine Familie schützt, wenn sie in Gefahr ist. Ich möchte sicher sein, daß der Rubel, den ich heute verdiene, nicht im nächsten Monat nur noch die Hälfte wert ist. Ich möchte, daß mein Familienname Schkurin respektiert wird, weil ich etwas für die Gesellschaft geleistet habe und nicht wegen meines Bankkontos.«

Inzwischen war es Mitternacht geworden, und Andrej sagte: »Es war so interessant, mit Ihnen zu sprechen, daß ich ganz vergessen habe zu rauchen.« Er nahm seine Camel-Schachtel und trat auf den Gang, während ich mich für die Nacht fertigmachte. Ich nahm die dünne Decke, die auf dem oberen Bett zusammengerollt lag, und bereitete mir im unteren meinen Schlafplatz. Als Andrej zurückkam, setzte er seine Kopfhörer auf, um vor dem Einschlafen noch etwas Musik zu hören.

Um sechs Uhr krähte ein Hahn, und ich wunderte mich, wo ich war. Es handelte sich um Andrejs Weckruf in seiner »Talker«-Armbanduhr. Er drückte einen Knopf, um die Zeit zu überprüfen, und ich hörte eine russische Stimme verkünden: »Es ist sechs Uhr.«

Die Toilette mit dem Waschbecken war frei und erstaunlich sauber. Die Mädchen hatten mir gesagt, ich sollte im Zug nichts trinken, damit mir die unhygienischen Zustände dort erspart blieben, und jetzt bedauerte ich, den Tee der Schaffnerin und Andrejs Pepsi abgelehnt zu haben.

Sein Frühstück bestand aus weiteren Schoko-Riegeln, und ich fragte ihn, weshalb er ausgerechnet diese Sorte kaufe.

Die Werbung im Fernsehen habe ihm gefallen, antwortete er.

»Was erwarten Sie von einer Werbung?« fragte ich weiter.

»Ich möchte etwas über das Produkt erfahren und außerdem unterhalten werden«, sagte er und erkundigte sich: »Möchten Sie nicht mal Dirol-Kaugummi probieren? In der Werbung heißt es, das schützt ihre Zähne von morgens bis abends.«

Kurz vor Belgorod zog Andrej einen Spiegel hervor, um sich die Haare zu kämmen, und sagte dabei, er wäre zum Friseur gegangen, wenn er gewußt hätte, daß er mich kennenlernen würde. Während der Zug schon langsamer fuhr, zeigte er mir seine neueste Errungenschaft: eine Sonnenbrille »Made in Hongkong«. Das Besondere daran war, daß man sie zusammenklappen und in ein kleines Etui stecken kann, das an seinem Gürtel hängt.

Die Schaffnerin erschien, um die Decken wieder einzusammeln, und Andrej und ich tauschten unsere Adressen aus. Ich bat ihn, mich anzurufen, wenn er wieder in Moskau wäre.

Als der Zug hielt, nahm er meine leichte Tasche und lieferte mich bei einer lächelnden Natascha ab. Dann küßte er mir die Hand und verschwand in der Menge der Passagiere, die in Belgorod den Zug verließ.

Ausflug aufs Land

Mit Natascha an meiner Seite fühlte ich mich wohl und freute mich auf die nächsten paar Tage in Belgorod, der »Weißen Stadt« am Donez. Wir nahmen einen Bus, der uns in einer kurvenreichen Fahrt in die Stadt brachte. Nachdem wir zwei Sitzplätze erwischt hatten, suchte Natascha in ihrer Brieftasche nach zwei Fahrkarten und entwertete sie mit einem Gerät an der Buswand. Das war auch gut so, denn schon an der nächsten Station stieg ein Kontrolleur zu. Wer kein Ticket besaß, mußte sofort eine Strafe zahlen. Vorne im Bus entdeckte ich ein kleines Marlboro-Poster in englischer Sprache, die erste ausländische Werbung, die ich während meines Besuchs hier sah, und sehr viel mehr Reklame gibt es hier wohl auch nicht.

Bäume säumten die Straße und machten die Stadt grün und angenehm. Die Hauptstraße erinnerte an einen Boulevard. Seit acht Uhr waren die Arbeiten an einer Untergrundbahnröhre in vollem Gang, und die Luft war voller Staub. Es war August, und das gelbe Gras verriet, daß es in Belgorod lange nicht geregnet hatte. An den Bushaltestellen standen Schlangen von Rentnern und älteren Ehepaaren, die Plastiktüten, Gartengeräte und Eimer trugen. Sie waren auf dem Weg zu ihren Datschas, um dort im Garten zu arbeiten. Einmal hielt unser Fahrer an, um zwei schwarzgekleidete Frauen mit einem Kranz aus Papierblumen, der so groß wie sie selber war, über die Straße zu lassen.

Die monotonen Reihen der grauen Mietskasernen wurden plötzlich von einem zweistöckigen roten Backsteinbau mit einer geschwungenen Fassade unterbrochen. Deutsche Kriegsgefangene haben dieses und mehrere andere Gebäude in der Stadt errichtet, sagte Natascha. Während des Krieges erlitt Belgorod schwere Schäden und seine historischen, bis zu vierhundert Jahre alten Bauten wurden zerstört. Die schon um 1250 gegründete Stadt ist im 16. Jahrhundert die wichtigste Grenzfestung der »Belgoroder Linie« gewesen, die zur Verteidigung gegen die Einfälle der Krimtataren errichtet worden war. Als ich einen Wegweiser sah, der in Richtung Moskau zeigte, das 668 Kilometer entfernt ist, dachte ich, wie wunderbar es sei, in einer kleinen russischen Stadt zu sein, wo das Tempo gemächlicher ist, die Leute freundlicher aussehen und Verkehr und Lärm erträglich sind.

Ehe wir das schäbige, weiße Wohnheim mit seiner ramponierten Front betraten, zeigte Natascha auf ihr Zimmer im zweiten Stock, an dessen Fenster ein blaues Thermometer hing. Die Rentnerin, die am Tresen in der Eingangshalle saß, begrüßte Natascha und starrte mich an. Sie hatte die Aufgabe, darauf zu achten, wer den Wohnblock betritt und verläßt. Besuch war ohne offizielle Genehmigung nicht gestattet, aber die Mehrheit der Mieter ignorierte diese Vorschrift. »Das hier ist kein Zuhause, sondern eher ein Gefängnis, wenn man sich an alle Verbote hält«, flüsterte mir Natascha zu. »So etwas wie ein Privatleben gibt es nicht.«

Wir kamen an einer Telefonzelle vorbei, in der ein arabischer Student saß. Sie war eigens für ausländische Studenten eingerichtet worden, die von hier in ihrer Heimat anrufen konnten und in Devisen bezahlten. Natascha kannte den jungen Mann und erzählte mir von den Schwierigkeiten im Zusammenleben mit den Arabern, die auch hier nach den Regeln des Islams leben. Einmal im Jahr schlachten sie in den Küchen auf mehreren Stockwerken Schafe, was nicht nur das allgemeine Entsetzen der anderen Bewohner hervorruft, sondern auch für Wochen zu einer Verstopfung der Abwasserleitungen führt. Als eine Frau von der Verwaltung einmal Einwände erhob, wurde sie von den Studenten mit einem Messer verjagt.

Auf dem Treppenabsatz zwischen dem Erdgeschoß und dem ersten Stock wies mich Natascha auf ein »Fenster mit einer Geschichte« hin. Später erfuhr ich, daß dieses Fenster von männlichen Bewohnern genutzt wird, um weibliche Gäste ins Haus zu schmuggeln.

Bis vor zwei Jahren haben nur Studenten und Lehrer in dem zehnstöckigen Wohnheim gelebt. Doch inzwischen sind aufgrund der akuten Raumnot auch Polizisten, Sekretärinnen, Köche, Bibliothekare und Flüchtlinge aus Kasachstan, Tschetschenien und Kirgisien hier eingezogen. »Das ist kein Wohnheim mehr, sondern eine Arche Noah«, sagte Natascha. In den vergangenen vier Jahren hat Belgorod mindestens 30 000 Menschen aufgenommen, die vor ethnischen Verfolgungen aus anderen Republiken geflüchtet sind. Die Einheimischen haben nichts gegen die Neuankömmlinge, die sich zumeist auf dem Lande niederlassen, aber sie beklagen sich über die Russen, die in der Stadt bleiben und ihnen dort die Arbeitsplätze und die Wohnungen wegnehmen.

Auf dem Hauptflur in Nataschas Stockwerk spielten Kinder, und ich bekam den Satz mit: »Ich bin der Gangster und du der Geschäftsmann.« Sie lernen schon früh, wo's langgeht, dachte ich. »Einige Studenten sind in diesem Wohnheim gezeugt worden«, sagte Natascha, »und sie leben immer noch mit ihren Eltern in demselben Raum, weil der Staat einfach nicht genügend Wohnraum schafft.«

Als wir an einer fast leeren Küche mit einem verbeulten Herd und tropfenden Wasserhähnen überm Ausguß vorbeikamen, fragte ich, wie viele Menschen denn hier kochen. Natascha rechnete zweimal nach und kam auf vierzehn, die Hälfte der Bewohner ihres Korridors. Sie zog es vor, ihr Essen auf einem einflammigen Herd in ihrem Zimmer zuzubereiten.

Vom Hauptkorridor führte eine Tür in ihren Flur, und während Natascha sie aufschloß, wies sie darauf hin, daß sie sich nur 45 Grad weit öffnen ließe. Wie gut, daß wir beide schlank sind und uns seitwärts durchquetschen konnten. Hinter der Tür stand, gleichsam als Stopper, ein Fünfzig-Kilo-Sack Zucker. Sie hatte ihn vor einem halben Jahr für 23 000 Rubel gekauft; heute würde er 75 000 kosten. Das nächste Hindernis war ein neuer Herd, der schon für die nächste Wohnung bestimmt war. Nach zwanzig Jahren im Wohnheim hoffte Natascha, im kommenden Jahr endlich ein eigenes Apartment beziehen zu können.

Ein schmaler Flur, der zu den anderen Wohnungen und den sanitären Einrichtungen führte, war ebenfalls mit Sachen von Natascha vollgestellt. Sie konnte sich das erlauben, weil sie zu ihren drei Nachbarn ein gutes Verhältnis hatte. Endlich schloß sie ihr Zimmer auf, das ihr erst vor zwei Jahren zugewiesen worden war. Die ersten vier Jahre in Belgorod mußte sie sich einen Raum mit einer Fremden teilen.

Natascha hatte es sich in ihren zwölf Quadratmetern gemütlich gemacht. An einer Wand stand ein Regal, das sich unter der Last polnischer und deutscher Wörterbücher sowie russischer Klassiker bog. Mittendrin hatte das Foto einer Katze einen Ehrenplatz. Leopold war einst der beste Mäusefänger im ganzen Wohnheim gewesen, doch von einem seiner Streifzüge war er nicht mehr zurückgekehrt. Den Rest des Zimmers nahmen ein Schreibtisch ein, der auch als Eßtisch diente, drei Holzstühle, ein Kühlschrank, ein Bettsofa und ein Fernseher. Hinter einem Vorhang verbargen sich ein Einbauschrank und etwas Platz für alles, was man abstellen muß. Die schwarzrote Tapete auf der papierdünnen Wand verlieh dem Raum nicht nur Farbe, sondern sorgte auch für Kälte- und Schallschutz.

Als ich das Foto eines sympathischen älteren Herrn mit Brille betrachtete, stellte Natascha ihn mir als »meinen Mann« vor. Es handelte sich um den deutschen Philosophen Martin Heidegger, über den sie promoviert hatte.

Natascha schlug vor, daß ich nach der langen Bahnreise erst mal ein Bad nehmen sollte. Bei dieser Gelegenheit lernte ich die unangenehmste Seite ihres Wohnheim-Daseins kennen. Zum Glück bestand Natascha darauf, daß ich ihre viel zu kleinen Gummisandalen anzog, bevor ich den fleckigen, moosfarbigen Duschraum betrat. Auf dem Flur zwischen Dusche und Toilette kam ich an zwei verstopften Ausgüssen vorbei, aus deren Hähnen ständig Wasser tropfte. Die einstmals weiße Toilettenschüssel, auf der die Brille fehlte, hatte sich braun verfärbt. Die Decke war voller Spinnweben, und der Fußboden übersät mit Zigarettenkippen und Unrat. Zeitungsseiten, zwischen verrostete Rohre gestopft, ersetzten das Klopapier.

Voller Erleichterung kehrte ich in Nataschas sauberes Zimmer zurück, in dem mich ein Frühstückstisch mit all den Dingen erwartete, die ich gerne mag. Das schmackhafte türkische Brot, den Honig, die salzige Käsesorte aus Georgien und den Tee hatte sie in der Stadt gekauft. Als sie mich fragte, ob ich »Chifiri« wolle und meine verständnislose Miene sah, erklärte sie mir: »Das ist ein besonders starker Tee, den die Gefängnisinsassen trinken. Alkohol und Drogen sind ihnen verboten, aber ›Chifiri‹ ist erlaubt, und da er aus mindestens fünfzig Gramm Tee auf zweihundert Gramm Wasser gebraut wird, hat er eine narkotisierende Wirkung.«

Ich entschied mich für einen milden Tee, und während ich eine Tasse nach der anderen schlürfte, erzählte mir Natascha von den Menschen und Ereignissen, die in ihrem Leben eine Rolle gespielt haben. In ihrer Kindheit, die sie ihre »goldenen Jahre« nannte, hat ihre Großmutter, obwohl sie arm und ungebildet war, die Enkelin ermutigt, Bücher zu lesen, und ihr sogar vorgeschlagen, daraus einen Beruf zu machen. Kichernd und, wie es ihre Art ist, eine Hand vor den Mund haltend, fuhr Natascha fort: »Eine wunderbare Idee, aber wer würde mich nur fürs Lesen bezahlen?«

Der glücklichste Tag ihrer Schulzeit war, als sie mit zehn Jahren eine Pionierin wurde und das rote Pioniertuch erhielt. Das war ein festliches Ereignis in ihrem Dorf. »Ich war stolz, als unsere Nationalhymne gespielt wurde, und glaubte, der glücklichste Mensch auf der Welt zu sein, weil ich in der Sowjetunion geboren worden war«, erinnerte sie sich.

Neun Jahre später las sie Solschenizyns »Archipel Gulag« und verlor alle Illusionen über ihr Heimatland. »Wenn man so etwas Schockierendes liest, kann man nicht länger jung und naiv sein. Das Buch hat mich zwanzig Jahre älter gemacht.« Natascha ist jetzt vierzig, aber mit ihrem faltenlosen Gesicht und ihren kurzen braunen Haaren wird sie leicht für deutlich jünger gehalten. »In den letzten Jahren hat sich meine Einstellung gegenüber meinem Land verändert. Es ist nicht mehr die Union freier Republiken, wie ich in der Schule gesungen habe. Es ist eine Union, die durch Gewalt und den Herrschaftsanspruch der Russen zusammengehalten wird. Aber trotzdem gibt es keinen anderen Platz auf der Welt, wo ich leben möchte«, sagte sie.

Weil sie nach der Schule nicht studieren wollte, überredete ihre Schwester Larissa sie, nach Moskau zu kommen, um dort als »Limitchik« zu arbeiten. Das ist jemand, der als Nicht-Moskauer niedrige Arbeiten übernimmt, um so eine Aufenthaltsgenehmigung für die Stadt zu erlangen. Sie fand eine Stelle als Fließbandarbeiterin in einer Reifenfabrik und bekam eine Unterkunft zugewiesen, gegen die ihre jetzige geradezu luxuriös ist. Sie wohnte in einem Zimmer zusammen mit einem frischverheirateten Ehepaar, einer Familie, die ein behindertes Kind hatte, und zwei Alkoholikern. Nach einem Jahr beschloß sie, daß sie so nicht den Rest ihres Lebens verbringen wollte, gab ihren Job auf und begann, sich in ihrer Heimatstadt für die Aufnahmeprüfungen an der Universität vorzubereiten.

Während sie lernte, arbeitete sie die nächsten zwei Jahre bei der Post. Nachdem sie zweimal durch die Examen gefallen war, schaffte sie schließlich die Zulassung an der Philosophischen Fakultät der Moskauer Staatsuniversität und schloß ihr Studium am Ende mit Auszeichnung ab. Ihre erste Anstellung bekam sie als Lehrerin im sibirischen Barnaul, einer Stadt mit einer derart hohen Luftverschmutzung, daß sie nach zwei Jahren nach Moskau zurückkehrte, um ihre Doktorarbeit zu schreiben. Sie wollte akademische Mitarbeiterin an einem Institut in der Hauptstadt werden, doch das erwies sich als unmöglich, weil sie keine Moskauerin war und immer noch keine Aufenthaltsgenehmigung besaß. Als ihr daher ein Posten an der Universität von Belgorod angeboten wurde, wo sie Philosophie und Religion lehren sollte, griff sie zu.

Ich hätte gern noch mehr über ihr Leben erfahren, aber wir mußten den Mittagszug zu ihrer Datscha erreichen und hatten uns bereits etwas verspätet. Sie schnappte sich noch rasch einen Beutel Senfpulver, den sie später für eine Schaschliksoße brauchen würde, und dann eilten wir zum Bus. Auf den Bürgersteigen hockten Zigeuner, die uns aus der Hand lesen wollten, und wir machten einen kleinen Bogen, um ihnen auszuweichen.

Die Busse ins Stadtzentrum waren so überfüllt, daß die Fahrer Schwierigkeiten hatten, die Türen zu schließen. Aber wir durften keine Zeit mehr verlieren, und so drängelte Natascha sich in einen der vollgestopften Wagen und zerrte mich hinterher. Jedesmal, wenn anschließend jemand aussteigen wollte, kam es zu einem kleinen Aufstand. Keiner wollte weichen und seinen Platz verlieren. Während ich eingezwängt war und umhergestoßen wurde, bewunderte ich eine Frau von Mitte Dreißig, die in aller Seelenruhe dasaß und Gedichte von Marina Swetajewa las, einer der berühmtesten russischen Lyrikerinnen. Neben ihr war ein Mann in seine Sportzeitung vertieft.

Am Fahrkartenschalter war es dann leer, so daß wir unseren Zug gerade noch erreichten und sogar noch Sitzplätze fanden. Während der halbstündigen Fahrt verwandelte sich die sonst so ernste und zurückhaltende Natascha in ein zwitscherndes und sorgloses Vögelchen. Unentwegt wies sie mich in ihrer vor Begeisterung ganz hohen Stimme auf irgend etwas hin. Die erste Haltestelle hieß »Weißer Berg«, nach den Kalkvorkommen in dieser Gegend, und die nächste »Grüne Wiesen«. Eine Siedlung mit besonders häßlichen roten Ziegelhäusern kommentierte sie eher schnippisch. Die Häuser gehörten Parteifunktionären, die sie vor drei Jahren in der Hoffnung gebaut hatten, sie alsbald mit einem ordentlichen Profit weiterverkaufen zu können. Doch ihre Spekulation ging nicht auf, und nun standen sie leer. »Wer es sich heute leisten kann, ein Haus zu bauen, der tut es nach seinem eigenen Geschmack«, sagte Natascha.

Auf diese Weise kamen wir zu dem Thema, das meine Freundin inzwischen Tag und Nacht beschäftigte: ihre zukünftige Wohnung. Sie hatte schon einmal sechs Jahre lang auf einer Warteliste für ein staatliches Apartment gestanden. Aber mit der Privatisierung waren die öffentlichen Mittel für den Wohnungsbau drastisch gekürzt worden, und damit waren auch ihre Aussichten geschrumpft, jemals eine Wohnung zugewiesen zu bekommen. Die einzige Alternative war nun ein Kauf, doch mit ihrem Lehrergehalt kam das nicht in Frage. Larissa löste das Problem ihrer Schwester, indem sie sich bereiterklärte, die Anzahlung zu übernehmen, wenn eine Wohnung zum Verkauf anstände.

Natascha hatte nun von einem Genossenschaftsbau, der in einem Vorort von Belgorod errichtet wurde und in dem eigentlich nur Leute wohnen sollten, die nach zehn Jahren

Arbeit im Norden Rußlands nach Belgorod zurückkehrten, gehört. Da sie wußte, daß oft Ausnahmen gemacht wurden, wenn sich jemand in einflußreicher Position einschaltete, wandte sie sich an den Rektor ihres Instituts. Nach seinem Telefonanruf bei einem Freund wurde sie auf die Liste für ein Ein-Zimmer-Apartment gesetzt. Laut Plan sollte das Gebäude bald fertig sein, doch alle rechneten von vornherein mit einer mindestens sechsmonatigen Verzögerung. »Ich habe jetzt zwanzig Jahre auf meine eigene Wohnung gewartet«, sagte Natascha, »da kommt es auf ein paar Monate auch nicht mehr an.«

Um ihren unerträglichen Lebensbedingungen aber schon vorher gelegentlich entkommen zu können, hatte Natascha mit Unterstützung ihrer Freundin Luda vor drei Jahren begonnen, eine Datscha zu bauen.

In Gostitschewo stiegen wir aus und erreichten über ein paar Geleise einen Feldweg, an dem uns Luda mit ihrem Fahrrad erwartete und Natascha die letzte Neuigkeit berichtete. Ihre Eltern waren gestern mit dem Auto aus der Ukraine angekommen, und nachdem sie 250 Kilometer gefahren waren, ging kurz vor ihrem Ziel der Vergaser kaputt. Glücklicherweise kam ein Laster der nahegelegenen Kolchose vorbei und schleppte das Auto den Rest des Weges ab.

»Es muß beruhigend sein, so nette Nachbarn zu haben«, sagte ich.

»Das haben sie für Ludas Vater getan«, erwiderte Natascha knapp. »Die Bauern wollen mit uns nichts zu tun haben. Das ist eine ziemlich patriarchalische Gesellschaft hier, und Frauen werden für blöd gehalten. Sie haben ein paarmal versucht, uns hereinzulegen und überhöhte Preise verlangt, aber das ist ihnen nicht gelungen. Dreimal haben sie Nahrungsmittel und Bekleidung aus unserer Datscha gestohlen, als wir in Belgorod waren. Sie betrachten Datschniks (Datschabesitzer) als Müßiggänger und Parasiten. Sie werfen uns vor, daß wir den ganzen Tag herumspazieren und die Natur genießen, während sie von morgens bis abends arbeiten müssen.«

Wir kamen an einer Ziegelfabrik vorbei, und Natascha erzählte mir von den Schwierigkeiten, die sie vor drei Jahren hatte, als sie hier Steine kaufen wollte und der Betrieb noch staatlich war. Sie mußte schließlich den Direktor bestechen, um an ihr Ziel zu kommen. Inzwischen hat er das Unternehmen privatisiert und ist der Hauptbesitzer. Die Geschäfte gehen glänzend, und das Gebäude wird gerade renoviert.

Gegenüber der Fabrik zeigte Natascha auf verfallende Häuser, die den Kolchosebauern gehören. Ihre Kinder arbeiten oder studieren im nahegelegenen Belgorod, sagte sie, und haben nicht die Absicht, in die Fußstapfen ihrer Eltern zu treten und in eine Umgebung zurückzukehren, in der es weder fließendes Wasser noch Zentralheizung und vernünftige sanitäre Einrichtungen gibt. Das Leben auf dem Lande ist ihnen zu anstrengend und zu langweilig.

Als wir einen Traktor vor dem heruntergekommenen Holzhaus seines Fahrers stehen sahen, sagte Natascha: »Wenn der Traktor im Kolchosehof stünde, würde er entweder gestohlen oder auseinandergebaut, und der Fahrer wäre für den Verlust persönlich verantwortlich.«

Luda schob ihr Fahrrad mit Trinkwasserkanistern beladen, die sie an einer Kolchosepumpe gefüllt hatte, neben uns her.

Am Ende der Kolchosegebäude hörte auch der Feldweg auf, und vor uns erstreckten sich Wiesen, die von Wäldern gesäumt waren. Wir stapften um Pfützen herum auf einem furchigen Pfad, den andere »Datschniks« vor uns getrampelt hatten. Die Pfützen waren die Folge eines lecken Rohrs, das seit Monaten nicht repariert wurde. »Während der Regenzeit im Frühjahr und Herbst steht das Wasser hier so hoch, daß man nur mit einem Traktor oder in kniehohen Stiefeln durchkommt«, sagte Natascha. »Einer der größten Fehler der Regierung ist, daß sie sich nicht vorrangig um die Transportwege kümmert, außer beim Militär und in der Raumfahrtindustrie. Seit sechs Jahren legen wir die drei Kilometer zur Datscha auf diesem Pfad zurück. Russen haben kein Zeitgefühl. Sie leben seit jeher im Raum. Es hat nie eine Rolle gespielt, wieviel Zeit sie für den Weg von Gostitschewo, wo wir ausgestiegen sind, zu der Datscha brauchen. Und darum ist der Zustand der Straßen in diesem Land offensichtlich so unwichtig.«

Die Felder vor uns waren mit Weizen, Mais und Zuckerrüben bepflanzt, die von den Kolchosen an die Regierung verkauft wurden. Als wir an einem kleinen Stück Land vorbeikamen, auf dem die Bauern Kartoffeln ausgruben, erinnerte sich Natascha an ein Erlebnis, das fünf Jahre zurücklag. Ihr Institut hatte sie in ein entlegenes Dorf geschickt, um die Studenten zu beaufsichtigen, die dort Kartoffel ernteten. »Ich kam mir vor wie Robinson Crusoe«, sagte sie. Es gab keine Elektrizität, und ein Laster brachte Wasser aus dem nächsten, zwanzig Kilometer entfernten Dorf. Die Arbeit auf den Feldern ist offiziell freiwillig, aber wer es ablehnt, sich der Bauernbrigade anzuschließen, riskiert schlechtere Noten. Das Ganze hat natürlich finanzielle Gründe. Die Mensa bekommt Lebensmittel gratis, wenn die Studenten bei der Ernte helfen.

Ein paar Minuten gingen wir schweigend nebeneinander her und genossen das Zwitschern der Vögel, das Rauschen der Blätter, die kühle frische Luft und die unberührte Natur. Dann machte der Pfad plötzlich einen scharfen Knick, und ich kehrte in die Zivilisation zurück. Vor mir stand das zweistöckige rote Ziegelhaus, das ich auf dem Foto gesehen hatte. Die beiden Frauen hatten es auf einer leichten Anhöhe errichtet, die von Wald umgeben ist. Es war wirklich sehenswert und muß sie viel Schweiß gekostet haben, doch Natascha wischte meine Komplimente mit einem Zitat ihres Idols Martin Heidegger beiseite: »Sprache ist das Haus des Seins.« In ihrer Interpretation bedeutet das: »Meine Datscha ist mein Haus, und mein Haus ist meine Sprache.«

Ludas Eltern, die in der Datscha mit Reparaturen beschäftigt waren, unterbrachen ihre Arbeit, nachdem sie uns begrüßt hatten, um das Mittagessen zuzubereiten, und Natascha zeigte mir das Haus und den Garten. Vor sechs Jahren hatte sie von der Universität die Genehmigung bekommen, das Land zu bebauen. Da ich wußte, wie dubios Immobiliengeschäfte in Moskau und Umgebung sein können, fragte ich sie, ob sie nicht befürchten müßte, daß ein reicher Geschäftsmann ihr eines Tages das Land wieder abnähme. »Es gibt hier zuviel Land, und es ist zu billig, als daß sowas passieren könnte«, antwortete sie zuversichtlich.

In dem großen Gemüsegarten, der an einem steilen Abhang liegt, wuchsen unter anderem Melonen, Tomaten, Kohl, Karotten, Kartoffeln, Auberginen und Beeren. Außerdem standen fünfzehn Obstbäume auf dem Grundstück, das früher zu einem Nonnenkloster gehört hatte. Auf einem nicht kultivierten Stück Land zeigte mir Natascha wilde Kräuter, die für medizinische Zwecke genutzt werden. Eines wirkt gegen Kopfschmerzen, und mit einem anderen hatte sie schon mal eine tiefe Wunde an einem von Ludas Fingern geheilt.

Im Inneren der Datscha herrschte ein ziemliches Durcheinander, und die einzige bewohnbare Fläche befand sich in einer Ecke des Erdgeschosses, das demnächst in zwei Räume aufgeteilt werden sollte. Auf einer klapprigen Leiter ging es ins Obergeschoß, wo es wie auf einer Baustelle aussah. Überall lagen Baumaterialien, Fensterrahmen und Bretter herum. Natascha hatte alles vom Bruder eines Studenten gekauft, und zwar zu einer Zeit, als diese Sachen noch Mangelware waren. »Ohne Freunde und Beziehungen wäre ich verloren gewesen«, sagte sie. »Inzwischen kann man die meisten Probleme mit Geld lösen.« Eine weitere Leiter führte über eine Öffnung im Fußboden in einen dunklen Keller. Dort standen auf Regalen über sechzig Gläser mit Eingemachtem: Äpfel, Auberginen, Pilze, Tomaten und so weiter, alles aus dem Garten und als Vorrat für den Winter angelegt. In den nächsten Wochen sollten noch mal sechzig Gläser hinzukommen.

Die Lebensbedingungen auf der Datscha waren einfach. Kerzen, Petroleumlampen und der Mond sorgten für Licht, ein Ofen, der mit Holz befeuert wurde, machte den Raum auch im Winter bewohnbar, wenn die Außentemperatur unter zwanzig Grad minus fällt. In zweitausend-Liter-Zisternen wurde Regenwasser aufgefangen. Ein Toilettenhäuschen stand zehn Meter von der Datscha entfernt. Solche Annehmlichkeiten wie Elektrizität, ein Bad und eine Wasserfilteranlage waren fürs nächste Jahr geplant.

Das Mittagessen wurde draußen auf einem selbstgezimmerten Holztisch serviert, und ich bekam einen Platz, von dem aus ich den hübschen Nachbarsgarten sehen konnte, der voller Obst und Gemüse war. Die Familie ernährt sich von dem, was sie dort und in anderen Gärten erntet, erzählte Natascha. »Die Region um Belgorod ist bekannt für ihren schweren, fruchtbaren Boden, und die Einwohner dürfen hier mehr Land bestellen als in anderen Gegenden. Diese Politik hat dafür gesorgt, daß auch Neuankömmlinge ohne Arbeit ein Einkommen haben.«

Unsere Mahlzeit begann mit einer köstlichen kalten Suppe aus gekochten Eiern, Kartoffeln, Schalotten und Sauerrahm, danach gab es Schaschlik. Das eingelegte Gemüse aus Auberginen, Pepperoni, Zucchini und Tomaten erwies sich als Spezialität von Ludas Mutter, und als ich ihr dafür ein Kompliment machte, bekam ich ein ums andere Mal nachgelegt, bis die Schüssel leer war. Allerdings gab es auch hier auf dem Land keine Mahlzeit ohne alkoholische Getränke, und so sorgten ein spezieller Belgoroder Wodka und ein selbstgekelterter ukrainischer Rotwein für einen entspannten und lustigen Nachmittag.

Während wir unsere Gläser immer wieder leerten, nippte die gesundheitsbewußte Natascha an ihrem nur und erklärte gleichzeitig: »Wodka ist ein Heilmittel, das selbst in schweren Fällen hilft.« Als Beispiel erwähnte sie Rettungstrupps in Tschernobyl, die seinerzeit ausdrücklich ermuntert worden waren, Wodka zu trinken. »Wer ablehnte, ist krank geworden«, sagte sie. Bei dieser Bemerkung war auch die letzte Flasche leer, und wir stellten fest, daß die Sonne demnächst untergehen würde. Wir verabschiedeten uns kurz und wanderten rasch zum Bahnhof zurück, um unseren Zug nicht zu verpassen.

Auf dem Weg erzählte mir Natascha von den Veränderungen, die es während der letzten drei Jahre in ihrem Leben gegeben hatte. »Ich fühle mich heute viel freier, doch zugleich macht diese Freiheit alles schwieriger«, begann sie. »Früher hat das System entschieden, was ich zu lehren und wie ich zu leben hatte. Ich konnte keine eigenen Entscheidungen treffen. Nun lege ich den Lehrplan fest und schreibe Vorlesungen für meine Studenten. Ich kann machen, was ich will, und sagen, was ich denke. Aber das hören die Leute nicht gern. Sie sind an diese Aufrichtigkeit nicht gewöhnt.« Ihr fiel ein Fernsehbericht über das Dorfleben ein, der vor kurzem allgemeines Gesprächsthema war. Er zeigte, wie die Leute auf dem Lande ihre neue Freiheit nutzen: Sie trinken statt zu arbeiten. Natascha war der Meinung, der Film zeige die Wahrheit, aber ihre Freunde wollten nicht glauben, daß die Menschen so lebten, und hielten ihn für eine Lüge.

Während Natascha froh war über die neue Freiheit und sagte: »Es war an der Zeit, daß wir aus unserer Apathie erlöst wurden und Verantwortung übernahmen«, beklagten sich ihre Freunde, obwohl sie sich jetzt bessere Kleidung und neue Autos leisten und auch ihre Wohnungen renovieren konnten. Ihr Haupteinwand war, daß sie jetzt mehr arbeiten müßten. Sie träumten davon, durch Nichtstun reich zu werden, wie viele andere.

Um den Streß und die Aufregungen zu vergessen, die mit der neuen Freiheit einhergingen, ließen sie sich mit der mexikanischen Fernsehserie »Auch die Reichen weinen« oder so etwas wie der Santa Barbara-Serie berieseln. »Sie haben die Politik und ihre eigenen Probleme einfach satt. Sentimentale Geschichten über die Schwierigkeiten anderer Leute oder über das Leben der Reichen anderswo faszinieren die russischen Zuschauer ungeheuer«, sagte Natascha.

Der Zug nach Belgorod war voll von »Datschniks«, die mit Eimerladungen von Pflaumen, Äpfeln und Kartoffeln in die Stadt zurückkehrten. Wir mußten die ganze Fahrt über stehen. Damit die Zeit schneller verging, erzählte mir Natascha von Erlebnissen, die sie in diesem Zug schon früher gehabt hatte. Einmal kippte ein Betrunkener einen Karton mit Küken aus, die von den Passagieren wieder eingesammelt wurden. Ein anderes Mal wurden die Fahrgäste spät in der Nacht von einer Horde Hooligans terrorisiert, die entweder betrunken oder bekifft waren. Als sie allerdings merkten, daß Natascha keine Angst vor ihnen hatte, ließen sie sie in Ruhe. »Wenn sie mich angegriffen hätten, wäre mir niemand zu Hilfe gekommen«, sagte sie.

Als ich mich erkundigte, ob es in Belgorod Drogenprobleme gäbe, antwortete sie, daß die Zeitungen zwar darüber schrieben, aber von ihren Studenten keiner zur Szene gehöre. Dafür hätten einige Beziehungen zur Unterwelt. Sie erzählte von einer Klasse von Berufssportlern, die sich an der Universität zu Sportlehrern ausbilden ließen. Der akademische Abschluß gilt noch immer als Prestigesymbol, obwohl wenige ihn später wirklich nutzen. Die meisten arbeiten weiter als Leibwächter, Gangster und in anderen Metiers, von denen sie lieber nichts wissen wollte. »Sie fahren vor dem Institut in BMWs und Volvos vor, und wenn sie eine Nacht getrunken oder sonstwie durchgemacht haben, schlafen sie in meinem Kurs ein. Als ich sie mal gefragt habe, warum sie sich den Grad nicht einfach kaufen, statt fünf Jahre lang Lehrer und Verwaltung zu bestechen, um die nötigen Examen zu bestehen, antworteten sie, das sei nicht gestattet.« Natascha wies ihre Schmiergelder zurück, aber wenn sie ihnen schlechte Noten gab und sie durchfallen ließ, bekam sie Ärger mit der Verwaltung. Das erinnerte mich an die Schwierigkeiten der Deutschlehrerin Tanja.

Als wir endlich zu Hause ankamen, waren wir beide todmüde, aber vor dem Schlafengehen mußten wir erst noch die Wassermelone essen, die wir an einem Stand gekauft hatten. Natascha erklärte nämlich, das habe eine reinigende Wirkung und werde mir nach dem anstrengenden Tag bestimmt guttun.

Dann wollte sie, daß ich ihr Bettsofa nähme, während sie auf dem Boden schliefe. Ich schlug diese Geste der Gastfreundschaft aus, und so sollte eine Münze entscheiden. Ich gewann tatsächlich das Bett.

Der nächste Tag war Belgorod gewidmet. Die Stadt ist so kompakt angelegt, daß wir beschlossen, zu Fuß zu gehen. Während wir durch die Straßen wanderten und ich Nataschas Kommentaren lauschte, bemerkte ich unbewußt die Ähnlichkeiten und Unterschiede zwischen dem riesigen Moskau mit seinen über zehn Millionen Einwohnern und dem kleinen Belgorod, wo weniger als 400 000 Menschen leben. In beiden Städten sind Bermudas unter den modebewußten weiblichen Teenagern besonders beliebt, und Pitbullterrier gelten bei den Reichen offensichtlich auch hier als Statussymbol. In beiden Städten liegen gelegentlich Alkoholiker auf den Bürgersteigen, die von den Passanten weitgehend ignoriert werden. Moskau hat den Gorki-Park und Belgorod den Lenin-Park, und in beiden gibt es Süßigkeiten und Amüsement für die Kinder. Da für Ausbildung auch in Belgorod Geld fehlt, erfreuen sich Kollegs für zahlungskräftige Studenten, die an den Universitätsprüfungen scheitern würden, großer Beliebtheit.

Beeindruckt war ich von der Sauberkeit in Belgorod. Warum hat Moskau nicht auch Abfalleimer an jeder Bushaltestelle, und warum werden die Mülltonnen dort nicht regelmäßig geleert?

Die Balkone russischer Wohnungen werden gewöhnlich als Lagerraum genutzt, und die Bewohner im Erdgeschoß sind dabei natürlich immer im Nachteil. In Belgorod hat eine Verordnung 1992 diese Ungleichheit beseitigt. Seither kann man eine Genehmigung zum Bau einer Terrasse zu ebener Erde bekommen. Einige haben den Weg durch den Dschungel der Bürokratie bereits geschafft; ihre Anbauten ähneln allerdings mehr einem Extraraum als einer Terrasse.

Bei einem Wohnhaus an der Hauptstraße wies mich Natascha auf eine Plakette hin, die noch aus der Stalinzeit stammte. Darauf stand der Name des Hauswarts aus jenen Jahren. Auch seine Adresse und seine Telefonnummer waren aufgeführt für den Fall, daß die Menschen seinerzeit Beschwerden hatten oder sich über ihn bei den Behörden beklagen wollten.

In Belgorod gibt es tiefverwurzelte kommunistische Traditionen, die – im Gegensatz zu Moskau – auch noch sichtbar sind. In der Stadt stehen nach wie vor mehrere Lenin-Denkmäler, etwa auf dem zentralen Platz, der wie ein kleiner Roter Platz aussieht, aber Lenin-Platz heißt. Die mächtige Statue steht vor dem einstigen Hauptquartier der KPdSU, in dem jetzt die Stadtverwaltung residiert. Die Behörden ließen sich bis 1994 Zeit, um den Schriftzug »Lenin ist mit uns« zu entfernen, wie Natascha in vorwurfsvollem Ton berichtete. Einst fanden auf dem Lenin-Platz die kommunistischen Demonstrationen statt, jetzt ist er zum Versammlungsort von Demokraten und Kommunisten geworden.

Parolen wie »Ruhm den fortschrittlichen sowjetischen Wissenschaften« oder »Ruhm den sowjetischen Bauarbeitern« stehen heute noch auf den Dächern von Gebäuden. In Moskau sind sie längst entfernt und von westlicher Reklame abgelöst worden, etwa von der riesigen Marlboro-Werbung, die sich auf einem Gebäude gegenüber dem Weißen Haus befindet.

Doch der westliche Einfluß ist in Belgorod nicht so deutlich wie in Moskau. Die meisten Autos stammen aus russischer Produktion; es wird vorsichtig gefahren, und auch die Verkehrsregeln werden beachtet. Staatliche Läden mit einheimischen Erzeugnissen sind hier weitaus verbreiteter als Privatgeschäfte mit Importwaren. Der extravaganteste Privatladen in Belgorod heißt »Podarki« (Geschenk), und er ist voll mit jungen »neuen Russen«, die ihr Geld wie betrunkene Seeleute mit vollen Händen ausgeben. »Absolut« ist der begehrteste Wodka hier, und er wird gekauft, als sei es Wasser.

Auch die Kioske in Belgorod unterscheiden sich von denen in Moskau. Statt ausländischer Waren werden mehr hiesige angeboten, und in einem hängt sogar ein Schild »Hier wird einheimisches Fleisch ge- und verkauft«.

Natascha ging lieber auf einen der Märkte, wo die Waren frischer und deutlich billiger sind als in den Läden und Kiosken. Und ein Besuch auf dem Zentralmarkt gegenüber vom Stadtgefängnis wurde für mich zum multinationalen Erlebnis. Am Haupteingang verhörte ein Polizist einen jungen Mann, der ein Schild trug mit der Aufschrift »Wir kaufen Coupons«. Natascha erläuterte mir, daß die russische Regierung zu Beginn der Privatisierung jedem Bürger einen Coupon mit einem festgesetzten Wert ausgehändigt hat. Damit war der

Empfänger an einem bestimmten Unternehmen beteiligt. Der junge Mann kaufte nun diese Scheine für eine Wirtschaftsgruppe auf, die auf diese Weise frühere Staatsbetriebe in ihren Besitz bringen wollte. Viele Menschen verstanden nicht, was es mit den Coupons auf sich hatte, und verkauften sie, um zu Geld zu kommen. Andere, wie Natascha, tauschten sie gegen Anteile an einer Investmentfirma und machten entweder einen großen Gewinn oder verloren alles.

Natascha hat ihren Coupon für MMM eingesetzt, ein Unternehmen, das dank seiner großangelegten Werbekampagne zur bekanntesten Investmentfirma in Rußland geworden ist. Überall hängen MMM-Plakate; in speziellen TV-Spots wendet sich das Unternehmen an Arbeiter und Rentner, die offensichtlich als besonders gutgläubig gelten. Lieblingsmotiv ist ein Arbeiter, der über Nacht reich wird, weil er sein Geld bei MMM angelegt hat. Fast jeder erinnert sich noch an den Tag, an dem die Firma sämtlichen Moskauern Freifahrten spendierte.

Als Natascha ihren Coupon bei MMM investierte, hatte er einen Wert von zehntausend Rubeln. Hätte sie ihn drei Monate später wieder verkauft, hätte sie hunderttausend Rubel dafür erhalten. Doch sie wartete ab, weil sie noch mehr herausholen wollte, und derweil brach das Unternehmen zusammen, so daß sie, wie Millionen andere, ihren ganzen Einsatz verlor.

Der Markt ähnelte einem großen Basar. Von Katzen, Hunden, Vögeln und Kaninchen bis zu Bekleidung und Lebensmitteln gab es hier alles zu kaufen, und die Gesichter der Händler verrieten die Herkunft ihrer Waren. Aus Zentralasien kamen Teppiche, Melonen, Hammelfleisch und Fladenbrot, aus Georgien besondere Gewürze; die Ukrainer boten Wurst an und die Russen Obst und Gemüse, das aussah, als sei es erst am Morgen geerntet worden. An einem Lastwagen mit einem Tank voll Rohmilch stand eine Menschenschlange mit Kannen. Ich erkundigte mich nach den Preisen, und mir fiel auf, daß Lebensmittel hier um ein Drittel billiger waren als in Moskau. Kein Wunder, daß Natascha ihre Verpflegung in die Hauptstadt immer mitnahm.

Als wir den Markt verließen, blieb ich stehen, um mir an einem Straßenstand große Brocken einer unidentifizierbaren Masse anzuschauen. Es handelte sich um Hefe, und da ich Hefe nur mit Brot in Verbindung bringen konnte, fragte ich, ob in Belgorod denn so viel gebacken würde. Lachend verriet mir Natascha, daß die Hefe für »Samagon« gebraucht wird – hausgebrannten Schnaps. Der Wodka im Laden hat einen Alkoholgehalt von 40 Prozent und der halbe Liter kostet 2000 Rubel. Der selbstgemachte Stoff aus Hefe, Wasser und Zucker ist dagegen viel billiger und darüber hinaus doppelt so stark wie der gekaufte. »Darum ist Hefe so gefragt«, sagte sie.

Als nächstes gingen wir in eine Buchhandlung, in der Natascha vor einem Jahr Bücher aus Moskau bestellt hatte. Auf der ausgehängten Liste mit neu eingetroffenen Titeln waren ihre nicht verzeichnet. Während sie schmökerte, versuchte ich herauszufinden, was sonst so gelesen wird. In einem Regal standen nur Science-fiction-Bücher, Liebesromane und Krimis.

»Das ist die Lieblingslektüre der jungen Leute«, sagte Natascha im Vorübergehen.

In einem anderen Regal fand ich hübsch illustrierte Kinderbücher, die es früher nur in Moskauer Devisenläden gegeben hatte. Die zwei Monate alte russische Ausgabe einer Burda-Modezeitschrift lag ebenso neben der Kasse wie ein Exemplar von Burdas deutscher »Umstandsmode«, während die russischen Klassiker und politische Bücher in eine Ecke gedrängt worden waren.

»Früher waren viele Titel aus ideologischen Gründen verboten, andere waren dagegen Pflichtlektüre. Heute können die Leute lesen, was sie wollen«, sagte Natascha. »Aber ich bin mit den Intellektuellen nicht einer Meinung, die den Niedergang der russischen Kultur beklagen, weil jetzt mehr Liebesromane als Klassiker gelesen werden.«

Dafür beklagte Natascha das Fehlen internationaler Veröffentlichungen, die für ihre Arbeit wichtig sind. »Früher waren ausländische Fachbücher verboten, und heute sind sie zu teuer.« In der Vergangenheit konnte ihr Institut immerhin Bücher und Zeitschriften aus Moskau ausleihen, weil die Regierung die Transportkosten übernahm. Doch jetzt sind die Mittel dafür gestrichen worden, und Natascha ist gezwungen, selbst in die Hauptstadt zu fahren, um sich dort in den Bibliotheken umzusehen.

Wir kamen an einem großen Gebäudekomplex vorbei, bei dem es sich laut meiner Begleiterin um Energomasch handelte, eine Dampfkesselfabrik, die einst der größte Betrieb der Stadt war. Doch jetzt waren Leute entlassen worden, und die Arbeitszeiten mußten verkürzt werden, damit die Verluste – wie in vielen anderen Fabriken in Belgorod – abgebaut werden könnten. Eine neue Einkommensquelle hat Energomasch sich damit erschlossen, daß es sein Sportstadion für Veranstaltungen vermietet. Andere Firmen, die ihren Angestellten keine Gehälter mehr zahlen können, geben ihnen fabrikeigene Produkte, die sie dann privat verkaufen dürfen. Arbeitslosigkeit ist inzwischen ein ernstes Problem in Belgorod geworden.

Für Natascha ist das allerdings eher ein psychologisches Problem als ein materielles. »Der Boden hier ernährt alle«, sagte sie.

Unser Weg führte uns weiter durch die »Kommunistische Straße«, die ironischerweise inzwischen zur Wall Street von Belgorod geworden ist und in der die meisten »Geldwechsel«-Schilder hängen. Als ich Natascha fragte, warum vor der einen Bank bewaffnete Wachmänner im Tarnanzug stehen, während vor der benachbarten keine Sicherheitsleute zu sehen sind, erklärte sie mir kichernd: »Die erste ist eine Privatbank mit Geld und die zweite eine staatliche ohne Geld.« Das brachte uns auf das Thema Kriminalität in der Stadt. »Die schlimmen Verbrechen passieren hier in den Wohnungen und den Restaurants, nicht auf der Straße«, sagte Natascha.

In Moskau ist das anders: Dort kommt es mittlerweile so häufig zu Schießereien auf der Straße, daß sie kaum noch Schlagzeilen hergeben.

Das Haus der Kultur sieht – wie viele der grauen Gebäude in Belgorod – ziemlich heruntergekommen aus. Vor einem Jahr hat hier noch eine »Performance« des amerikanischen Baptistenpredigers Perry Parks stattgefunden, an der Natascha teilgenommen hat. Auf einem Plakat wurde jetzt ein neuerlicher Besuch des Predigers in Belgorod angekündigt, und Natascha sagte: »Seine Popularität hängt mit der Neugier der Leute auf Erfahrungen zusammen, die sie früher nicht machen konnten, weil sie verboten waren. Sie betrachten einen Abend mit Perry Parks als Unterhaltung.«

Die Nummer »666«, die in schwarzer Farbe an eine Hausecke gemalt worden ist, ist das Zeichen einer der neuen Sekten, die auch in Belgorod Anhänger gefunden haben. »Mitglieder der Satana-Bewegung haben dieses Antichrist-Zeichen dahin gekritzelt«, sagte Natascha.

In Moskauer Tageszeitungen habe ich Artikel gelesen, in denen junge Leute davor gewarnt werden, sich diesen Sekten anzuschließen; und eines Abends bekam auch ich unerwarteten Besuch von einer Frau Anfang Zwanzig, die so harmlos aussah, daß ich meine Flurtür öffnete. Als sie meinen Akzent erkannte, redete sie auf Englisch weiter und erklärte mir, daß sie Geld sammele für eine besondere Sache. Dann erzählte sie, daß sie zur Moon-Sekte gehöre – und damit war unsere Unterhaltung beendet. Mit einem Lächeln verließ sie mich.

Bis zur Oktoberrevolution war Belgorod für seine Kirchen und Klöster berühmt, doch dann wurden die Religionen verboten, und die Gotteshäuser und Klöster entweder geschlossen oder in staatliche Gebäude umgewandelt. Mit dem Wiederaufleben der Religionsgemeinschaften Anfang der neunziger Jahre wurden in Moskau zahlreiche Kirchen restauriert, und die Zeitungen berichteten auch, wenn Jelzin an Gottesdiensten oder anderen Zeremonien teilnahm. In Belgorod jedoch lehnten die Behörden anfangs alle Bemühungen des Klerus ab, die Kathedrale, aus der ein stadtgeschichtliches Museum geworden war, wieder in ein Gotteshaus zurückzuverwandeln. Erst nach dreijährigen Auseinandersetzungen konnte sich die Geistlichkeit durchsetzen, und nun hat die prächtige grün-weiße Kirche, das architektonische Wahrzeichen der Stadt, wieder ihre alte Bestimmung erhalten.

Außer der Kathedrale hat Belgorod keine Sehenswürdigkeiten zu bieten. Am Ende des Krieges waren von den

39 000 Einwohnern gerade noch hundertfünfzig Menschen übrig; fast alle historischen Gebäude waren zerstört. Aus der ganzen Sowjetunion wurden dann Leute hergeschickt, um die Stadt so rasch wie möglich wiederaufzubauen, und die meisten von ihnen blieben hier.

Ein typisches Relikt aus den fünfziger Jahren ist ein heruntergekommener Betonklotz, in dem sich die Entbindungsklinik befindet.

»Es lohnt sich nicht, ihn zu renovieren, denn die Geburtenrate ist in letzter Zeit drastisch gesunken«, sagte Natascha. »Vor ein paar Jahren lagen in jedem Zimmer noch fünf bis sechs Frauen; heute hat jede schon einen Raum für sich.«

Die steigenden Lebenshaltungskosten sorgen dafür, daß immer weniger Frauen Kinder bekommen wollen; in den Zeitungen stehen häufig Leserbriefe kinderreicher Mütter, die sich über ihr hartes Los beklagen. Früher ermutigte der Staat die Frauen zu Schwangerschaften und zeichnete Mütter als Heldinnen aus. Heute ignorieren die Behörden die Forderungen nach mehr Wohnraum und mehr Kindergeld, das kaum für ein bißchen Obst und Gemüse reicht. In einem Brief warnte eine empörte Mutter alle Leser, die sich vielleicht Kinder wünschen, davor, sich ihren Wunsch zu erfüllen, denn der Staat würde sich erst dann an sie erinnern, wenn der Sohn ins wehrpflichtige Alter käme.

Gegenüber der Klinik befand sich eine private Apotheke, die weitaus mehr Medikamente hatte als die staatliche, allerdings auch deutlich teurer war. Für Rentner, die in einem System gelebt haben, in dem das Gesundheitswesen vom Staat finanziert wurde, sind Arzneien inzwischen zu Luxusgütern geworden.

Während unseres Spaziergangs wurde Natascha von vielen Menschen gegrüßt, wie es in einer Stadt, in der man die Gesichter kennt, üblich ist, und noch bevor sie mich vorstellen konnte, redeten sie mich auf Englisch an. Nur einmal wurde ich für eine Italienerin gehalten. Nachdem ich mir soviel Mühe gegeben hatte, meine Herkunft zu verbergen, fragte ich Natascha, woran ich als Ausländerin zu erkennen sei. »Die Kleidung spielt dabei keine große Rolle«, erklärte sie mir, »aber dein Gesichtsausdruck und die Art, wie du schaust und dich bewegst. Du strahlst Selbstbewußtsein aus und gehst mit einer gewissen Würde. Du siehst die Menschen direkt an, während wir einen längeren Augenkontakt vermeiden. Die Russen haben es nicht gelernt, Selbstvertrauen zu entwickeln, egal wie reich sie sind. Du erkennst das an ihren unbeholfenen Bewegungen und an ihren Gesichtern.«

Unsere letzte Station war das Postamt, wo Natascha ihre Briefe und anderen Sendungen abholte. Nachdem ihre Post im Institut immer wieder geöffnet worden war, ließ sie nun alles ans Hauptpostamt schicken, wo niemand sich daran zu schaffen machte. Während sie sich an einem Schalter anstellte, ging ich hinüber zu einem anderen, wo man Faxe absenden und kopieren konnte.

Belgorod erwies sich im großen und ganzen als kleinere Ausgabe von Moskau – mit einer Ausnahme. »In der Provinz hat der einzelne mehr Möglichkeiten, Eigeninitiative zu entwickeln und etwas zu erreichen, denn hier gibt es nicht so viele, die ihm Hindernisse in den Weg legen können«, sagte Natascha. Mit dieser Bemerkung kehrten wir in das Wohnheim zurück, wo uns gleich ein Problem erwartete.

Kaum hatten wir die Tür zu Nataschas Zimmer hinter uns geschlossen, als von draußen leise angeklopft wurde. Natascha verschwand für ein paar Minuten, um mir nach ihrer Rückkehr mitzuteilen, daß die Aufseherin des Wohnheims »furchtbar wütend« sei. Die Rentnerin, die unten in der Halle am Tresen saß und sich mit Natascha gut verstand, hatte sie eben händeringend gebeten, die Frau zu besänftigen, denn sonst verlöre sie ihren Posten. Eine Putzfrau hatte die Aufseherin über meinen Besuch informiert, und die Rentnerin hatte daraufhin einen Rüffel erhalten, weil sie meine Anwesenheit verheimlicht hatte. Wir eilten aus dem Haus, um eine Pralinenpackung zu kaufen, und damit ausgerüstet, betraten wir das Büro der Drei-Zentner-Respektsperson, die uns feindselig anblickte. Ihr Gesichtsausdruck änderte sich schlagartig, als wir unser Geschenk übergeben und uns wortreich entschuldigt hatten. Verlegen erklärte sie uns, daß sie nun einmal auf die Einhaltung der Vorschriften achten müsse, und die besagten, daß ich eine Erlaubnis zum Übernachten im Wohnheim benötigte. »Das ist in Moskau bestimmt anders«, fügte sie hinzu. Ich stimmte ihr zu und teilte ihr mit, daß ich noch heute abend abreisen würde und damit das Problem aus der Welt geschafft sei. Ich müßte nur noch einmal in Nataschas Zimmer zurückkehren, um meine Taschen zu packen.

Vor dem Bahnhof bat eine Nonne um Spenden für die Restaurierung eines Klosters; ein junger Mann, barfuß und in Lumpen, hastete an uns vorbei. Obdachlose, vermutlich Flüchtlinge aus Zentralasien, hockten an einer Wand, neben sich Plastiktüten mit ihren wenigen Habseligkeiten. Vor dem Fahrkartenschalter streute eine Frau Sägespäne auf den

Boden, goß Wasser darüber und fegte das ganze beiseite. »Wir haben keine Reinigungsgeräte oder gar -maschinen«, kommentierte Natascha dieses Vorgehen. »Wir machen alles noch mit der Hand, wie vor zweihundert Jahren.«

Drei Fremde saßen mit in meinem Abteil, und nach ein paar höflichen Begrüßungsworten schwiegen die Männer, bis wir Moskau erreichten. Ich war dankbar für die Ruhe, denn so hatte ich Zeit, über Belgorod nachzudenken, diese Stadt, von der ich gerade mal einen ersten Eindruck gewonnen hatte.

Patienten im Notstand

»Dies ist ein Land für Gesunde«, sagte ein Arzt, der über fünfundzwanzig Jahre in einer Poliklinik gearbeitet hat. »Die medizinische Katastrophe ist nur ein Teil der totalen Katastrophe in diesem Land«, sagte ein anderer. Die offiziellen Statistiken belegen das Ausmaß dieser Tragödie. Nur eines von fünf Kindern wird gesund geboren. Die durchschnittliche Lebenserwartung der Männer ist von zweiundsechzig auf neunundfünfzig Jahre gesunken. Die Sterblichkeitsrate ist um zwanzig Prozent gestiegen.

Als eine Freundin nach einem gefährlichen Sturz ihrer Großmutter beim ärztlichen Notdienst anrief, wollte niemand kommen. Die Verunglückte sei ja schon neunzig Jahre alt, sagten sie. Bei einer anderen Gelegenheit verlangte die unhöfliche Stimme am Telefon, der Anrufer möge gefälligst die Namen und das Alter der Leute ermitteln, die bei einem schweren Verkehrsunfall vor ihrer Wohnung verletzt worden waren, ehe er den Wagen losschickte. Die todkranke Schwester der Kassiererin in einer Bäckerei bekam erst ein Bett in einem Krankenhaus, nachdem ihre Schwester sich Geld geliehen hatte, um den Stationsleiter zu bestechen. Und meine Putzfrau mußte die Rente eines ganzen Monats für Medizin ausgeben, die früher kostenlos abgegeben wurde.

Wer allerdings den richtigen Posten und die richtigen Verbindungen hat, um im vornehmen Kreml-Krankenhaus aufgenommen zu werden, oder über die finanziellen Mittel verfügt, um als Privatpatient in eine der Spezialkliniken gehen zu können, bekommt eine erstklassige Behandlung. Das bedeutet: Fachärzte, notwendige Medizin, moderne Geräte, ausgezeichnete Verpflegung und Betreuung in komfortablen Räumen.

Seit Ende der achtziger Jahre spielt die medizinische Unterstützung aus dem Ausland bei der Rettung von Menschenleben eine wichtige Rolle. Das zeigt sich vor allem in dem Kinderkrankenhaus der Russischen Föderation in Moskau (dem früheren Kinderkrankenhaus der Republik). In dieser staatlichen Tausend-Betten-Klinik werden die schwersten Fälle aus ganz Rußland kostenlos behandelt; Kinder aus anderen Republiken werden gegen Bezahlung aufgenommen. Seit Gorbatschow die finanziellen Mittel für eine moderne medizinische Ausrüstung zur Verfügung gestellt hat, ist dies ein Haus von besonderem Rang. Doch was nützen die besten Geräte, wenn wichtiges Zubehör fehlt und auch kein Geld für Reparaturen da ist. Ein Elektrokardiogramm ohne Papier taugt ebensowenig wie ein Röntgengerät ohne Film.

Nach dem Erdbeben in Armenien 1988 durfte ich die Traumatologische Abteilung dieses Krankenhauses besuchen, in der mehrere schwerverletzte Opfer behandelt wurden. Die Verwaltung hatte damals gehofft, daß diese Einladung dazu beitragen könnte, medizinische Unterstützung aus Deutschland zu bekommen. Der sehr engagierte Einsatz der Ärzte, der Schwestern und des übrigen Pflegepersonals, die sich rund um die Uhr um jeden Patienten ganz persönlich kümmerten, beeindruckte mich so sehr, daß ich ein Jahr später die deutsche humanitäre Hilfsorganisation »Tür zu Tür« gegründet habe. Sie ist eine der wenigen privaten Organisationen, die heute in Moskau ein Büro haben. Ihre Aufgabe ist es vor allem, sich um die medizinische Versorgung der Russen zu kümmern, und die meisten Spenden aus Deutschland sind in die Vierzig-Betten-Abteilung von Dr. Alexander Kusin geflossen, dem Chefchirurgen der Traumatologie.

Ich war von der Arbeit, die er zusammen mit vier Ärzten und siebzehn Schwestern leistet, so überzeugt, daß ich mich bei von »Tür zu Tür« dafür einsetzte, ein Arthroskop anzuschaffen, über das nur wenige Moskauer Kliniken verfügen und mit dem allein bestimmte Erkrankungen der Gelenke operiert werden können. Nachdem Dr. Kusin mit führenden Spezialisten auf dem Gebiet im Kölner Eduardus-Krankenhaus zusammengearbeitet hatte, begleitete ihn Dr. Glöckner aus der Klinik nach Moskau, um dort eine Woche lang mit seinem russischen Kollegen zu operieren.

Von den jungen Patienten, die ich in der Traumatologischen Abteilung kennengelernt habe, ist jetzt nur noch Oleg da. Seine Mutter hat ihn kurz nach seiner Geburt ausgesetzt, und im Alter von sechs Monaten kam er aus einem Waisenhaus zu Dr. Kusin. Als ich ihn das erste Mal sah, hatte er so viele Deformierungen, daß ich mir nicht vorstellen konnte, wie man diese mißgestalteten Arme und Beine, Füße und Finger und auch noch seinen Mund korrigieren sollte. Doch im Laufe der Jahre geschah vor meinen Augen ein Wunder. Oleg ist inzwischen fünf und kann auf Krücken über den Flur laufen und seinen Wohltätern in die Arme springen. Dr. Kusin hat aus einer Mißgeburt einen Jungen gemacht, der sich von seinen Altersgenossen kaum unterscheidet.

Wanja, ein achtjähriger Junge, der mit einem deformierten Arm und einer deformierten Hand zur Welt kam, gehört auch zu Dr. Kusins Erfolgsfällen. Nach mehreren Operationen kann er seine Hand inzwischen so gut gebrauchen, daß er »beim Spielen« im Hof des Krankenhauses aus dem Wagen eines leitenden Arztes einen Kassettenrecorder ausbaute.

In den vergangenen sechs Jahren habe ich miterlebt, wie drastisch die öffentlichen Mittel im medizinischen Bereich gekürzt worden sind. Dr. Kusins Abteilung ist immer dringender auf Unterstützung von Organisationen wie »Tür zu Tür« und »Kinderhilfe Rußland«, eine Privatinitiative in Hannover, die von der überaus tüchtigen, engagierten und liebenswürdigen Doris Petrak geleitet wird, angewiesen. Wenn wir ihn nicht mit sterilisierten Handschuhen, Bandagen, Spritzen, Operationsmaterial oder Desinfektionsmitteln versorgt hätten, wäre er auf die spärlichen Zuteilungen angewiesen gewesen, die ihm das Krankenhaus gelegentlich zur Verfügung stellt. Zehn Dosen mit jeweils zehn Meter Bandagen war beispielsweise eine Ration, die er für drei Monate von der Klinik bekam.

Als ich erfuhr, daß er Vorbereitungen traf, um Kinder aus Tschetschenien aufzunehmen, wartete ich eigentlich auf seinen Anruf, um zu hören, wie »Tür zu Tür« ihm dabei helfen könnte. Doch der Anruf kam nie. Die Regierung wollte keine Hilfe, sie war offensichtlich mehr daran interessiert, negative Berichte in der Presse zu vermeiden, als den verletzten Kindern zu helfen. »Jedesmal, wenn ich etwas brauche, muß ich anfangen zu betteln«, klagt Dr. Kusin, »und das ist entwürdigend. Die Verwaltung behandelt mich, als ob ich etwas für mich selbst haben wollte und nicht für meine kleinen Patienten.«

Als er zum Beispiel ein Spezialgerät zum Strecken der Beine haben wollte, lehnte die zuständige Oberbuchhalterin, deren fragwürdige Praktiken inzwischen von einer Regierungskommission untersucht wurden, die Bitte mit der Begründung ab, es seien keine Mittel vorhanden. Andererseits hatte die Beamtin keine Schwierigkeiten, ihren Kollegen teure, moderne Telefonapparate zu bewilligen – zu einer Zeit, in der Dr. Kusin aus Mangel an Anästhetika zwei Wochen lang nicht operieren konnte. Also sprang unsere Organisation ein.

Die Krankenhausverwaltung hat freilich nicht nur seine Wünsche ignoriert, sondern obendrein auch noch oft unnötige Dinge eingekauft. So bekam er einmal zwei Badewannen, die er gar nicht erst auspackte. Solche Artikel wurden nach seiner Vermutung nur bestellt, weil die Herstellerfirma den zuständigen Mitarbeiter des Krankenhauses mit einem großzügigen Geschenk oder einer Geldsumme bestochen hatte.

Auch viele von Dr. Kusins engagierten Kollegen äußern sich skeptisch über die Verwaltung, die etliche als eine Mafia von Alkoholikern bezeichnen. Die Klagen von Eltern, deren Kinder vermutlich aufgrund von Fehlbehandlungen in Abteilungen gestorben waren, in denen alkoholabhängige Ärzte arbeiteten, stießen jedenfalls auf taube Ohren. Als die Hamburger Speditionsfirma Klingenberg, deren Besitzer uns tatkräftig unterstützt, einmal eine Hilfssendung unserer Organisation im Krankenhaus ablieferte, war ein leitender

Mitarbeiter der Verwaltung so betrunken und benahm sich so unverschämt, daß wir eine offizielle Beschwerde einreichten.

»Die Verwaltungsmafia sorgt in erster Linie für sich selbst«, bekam ich immer wieder zu hören. Das elegante und bequeme Mobiliar in ihren Büros steht denn auch im krassen Gegensatz zu den kaputten Betten und Stühlen für die Kinder. Dort trinkt man Tee aus Tassen, hier muß man sich mit ehemaligen Einmachgläsern begnügen. »Ich verstehe ja, daß die Verwaltung einen guten Eindruck machen muß, aber wir haben es hier mit schwerkranken Kindern zu tun, und deren Bedürfnisse sollten Vorrang haben«, sagte mir ein Arzt.

Vor der Auflösung der Sowjetunion bekam die Traumatologische Abteilung ihren Gips aus einer Fabrik in der Ukraine. Doch inzwischen sind die Beziehungen dorthin unterbrochen, und Dr. Kusin macht sich große Sorgen, ob er in Zukunft noch genügend Geld aufbringen kann, um das Material anderswo einzukaufen. Früher belieferten sich die Sowjetrepubliken in einer Art Tauschhandel untereinander; mittlerweile sind viele ihrer Produkte für den russischen Markt zu teuer. Eine russische Firma wiederum, die hochwertige medizinische Bohrer zehnmal billiger anbot, als vergleichbare amerikanische Geräte kosten, ist bankrott gegangen.

»Was produziert Ihr Land denn heute noch an Dingen, die Sie hier brauchen?« wollte ich von Dr. Kusin wissen. Er dachte lange nach, und dann zählte er ein paar Medikamente auf. »Niemand hat Interesse daran, ins Gesundheitswesen zu investieren«, fügte er hinzu, »denn es ist nicht profitabel. Eine gutausgerüstete Waffenfabrik stellt heute lieber mit Gewinn Kaffeemühlen anstelle medizinischer Geräte her, die in der Qualität auf dem Weltmarkt ohnehin nicht mithalten können und darum kaum Käufer finden.«

Wenn in der Vergangenheit Artikel wie Bandagen oder bestimmte Medikamente fehlten, hat Dr. Kusin sie manchmal von seinem schmalen Gehalt gekauft. Heute kann er sich das nicht mehr leisten. Kürzlich haben er und seine Mitarbeiter bei den Eltern, die mit ihren Kindern in seiner Abteilung leben, leere Flaschen eingesammelt und mit dem Geld, das sie für das Pfand bekamen, Arzneien erstanden. »Es schmerzt, wenn man Eltern sagen muß, daß wir ihre Kinder nur operieren können, wenn sie uns die dafür nötigen Sachen selbst kaufen, aber wir haben inzwischen keine andere Wahl«, sagte Dr. Kusin.

Dr. Drosdow, der medizinische Direktor, beklagte in einer Unterhaltung, daß die Mittel für das Gesundheitswesen um siebzig Prozent gekürzt worden sind. In einem Zeitungsartikel wurde das folgendermaßen kommentiert: »Die USA geben gut zwölf Prozent ihres Staatshaushaltes für Gesundheit aus. In England beträgt die Summe sechs Prozent. Rußland wendet dafür in diesem Jahr (1995) etwas weniger als ein Prozent auf, ungefähr soviel wie die ärmsten Staaten Afrikas. Vergangenen Sommer teilte das russische Gesundheitsministerium mit, daß die Hälfte der 21 000 Krankenhäuser des Landes keine Warmwasserversorgung hat, ein Viertel hat kein Abwassersystem, und in einigen tausend gibt es überhaupt kein fließendes Wasser.« (New York Times vom 19. Februar 1995)

Dr. Drosdow sorgte sich auch, weil nicht genügend Geld da ist, um die Gehälter des medizinischen Personals zu bezahlen. »Das Gesundheits- und das Erziehungswesen sind seit jeher mit dem finanziert worden, was übrigblieb. Erst wenn das Militär, die Schwer- und die Leichtindustrie und alle anderen ihren Teil erhalten haben, kommen wir und die Erziehung dran«, erklärte er. »Die Mittel sollen eigentlich durch die Steuern aufgebracht werden, aber da kaum einer die aberwitzig hohen Abgaben zahlt, ist der Staat praktisch bankrott.«

Seit Jahren bereits sind Lehrer und medizinisches Personal schlecht bezahlt worden, aber in der Vergangenheit konnten sie zumindest von ihrem Verdienst leben. Heute zwingt die Inflation viele, die nicht von ihrer Familie unterstützt werden, sich andere Jobs zu suchen. Schon gibt es einen ernsten Mangel an Krankenschwestern, denn ihr Gehalt reicht gerade mal für die Monatskarte der öffentlichen Verkehrsmittel, mit denen sie zur Arbeit fahren.

Dr. Kusin hat Jahre dafür gebraucht, sein jetzt eingespieltes Schwesternteam aufzubauen, und als er mir eines Tages sorgenvoll mitteilte, daß einige ihn wohl demnächst verlassen müßten, um sich weiter über Wasser halten zu können, gründete »Tür zur Tür« ein neues Programm. Jede Schwester bekommt fortan monatlich zwanzig Mark; das ist mehr als ihr Gehalt.

Kaum hatte sich diese Neuigkeit im Krankenhaus verbreitet, war sie auf allen Stationen das Tagesthema, berichtete mir Dr. Kusin hinterher stolz.

Die Krankenschwestern sind allerdings nicht die einzigen, die große finanzielle Probleme haben. Eine Ärztin aus meinem Bekanntenkreis, die seit dreißig Jahren in einer Poliklinik arbeitet, muß mit umgerechnet 45 Mark im Monat auskommen. Da sie ihren Posten, an dem sie hängt, aber nicht aufgeben will, bessert sie ihr Einkommen auf, indem sie für hundert Dollar monatlich abends als Putzfrau in einer russischen Firma arbeitet.

»Der siebenundzwanzigjährige Direktor der Firma war schockiert, als ich mich um die Stelle bewarb, und hat mich erst mal abgelehnt, weil ich überqualifiziert sei. Alle Leute in dem Unternehmen sind jung und verstehen überhaupt nicht, wie schwierig das Leben für Ärzte ist. Der Direktor hat mir sogar angeboten, mich finanziell zu unterstützen statt mir die Stelle zu geben. Aber ich habe meinen Stolz und deshalb seine Hilfe abgelehnt. Schließlich konnte ich ihn davon überzeugen, daß er mir den Job geben müsse«, erzählt sie.

Ein anderer Bekannter, ein hochqualifizierter Chirurg, hat seinen Beruf gewechselt und ist ein erfolgreicher Geschäftsmann geworden.

Von einem gewissen Alter an ist es jedoch selbst für Spezialisten nicht mehr ganz einfach, eine neue Anstellung zu finden. Eine Soziologieprofessorin an der Moskauer Staatsuniversität, die Ende Vierzig ist, mußte nach der Lektüre der Stellenanzeigen in den Tageszeitungen feststellen, daß die meisten Firmen nach Leuten unter fünfunddreißig suchen. »Sie wollen Mitarbeiter haben, denen sie noch etwas beibringen können, und nicht solche, die noch aus dem alten System kommen«, meinte sie.

Seit 1993 ragt vor dem riesigen Gebäudekomplex der Kinderklinik ein weithin sichtbares, rotierendes Signet der Firma Philips in den Farben Blau-Weiß empor, während von einem Schild mit der Aufschrift »Kinderkrankenhaus der Russischen Föderation« nichts zu sehen ist. Als ich mich bei

Dr. Drosdow erkundigte, ob Philips eine Firma in dem Hospital eingerichtet habe, entgegnete er, daß die Klinik mit Philips-Geräten arbeite und es daher sehr angenehm sei, ein Service-Büro des Unternehmens im Haus zu haben.

»Aber warum das riesige Philips-Signet statt eines Krankenhaus-Schildes?« fragte ich.

»Das war eine der Vertragsbedingungen, die wir erfüllen mußten, um das Joint-Venture abschließen zu können«, antwortet er.

Diese Erklärung kam mir genauso merkwürdig vor wie einem gutinformierten Philips-Mitarbeiter, der von dieser angeblichen Vereinbarung nichts wußte. »Sie messen der Werbung zuviel Bedeutung bei«, erklärte der Arzt daraufhin. »Uns ist sie egal.« Damit war er allerdings deutlich anderer Meinung als seine Kollegen und viele Schwestern, die das Signet eher verblüfft oder verärgert zur Kenntnis genommen haben. Schließlich gab Dr. Drosdow noch zu bedenken: »Ein Krankenhaus-Schild würde etliche tausend Dollar kosten, aber wenn unsere ausländischen Freunde uns helfen könnten ...«

Nachdem der medizinische Kundendienst von Philips in das Hospital eingezogen war, vermietete das Krankenhaus noch weitere Räume an über zwanzig andere Privatfirmen, die mit der Klinik wenig oder gar nichts zu tun haben. So gibt es inzwischen eine Bank, eine Ölfirma, eine Textilfabrik und eine Autowerkstatt. Teile der Klinik konnten vom medizinischen Personal schon gar nicht mehr betreten werden. Als ich mich erkundigte, wie groß der Beitrag dieser Mieter zum Klinikhaushalt sei, tat Dr. Drosdow die Summe als gering ab und erklärte mir zudem: »Das Krankenhaus ist daran nicht kommerziell beteiligt.«

Hätte er mit dem medizinischen Personal offen besprochen, wofür die Mieteinnahmen der Firmen verwendet wurden, oder hätten die einzelnen Abteilungen statt ständig neuer Kürzungen auch nur die geringste Verbesserung ihrer Arbeitsbedingungen erfahren, wären sicher nicht so viele Gerüchte darüber im Umlauf gewesen, daß die Gelder in privaten Kanälen verschwänden. Die Ärzte und Schwestern registrierten jedenfalls, daß es den Mitarbeitern in der Verwaltung, die offiziell kaum mehr verdienten, deutlich besser ging als ihnen. Sie trugen teure Kleidung, fuhren ausländische Wagen und bauten sich luxuriöse Datschen. Als einmal kein Krankenwagen zur Verfügung stand, um ein Kind in ein anderes Krankenhaus zu bringen, erklärte ein gutinformierter Mitarbeiter, mit dem Auto werde gerade Baumaterial zur neuen Datscha des Klinikdirektors gefahren.

Dr. Drosdow und seine Clique unterschieden sich in ihrem Bemühen, schnell reich zu werden, kaum von Gesundheitsminister Dr. Nechajew, dessen geschäftliche Aktivitäten in der »Komsomolzkaja Prawda« vom 16. März 1995 aufgedeckt wurden. 1994 hatte er verkündet, daß die russische pharmazeutische Industrie genügend Insulin produziere, um den Bedarf für das Jahr 1995 abdecken zu können. Deshalb müsse man keines importieren. Dieser schwerwiegende Irrtum hatte zur Folge, daß zehn Millionen Injektionen für Diabetiker fehlten, die nun dringend gekauft werden mußten. Gleichzeitig stellte sich heraus, daß der Minister Leiter einer der pharmazeutischen Firmen war, die Medikamente importieren.

Dr. Martin Friedrichs, Arzt an der deutschen Botschaft in Moskau, hat in siebzehnjähriger Zusammenarbeit mit Russen vor allem eine Lektion gelernt: Halte dich immer an die Ärzte, die unmittelbar für ihre Patienten verantwortlich sind, und nie an ihre Vorgesetzten, die sich in erster Linie für ihren Machterhalt und ihren Posten interessieren statt für die Kranken.

Als sich der bekannte Professor Alexander Rumantsew, Leiter des Pädiatrischen Forschungsinstituts für Hämatologie, an ihn mit der dringenden Bitte wandte, ihm eine bestimmte Infusionslösung für seine Abteilung im Kinderkrankenhaus der Russischen Föderation zu besorgen, schaffte es Friedrichs in Rekordzeit, diesen Wunsch zu erfüllen. Er hatte gehört, daß Piloten der deutschen Luftwaffe Übungsflüge über der Nordsee absolvieren mußten, um ihre Flugerlaubnis nicht zu verlieren, und so bat er darum, daß eine der Maschinen statt über dem Meer mit der Not-Medizin ins winterliche Moskau fliegen solle. Nachdem der Bitte stattgegeben worden war, versprach Professor Rumantsew, dafür zu sorgen, daß die Sendung unverzüglich vom Flughafen abgeholt werde, ehe sie einfröre. Doch Professor Rumantsew hielt seine Zusage nicht ein, und nachdem die Maschine schon auf dem Rückflug nach Deutschland war, bekam die deutsche Botschaft einen nächtlichen Anruf vom Flughafen: diplomatische Fracht sei eingetroffen. Ein Fahrer holte die Sendung ab und brachte sie kurz vor Mitternacht ins Krankenhaus, wo man sie zu dieser Zeit nur noch im Keller lagern konnte.

Als Dr. Friedrichs am nächsten Tag von einer kurzen Dienstreise nach Moskau zurückkehrte, galt seine Hauptsorge der Temperatur im Keller. Draußen herrschten 25 Grad minus, doch ein Assistent von Dr. Rumantsew versicherte ihm, in diesem Keller sei es höchstens fünf Grad kalt, obwohl er, wie er zugab, kein Thermometer besaß. Weil er der Angabe mißtraute, fuhr Friedrichs auf der Stelle ins Krankenhaus – und stellte fest, daß die Lieferung am nächsten Tag verdorben gewesen wäre. Die Kellertemperatur war viel zu niedrig für die Infusionslösungen, und so wurde sie umgehend nach oben gebracht, bis ein Raum mit geeigneter Temperatur gefunden wurde. Nach dieser unangenehmen Erfahrung suchte er fortan nach anderen Wegen, um seine Versorgungsprobleme zu lösen.

Als ich ihn allerdings einmal besuchte, um mit ihm über humanitäre Hilfe zu reden, war er schon wieder sehr aufgebracht. Die Waschmaschine, die er für eine Station mit Leukämiekranken gekauft hatte, war vom Verwaltungsdirektor mit nach Hause genommen worden. Friedrichs war gerade dabei, einen Brief zu schreiben, in dem er die Rückgabe verlangte. Als ich mich später nach der Reaktion auf den Brief erkundigte, sagte er mir, daß es zwei Wochen gedauert habe, bis die Maschine samt Zubehör wieder dagewesen sei.

Ohne Kollegen wie Dr. Natascha Schestkowa und Dr. Oleg Popow hätte Friedrichs die humanitäre Seite seiner Arbeit sicher aufgegeben und sich auf seine offiziellen Aufgaben beschränkt. Natascha arbeitet auf der Leukämiestation des Kinderkrankenhauses, und der jugendlich aussehende Oleg ist Leiter der Intensivstation, wo Leukämie- und andere Patienten behandelt werden. Beide sind engagierte Ärzte, deren ganzes Interesse der Genesung »ihrer Kinder« gilt.

Die achtunddreißigjährige Natascha hat sich schon seit fünfzehn Jahren auf die Behandlung von Leukämie spezialisiert. Der Arbeitstag von ihr und Oleg, der drei Jahre jünger ist, beginnt morgens um neun, und vor acht Uhr abends verlassen sie das Krankenhaus nie. Die Eltern von Nataschas Kindern haben ihre Telefonnummer und können sie jederzeit anrufen. Oleg hat überdies einen »Pieper« und kann rund um die Uhr erreicht werden.

Als die beiden mich eines Tages besuchten, war Oleg besorgt, weil er den ganzen Tag über noch keinen einzigen Anruf bekommen hatte. Er befürchtete, sein Pieper sei kaputt. Als er am nächsten Morgen zur Verwaltung ging, um den Fall zu klären, erfuhr er, daß die Anlage gesperrt sei, weil die letzten Rechnungen noch offen waren.

Martin Friedrichs hat Natascha und Oleg während eines Besuchs Ende der achtziger Jahre im Krankenhaus kennengelernt. Er bot ihnen seine Hilfe an, und danach rief ihn Natascha von Zeit zu Zeit an, um von ihm Medikamente zu erbitten, die es in der Sowjetunion nicht gab. Im Sommer 1990 wurde er schließlich gebeten, den Sohn eines russischen Generals zu untersuchen. Der Junge litt an Leukämie, und sein Vater wollte ihn in Deutschland behandeln lassen. Er hatte allerdings nicht das erforderliche Geld (zwischen 30 000 und 150 000 Mark), und so schlug Friedrichs vor, den Sohn mit den nötigen Medikamenten aus Deutschland in der Leukämie-Station des Kinderkrankenhauses zu therapieren. In Moskau kostet eine zweijährige Leukämie-Behandlung – einschließlich Chemotherapie mit ausländischen Medikamenten – ungefähr 10 000 Mark.

Die Behandlung des Generalssohns führte 1991 zur Gründung des »Kinderleukämie-Projekts«. Mit einem Brief an Freunde und Bekannte brachte Dr. Friedrichs zunächst 120 000 Mark zusammen. Vor allem sein Bruder, der inzwischen verstorbene Fernsehjournalist Hanns Joachim Friedrichs, engagierte sich sehr für das Unternehmen. Bei einem

Mittagessen mit Hubertus Wald, einem vermögenden Hamburger Geschäftsmann, dem er von dem Projekt erzählte, schrieb dieser einen Scheck über 500 000 Mark aus. Die Johanniter-Unfall-Hilfe richtete darüber hinaus ein eigenes Spendenkonto ein.

Alle zwei Wochen besuchen Natascha und Oleg Martin Friedrichs in der Botschaft, um von ihm Medikamente in Empfang zu nehmen, die er für ihre Patienten bestellt hat. Dr. Friedrichs überwacht die Dosierung der Mittel bei jedem Patienten und steht für Konsultationen immer zur Verfügung. Bis 1991 lag die Überlebensrate bei Leukämiekranken in der Sowjetunion zwischen fünf und zehn Prozent, weil es die erforderlichen Therapiemittel im Land nicht gab. Dank der deutschen Spenden und der engen Zusammenarbeit zwischen Martin Friedrichs, Natascha und Oleg ist die Rate inzwischen auf 75 Prozent gestiegen.

Als Dr. Friedrichs mir seine Vorratskammer zeigte, in der Leukämiepräparate im Wert von über 200 000 Mark liegen, erklärte ich ihm, daß es an der Zeit sei, etwas über ihn und seine Arbeit zu schreiben. Er wandte seine Augen ab und fuhr mit den Fingern nervös durch sein glattes, graues Haar, das immer ein bißchen zerzaust aussieht. Dann steckte er die andere Hand in die Tasche und sagte:

»Ich bin zwar der Gründer und medizinische Berater dieses Projekts, aber Sie müssen die Zeit Ihrer Leser nicht damit verschwenden, indem Sie über mich berichten.«

Ich habe Martin Friedrichs Anfang der sechziger Jahre in Washington kennengelernt. Danach sind wir uns im Laufe der Jahre immer mal wieder begegnet, und nun haben wir unsere alte Freundschaft in Moskau erneuert.

Bis zu seiner Scheidung Anfang der neunziger Jahre hat er als Internist eine Privatpraxis in Bonn gehabt. Danach beschloß er, nach Moskau zu ziehen und hier zu arbeiten. Schon von 1978 bis 1992 war er als Vertragsarzt des Auswärtigen Amts immer wieder von Bonn in die sowjetische Hauptstadt gereist, um die deutschen Diplomaten zu betreuen. Nun ist er – neben seiner Hauptbeschäftigung an der Botschaft – zum Motor des Leukämie-Projekts für die Kinder geworden.

Im Laufe der Jahre hat er das russische Gesundheitswesen kennengelernt und natürlich viele russische Kollegen getroffen. Er hält die meisten für fähige, hart arbeitende Ärzte, die an ihrer Weiterbildung äußerst interessiert sind. Der Mangel an moderner Ausrüstung zwingt sie, ihren Kopf und und ihre Hände weit mehr zu gebrauchen als ihre westlichen Kollegen, die sich auf ihre Computer verlassen. Sie sind ausgezeichnete Handwerker und Experten im Improvisieren. Schon zu Beginn ihres Studiums konzentrieren sie sich auf ein bestimmtes Gebiet, so daß sie bereits mit Mitte Zwanzig Spezialisten sind. Das hat allerdings zur Folge, daß sie, so Dr. Friedrichs, »hilflos sind, wenn ein Patient eine Krankheit hat, die nicht in ihr Spezialgebiet fällt«.

Dr. Kusin teilt diese Meinung seines deutschen Kollegen allerdings nicht. »Das hängt immer ganz von dem einzelnen Arzt ab«, sagt er. Seine Ausbildung hat alle Gebiete der Chirurgie umfaßt, und ehe er sich ganz aufs Operieren spezialisierte, hat er zwei Jahre in der Notaufnahme eines anderen Krankenhauses gearbeitet.

Während die Ärzte der größte Aktivposten des Gesundheitswesens sind, ist die Infrastruktur ein einziges Desaster. »Es ist absolut frustrierend, irgend etwas in diesem System sinnvoll organisieren zu wollen«, hat Dr. Friedrichs festgestellt. »Wenn eine pharmazeutische Fabrik ein Medikament produziert, gehen die Probleme schon damit los, es irgendwohin in diesem Land zu transportieren.« Die Ärzte können sich nie darauf verlassen, wichtige Präparate regelmäßig zu bekommen, und wenn sie ein bestimmtes Medikament bestellen, erhalten sie oft ein anderes. In besonders schlimmen Fällen, die auch Dr. Kusin schon erlebt hat, müssen die Patienten selbst losziehen, um die knappe Arznei aufzutreiben.

»Für Geld ist in diesem Land fast alles zu bekommen«, kommentiert Dr. Friedrichs. »Man muß nur wissen wo.« Ein Moskauer Freund von mir fuhr bis nach St. Petersburg, um dort ein Tuberkulosemittel für seine Frau zu kaufen.

Ein anderes Problem ist die Qualität der in Rußland produzierten Medikamente. Die Kontrollen sind lax, und viele Präparate werden nicht den Vorschriften entsprechend gelagert. Viele hochwirksame Mittel sind ohne Rezept erhältlich; die Folge sind Mißbrauch und manchmal sogar Todesfälle.

Die Hälfte seiner Zeit widmet Martin Friedrichs freiwilliger Arzttätigkeit, und oft ist er morgens schon um sieben Uhr in seinem Büro – drei Stunden bevor die ersten deutschen Patienten erscheinen –, um an seinem Leukämieprojekt zu arbeiten. Hauptberuflich ist er für siebzehn diplomatische Vertretungen der Bundesrepublik in der früheren Sowjetunion verantwortlich, und rund drei Monate im Jahr verbringt er damit, diese Außenposten zu besuchen. Er kommt dabei in so entlegene Orte wie Alma Ata, wo deutsche Patienten seine Hilfe brauchen, oder in Gebiete, wo sich regionale Epidemien wie Diphterie ausgebreitet haben. »Ein lokales Gesundheitsproblem kann auch für Deutsche ein Problem werden«, sagt er. In den vergangenen Jahren hat er über zweihundert erkrankte oder sogar sterbende Landsleute in ihre Heimat zurückbegleitet. Nach einem Busunglück in der Nähe von Kursk, bei dem elf deutsche Touristen getötet und neununddreißig verletzt wurden, organisierte er innerhalb von zwei Tagen für die Verletzten einen Lufthansa-Flug und obendrein Krankenhauskapazität in Koblenz. Einmal, so erzählte er mir lachend, kaufte er auch für einen Touristen, der einen schweren Schlaganfall erlitten hatte, persönlich ein Lufthansa-Ticket – das Geld hat er bis heute nicht zurückerhalten.

Martin Friedrichs redet nicht gern über seine Großzügigkeit, dafür sind Natascha und Oleg in diesem Punkt um so gesprächiger: Das Geld für das Leukämie-Projekt wird ausschließlich zum Kauf von Medikamenten benutzt, und so bezahlt Dr. Friedrichs andere Dinge aus eigener Tasche: etwa die Flugtickets, mit denen seine beiden russischen Freunde 1995 zu einem Onkologie-Seminar in Münster flogen, oder die teure Medizin für kranke Kinder, die nicht aus dem Spendentopf finanziert werden konnte.

Im Oktober 1996 wird Martin Friedrichs das Pensionärsalter erreichen, aber das Leukämie-Projekt will er noch so lange weiterbetreuen, bis er einen Nachfolger gefunden hat; womöglich wird es ein Russe sein, sagt er. Inzwischen verkaufen deutsche Pharmafirmen ihre Blutkrebs-Präparate auch schon in Moskau, so daß die Arbeit in Zukunft einfacher wird.

»Hätte Dr. Friedrichs nicht soviel Zeit und Energie darauf verwendet, uns zu unterstützen und gegen bürokratische Hindernisse anzukämpfen«, sagt Natascha und wischt unter ihrer dicken Brille eine Träne weg, »dann wären die zweihundert Kinder, die wir in den letzten vier Jahren geheilt haben, vermutlich gestorben.«

Wissenschaft ohne Zukunft

Nach einem Termin im Moskauer Institut für Physikalische Chemie besuchte mich Olga, die als Physikerin an der Akademie der Wissenschaften arbeitet, auf eine Tasse Tee. »Ich habe immer gedacht, daß sich mein Institut in ernsten finanziellen Schwierigkeiten befindet«, erzählte sie mir, »aber die anderen sind noch viel schlimmer dran. Als ich vorhin dort ankam, haben mir die Assistenten geraten, meinen Mantel gar nicht erst auszuziehen, weil die Heizung ausgefallen sei. Es war so kalt, daß ich meinen Atem sehen konnte.«

Heizung, Warmwasser und Elektrizität sind in wissenschaftlichen Einrichtungen inzwischen zu Luxusgütern geworden; und in manchen Instituten muß die Verwaltung sich entscheiden, ob sie den Mitarbeitern höhere Gehälter bewilligt oder das Geld für die Aufrechterhaltung des Betriebes ausgibt, der vom Staat nicht mehr subventioniert wird. Olga hat vor drei Monaten ihr letztes Gehalt bekommen. Die Kürzung der Mittel hat dazu geführt, daß der vergangene Dezember zu einem unbezahlten Urlaubsmonat erklärt wurde; für den Januar und die folgenden Monate wurde ihr und ihren Kollegen mitgeteilt, daß sie – für die Hälfte ihrer Bezüge – nur zweieinhalb Tage pro Woche zu arbeiten brauchten. Über diesen Vorschlag hat sie nur gelacht, denn wissenschaftliche Forschung läßt sich bekanntlich nicht nach Stunden einteilen. »Um Ergebnisse zu erhalten, muß man manche Entwicklungen täglich überprüfen«, sagt Olga. Im übrigen bekommen die Institutsmitarbeiter nicht das zugesagte halbe Gehalt, sondern nur dreißig Prozent (umgerechnet fünfzehn Mark) – begleitet von dem Versprechen, die übrigen zwanzig Prozent in drei Monaten zu erhalten. Wegen der Inflation liegt die Kaufkraft dieser Summe dann bei etwa Null.

Daß Olga ihre Stelle nicht aufgeben muß, wie es fast zwei Drittel ihrer jüngeren Kollegen tun, hat nur damit zu tun, daß sie einen Mann und einen Sohn hat, die sie beide unterstützen. Seit einunddreißig Jahren ist sie nun schon in diesem Labor beschäftigt, und sie macht ihre Arbeit immer noch gerne, obwohl es in letzter Zeit zunehmend schwieriger geworden ist, die notwendigen Experimente durchzuführen. Im vergangenen Jahr war weder Geld für ausländische Publikationen noch für irgendwelche Geräte vorhanden. Inzwischen hat Olga gelernt, die Apparate, die sie täglich braucht, selber zu reparieren. Hilfsmittel wie Papier und Reinigungsstoffe zur Pflege der Geräte oder einen Arbeitskittel kauft sie von ihrem eigenen Geld; ein Kollege bittet ausländische Freunde, Spezialhandschuhe für die Arbeit hier zu besorgen.

»Die Institute der Akademie der Wissenschaften waren die angesehensten im ganzen Land«, sagt Olga. »Heute vermietet der Vize-Direktor Akademieräume an private Firmen und verkauft Kühlschränke auf dem Gelände. Anstelle der Cafeteria gibt es jetzt ein Restaurant und eine Nachtbar, die für Wissenschaftler zu teuer sind.« Olgas Labor kann, wie so viele andere, vor allem noch durch die Unterstützung der Stiftung »Soros International Science« arbeiten, die George

Soros, ein Amerikaner ungarischer Herkunft, gegründet hat. Olga hat bei Professor Anatoli Purmal studiert, einem weltbekannten physikalischen Chemiker an der Akademie der Wissenschaften, der noch heute Vorlesungen hält und Artikel über seine Arbeit publiziert. Als ich mich bei ihm nach Veränderungen in seinem wissenschaftlichen Leben während der letzten Jahre erkundigt habe, trank der gutaussehende und liebenswürdige Endsechziger, der mir in meiner Küche gegenübersaß, erstmal ein Glas Wodka, bevor er zu reden begann. »In der Vergangenheit haben Wissenschaftler immer eine besonders privilegierte Stellung gehabt«, sagte er dann, bevor sich seine attraktive Frau Inge, eine Molekularbiologin, in unser Gespräch einmischte: »Heute hat unser Beruf überhaupt kein Prestige mehr, weil uns der Staat kein Geld mehr gibt. Ohne die Unterstützung durch ausländische Partner oder Stiftungen könnten wir nicht mehr existieren.«

Schon Ende der fünfziger Jahre, als nur sehr wenige Wissenschaftler die Erlaubnis zu Auslandsreisen erhielten, durfte Professor Purmal mehrere Monate lang Vorlesungen an Universitäten in Belgien, Japan, Frankreich, Schweden und den USA halten. Als Akademiker und Leiter eines Instituts hat er mehr verdient, als ein Fabrikdirektor offiziell bekam. Mit seiner Frau konnte er sich ein angenehmes Leben leisten, und beide waren gesellschaftlich angesehen. »In den fünfziger Jahren zog es vor allem Menschen mit Eigeninitiative in die Wissenschaft, die etwas erreichen wollten, ohne politische Hindernisse befürchten zu müssen«, sagte Inge. »Das Ergebnis war, daß im Wissenschaftsbetrieb ungefähr viermal soviel Leute arbeiteten als überhaupt nötig waren«, fügte ihr Mann hinzu.

»Die augenblickliche Situation ist ebenso traurig wie absurd«, fuhr er fort. Dabei stört ihn und seine Frau nicht so sehr die Tatsache, daß sie nicht einmal vierzig Mark im Monat verdienen, sondern weitaus mehr beunruhigt sie das Desinteresse der Regierung an der wissenschaftlichen Zukunft Rußlands.

»Wir können mit unseren Gehältern auskommen, denn wir leben sehr bescheiden. Wir haben genug zum Essen und zum Anziehen. Außerdem haben wir in unserem Leben viele Annehmlichkeiten gehabt. Wir brauchen nicht mehr gierig nach allem zu schauen, was wir uns jetzt nicht mehr leisten können. Für junge Leute ist das anders. Die haben noch Wünsche, die sie sich erfüllen möchten«, sagte Inge.

Auch ihr Mann kann gut verstehen, daß junge Menschen mit dem Gehalt eines Wissenschaftlers heute nicht mehr auskommen und daß viele seiner besten Studenten inzwischen ins Geschäftsleben gewechselt sind. In der Firma »August« beispielsweise, die hauptsächlich Insektenvertilgungsmittel herstellt und vertreibt, arbeiten derzeit allein fünfundfünfzig seiner einstigen Schüler.

»Aber die Wissenschaftler wechseln nicht nur den Beruf, wie es viele unserer Freunde getan haben. Einige verlassen auch das Land«, ergänzte Inge. »Sie wollen nämlich nicht nur ihren Lebensunterhalt verdienen, sondern zugleich auf einem Niveau arbeiten, das es hier nicht gibt. Wie sollen sie Fortschritte erzielen, wenn es sowohl an modernen Geräten als auch an vernünftigen Forschungsbedingungen fehlt. Wenn ein Wissenschaftler einigermaßen helle ist und sich obendrein auf experimentelle Arbeit etwa in der Physik, der Mathematik oder der Molekularbiologie versteht, kann er mit seinen Fähigkeiten im Westen weit mehr anfangen als hier bei uns.«

Innerhalb von sechs Monaten hat Inge, die ein Labor leitet, denn auch ihre besten Kollegen und Assistenten an Institute in Brasilien, Israel und den USA verloren. Allein die Universität von Illinois, die anfangs nur drei Russen nehmen wollte, entschied sich zum Schluß für elf. Und vor kurzem hat Mexiko angekündigt, daß ein Drittel der vakanten Forschungsstellen mit Fachleuten aus Rußland besetzt werden soll.

»In den USA«, sagte Inge stolz, »wird unser Doktorgrad anerkannt, und das Interesse anderer Länder an unseren Wissenschaftlern beweist, daß unser Niveau immer noch hoch ist, auch wenn unsere Ausrüstung miserabel ist und wir ein Gutteil unserer Intelligenz aufs Improvisieren verwenden müssen. Die drastische Kürzung der Mittel in den letzten zwei Jahren hat zur Folge, daß wir heute ein Jahr brauchen, um zu denselben Ergebnissen zu kommen, die ein US-Labor in einem Monat schafft.«

Andrej, der Sohn von Inge und Anatoli, hat vor vier Jahren ein Stipendium bekommen, um als Physiker an der Universität von Vermont arbeiten zu können, und obwohl sie ihren einzigen Sohn sehr vermissen, haben sie ihm geraten, in den Vereinigten Staaten zu bleiben. »Natürlich wäre es mir viel lieber, wenn mein Sohn hier bei uns in Rußland leben würde«, sagte sein Vater, »aber für jemanden mit seinen Fähigkeiten gibt es derzeit bei uns weder einen Platz noch Bedarf. Wenn er mit seiner Frau und seinen zwei Kindern zurückkäme, könnte er seine Familie nur als englischsprechender Taxifahrer durchbringen.«

»Warum haben Sie nie beschlossen, im Ausland zu arbeiten?« habe ich sie gefragt, und sie gaben mir beide die gleiche Antwort: »Unsere Freunde, unsere Sprache, unsere Kultur, unsere Atmosphäre, unsere Stadt, unser Land – das alles ist hier. Wie sollten wir anderswo leben?«

In Professor Purmals Physikalisch-Technischem Institut werden Spezialisten für sogenannte »geschlossene« Bereiche wie die Raumfahrt- und Militärindustrie ausgebildet. Früher bewarben sich zehn bis zwölf Studenten um einen Platz; heute wird fast jeder angenommen. »Wir haben kaum noch Nachschub von jungen talentierten Forschern«, sagte der Professor. »Und in zehn Jahren ist die alte Generation entweder pensioniert oder gestorben. Es gibt niemanden, dem wir unser Wissen und unsere Erfahrungen weitergeben können.« Der Minister für Wissenschaft und Erziehung, Dr. Saltykow, ist darüber genauso besorgt wie die Wissenschaftler selbst. In einem Artikel mit dem Titel »Wird der russische Wissenschaftler überleben?« hat er prophezeit, daß die meisten Institute in den kommenden fünf Jahren zugrunde gehen werden, wenn ihre jetzigen Leiter ausscheiden. Wenn kein Student mehr dort forschen will, verlieren sie ihre Existenzberechtigung. Dann droht dem Land eine Krise von unvorhersehbaren Ausmaßen. Ein anderer Wissenschaftler, Anfang Siebzig, hat erklärt: »Wenn die intellektuellen und kreativen Geister geopfert werden, hat die Gesellschaft keine Zukunft.«

Das Schicksal des Malers

Meine Suche nach Bildern, mit denen ich mein Apartment schmücken und zugleich die nackten Wände verdecken könnte, führte mich in das Atelier von Wassili Denisow und seinem Sohn Sascha. Sie sind Freunde von Tanja, der Deutschlehrerin, die uns miteinander bekanntgemacht hat. Von der Größe dieses Ateliers können viele russische Familien, die auf weniger als zwölf Quadratmetern pro Person wohnen müssen, nur träumen. Der eine Raum mit der hohen Decke mißt mindestens vierzig Quadratmeter, und daneben gibt es noch eine bescheidene Küche.

Galja, die hübsche zierliche Frau von Sascha, kam gerade nach Hause, als ich meinen Mantel ablegen wollte. Wenn ich nicht gewußt hätte, daß sie eine Lehrerin von Ende Zwanzig ist, hätte ich sie für einen Teenager gehalten. Atemlos entschuldigte sie sich, daß sie sich verspätet habe, was ihr leider ständig passiere, wie sie zugab.

Ich habe mich jedoch mittlerweile an die allgemeine Unpünktlichkeit der Russen gewöhnt, und nachdem es anfangs viele verkochte Essen bei mir gegeben hat, fange ich jetzt immer erst an zu kochen, wenn alle Gäste da sind. Galja brachte viele Tüten mit. Darin waren Speisen, die sie schon zu Hause für das Mittagessen, die Hauptmahlzeit in russischen Familien, vorbereitet hatte. Während sie noch ein paar Kleinigkeiten erledigte und sich um den Hauptgang kümmerte, sollte ich mich im Atelier umsehen. Eigentlich war ich eher zum Bilderbetrachten als zum Essen gekommen, aber inzwischen weiß ich, was es mit der russischen Gastfreundschaft auf sich hat und mache es selber so: Egal zu welcher Tageszeit man kommt oder ob man gerade gegessen hat, immer wird der Tisch mit allem vollgestellt, was im Hause ist, und der Besucher ist gehalten, alles zu probieren.

Wassili führte mich von einem Gemälde zum andern und gab dabei Kommentare ab, die oft interessanter waren als die Bilder selbst. Die sibirischen Landschaften fand ich allerdings sehr eindrucksvoll, nicht nur, weil ich diesen Teil des Landes kenne, sondern weil es dem Maler auch gelungen ist, die ganz besondere Atmosphäre einzufangen. Als ich ihn fragte, ob er noch mehr Sibirien-Bilder habe, wies er auf Leinwand-Stapel auf dem Boden und versprach, sie mir später zu zeigen.

Auf einem Porträt von Wassilis Vater erregten dessen eindringliche Augen meine Aufmerksamkeit, und mein Blick kehrte immer wieder zu diesem Gemälde zurück. Der lebhafte Künstler nahm das sofort zum Anlaß, mir einen Stuhl zu holen und die Geschichte seiner Familie zu erzählen.

Nach der Revolution erging es seinem Vater, dem dreihundert Bienenstöcke gehörten, wie so manchem wohlhabenden Bauern. Man verprügelte ihn und beraubte ihn seiner gesamten Habe. Als Sohn eines Volksfeindes hätte Wassilis Vater nie eine Arbeit gefunden, wenn er nicht im staatlichen Geheimdienst einen verständnisvollen Mann getroffen hätte, der ihm eine Anstellung als Bauer in einem

Moskauer Vorort verschaffte. Seine eigene Geburt beschrieb der kleine, muntere Wassili, der gern immer ein bißchen übertreibt, als »Märchen«. Seine Mutter sei allein auf dem Feld gewesen, als sie ihn zur Welt gebracht habe, und noch am selben Tag habe sie ihre Arbeit wiederaufgenommen. Er war das dreizehnte und letzte Kind der Familie; und mit inzwischen dreiundsechzig hat er die letzten beiden seiner Geschwister um mehr als zwanzig Jahre überlebt.

Wenn seine Mutter nicht darauf bestanden hätte, daß er Maler werde, wäre er wahrscheinlich Pilot geworden. »Aber ihr Wort war Gesetz«, erklärte er mir. Nach sieben Jahren am renommierten Surikow-Künstlerinstitut in Moskau schloß er sein Studium mit Auszeichnung ab. Danach bekam er eine Anstellung in einer Künstlerkooperative, in der er sein Geld damit verdiente, Bilder für staatliche Organisationen zu malen.

Bis zum Ende der achtziger Jahre galt der Sozialistische Realismus als offizielle Kunstdoktrin, und von den Malern wurde erwartet, die Errungenschaften des Sozialismus in der Landwirtschaft, der Industrie oder auf dem Bau so darzustellen, daß vorbildliche Arbeiter und Bauern dabei eine prominente Rolle spielten. Auch Porträts bedeutender Staatsmänner wie Lenin waren gewünscht, und der talentierte Wassili wurde auserkoren, mehrere solcher Bilder zu produzieren. Er bedauerte, daß er mir kein einziges Beispiel seiner damaligen Arbeit mehr zeigen könne, denn sämtliche siebzig Porträts, die er gemalt habe, seien an die Fabriken, Schulen und anderen Einrichtungen gegangen, die sie seinerzeit bestellt haben.

Als ich ihn nach seinen politischen Ansichten fragte, antwortete er: »Ich habe diese Bilder nicht aus Liebe zu Lenin gemalt. Ich habe die Aufträge vom Staat bekommen und mir mein Brot verdient.« Von einem kommunistischen Funktionär wurde er zudem beauftragt, nach alten Fotos und Augenzeugenberichten die Zerstörung einer Kirche zu malen. Auch diese Arbeit übernahm er. Sie hat ihn immerhin zu einer Bilderfolge angeregt, in der er in den letzten Monaten den Niedergang und das Wiederaufleben der Religion dargestellt hat.

»Nicht der ist weise, der lange lebt, sondern der viel gesehen hat«, sagte der graubärtige aber sehr vitale Wassili. Sieben Auslandsreisen hat er unternommen, in einstmals sozialistische Bruderländer, aber auch nach Frankreich, und das zu einer Zeit, als die Reisemöglichkeiten noch sehr beschränkt waren. Das war einer der Vorzüge, die man genoß, wenn man zu den fünfundzwanzig besten Malern der Sowjetunion gehörte.

Bis in die Mitte der Achtziger waren die beiden wichtigsten Ereignisse des Jahres für Wassili staatlich geförderte Reisen. Führende Maler reisten zum Arbeiten in verschiedene Teile des Landes. Als Dank an die lokalen Behörden, die diese vier bis fünf Wochen dauernden Aufenthalte organisierten, überließen die Künstler den regionalen Museen zum Schluß einige ihrer Werke.

Eines der vielen Bilder, die bei diesen Reisen entstanden sind, hat Wassili »Requiem« genannt. Das Gemälde, das heute hier im Atelier hängt, erschien mir so merkwürdig, daß ich ihn um eine Erläuterung bat. »Ein Mann aus der Gegend dort, ein großer Naturfreund, hat mich damals an eine Stelle gebracht, wo ein Fluß über seine Ufer getreten war und so die Skelette von dreihundert Menschen bloßlegte, die während der Stalinzeit erschossen worden waren«, erzählte er mir. »Ich beschloß, diese Szene zu malen, befürchtete aber, wenn ich sie allzu realistisch darstellte, das Bild nicht zeigen zu können. Deshalb habe ich alles verfremdet. Die Bäume symbolisieren die Hingerichteten, der Regenbogen soll an die Menschen erinnern, die gestorben sind.«

Ich war noch dabei, Bilder zu betrachten, als Galja uns unterbrach. Ihr Mittagessen, gar nicht typisch russisch, war ein Beweis für ihre Kochkünste. Ich war froh, daß die kalten Happen und die sonst unvermeidliche Suppe fehlten. So konnte ich mehr von der herrlichen selbstgemachten Pizza, dem Eiersalat mit Käse und dem eingelegten Gemüse aus dem eigenen Garten probieren. Auch der Wein und der Wodka waren Spezialitäten des Hauses, die Wassili nach eigenen Geheimrezepten herstellt. Obwohl ich schon reichlich zugelangt hatte, konnte ich zum Schluß Galjas Nachtisch nicht widerstehen. Die Früchte auf dem selbstgebackenen Erdbeerkuchen schmeckten ganz besonders intensiv.

Bei meinem ersten Besuch habe ich mehr Zeit mit Essen und Zuhören verbracht als mit dem Betrachten von Bildern. Als ich das nächste Mal ins Atelier kam, waren nur Galja und Sascha da. Die Abwesenheit seines temperamentvollen Vaters ermutigte den Sohn zum Reden, und so erfuhr ich diesmal eine ganze Menge über die aktuellen Probleme eines jungen Malers.

Sascha sieht mit seinem sensiblen, bärtigen Gesicht und den langen, wirren Haaren wie ein typischer Künstler aus. Er hat sein Studium 1986 abgeschlossen, als die Kunst noch nach den Kriterien des Sozialistischen Realismus beurteilt wurde. »Wenn unsere Lehrer uns gesagt haben, dieser oder jener sei ein guter Künstler, waren wir gezwungen, ihn nachzuahmen. Das ist das schlimmmste, was einem passieren kann, denn es tötet jeden eigenen Stil«, sagte er.

Sascha hatte auf der Akademie Probleme, weil er gern mit leuchtenden Farben arbeitete, und das ließ sich nicht mit dem Grau und den anderen dunklen Farbtönen vereinbaren, die in der offiziellen Malerei üblich waren. Für seine Diplomarbeit wählte er das Thema »Dorfleben in Sibirien«. Es wurde von seinem Lehrer abgelehnt. Es sei nicht modern genug, sagte er. Eine Notoperation am Blinddarm »rettete mich vor dem Sozialistischen Realismus«, sagte Sascha und brachte ihm ein neues Motiv ein. Als Patient im Krankenhaus lernte er alles, was mit Medizin zu tun hat, mit neuen Augen kennen und beschloß, die Arbeit der Ärzte und Schwestern darzustellen. Alle im Krankenhaus waren begeistert von seinen Bildern – nur sein Lehrer nicht.

»Medizin ist ein steriles Thema«, befand er, »und außerdem soll alles weiß und grau sein.« So beanstandete er auf einem Gemälde das farbige Licht der Lampe, die der Chirurg im Operationssaal benutzt. Nach einer langen Diskussion erklärte sich Sascha bereit, die Farben zu dämpfen.

»Die Akademie hat mir Wissen und eine klassische Basisausbildung gegeben, die jeder professionelle Künstler braucht. Aber erst jetzt habe ich das Gefühl, daß ich auf eigenen Füßen stehe«, sagt Sascha. Zum Beweis zeigte er mir ein paar frühe Werke mit gefälligen, hübschen Stadt- und Landszenen und anschließend eine neue Bilderfolge mit asymmetrisch und kubistisch gemalten Zirkuskünstlern in kräftigen Farben.

Sascha und sein Vater arbeiten meist in ihrer Datscha, wo Wassili aufgewachsen ist. In dieser ruhigen Umgebung haben sie die Natur vor Augen. Sascha schlug vor, daß ich sie dort draußen besuche, um mir ihre neuesten Bilder anzusehen. Mit dem Wagen braucht man nur eine halbe Stunde. Ich nahm die Einladung an, und an einem warmen Tag, an dem die Straßen trocken waren, machte ich mich auf den Weg.

Nachdem ich die Hauptstraße verlassen hatte, fuhr ich die nächsten zwei Kilometer über schmale, zerfurchte Landstraßen, auf denen erstaunlich viele Lastwagen voll mit Baumaterialien umherrumpelten. Als ich an einer Ecke zu Wassilis Datscha abbog, sah ich auf der anderen Seite der Straße eine Reihe von Häusern, die verschieden weit fertiggestellt waren. Solche Siedlungen breiten sich überall vor den Toren Moskaus aus, und fast alle sind ebenso protzig wie häßlich. Mit ihren plumpen und steifen Proportionen, ihren glänzenden Dächern, Metalltürmchen und Kuppeln sehen die Häuser meist wie der mißglückte Versuch ihrer Besitzer aus, sich einen Palast zu errichten. Ich bin nie im Innern eines solchen Baus gewesen, aber Freunde haben mir erzählt, daß es in vielen Saunas und Swimmingpools, Billardzimmer und Bars gibt. Ich machte mir nicht einmal die Mühe, Wassili zu fragen, wem diese Scheußlichkeiten gehören. Es sind ganz offensichtlich »neue Russen«, die sich diese Dinger hinstellen, um sich gegenseitig zu imponieren.

Wassili ist durchaus nicht erfreut über seine neuen »Mafia-Nachbarn«, die vor drei Jahren damit begonnen haben, die Landschaft hier zu zerstören. Er hat nie einen der Besitzer näher zu Gesicht bekommen, aber er weiß, daß sie Mercedes fahren, und hat voller Ärger festgestellt, daß sie bereits an die Kanalisation angeschlossen sind und ihre Straßen demnächst befestigt werden. Sein Dorf aber, das nur fünfzig Meter entfernt liegt, wird noch lange nicht über solche Annehmlichkeiten verfügen. Das einzige, was die armen Dörfler von den Neuankömmlingen haben, sind die Baumaterialien, die sie stehlen, um ihre eigenen heruntergekommenen Behausungen ein wenig auszubessern.

Das Heim der Denisows ist ein typisches altes Holzhaus, das viel dörflichen Charme und persönliche Atmosphäre ausstrahlt. Ein großer Vorgarten versorgt die Bewohner mit Kartoffeln, Gemüse und Obst, das für den Winter eingemacht wird. Das Erdgeschoß besteht aus einer kleinen Küche, einer geschlossenen Terrasse, die als Lagerraum genutzt wird, und einem großen, holzgetäfelten Raum, der einen wunderbar behaglichen Geruch verströmt. Außer einem großen Eßtisch, ein paar Stühlen und einem abgewetzten Bettsofa steht nichts in dem Zimmer. Das Obergeschoß, mit dessen Ausbau Sascha und Wassili noch nicht ganz fertig sind, wird von den beiden bereits als Atelier genutzt.

Wir setzten uns zu einem üppigen Mahl nieder, dessen Zutaten überwiegend aus dem eigenen Garten oder dem Dorf stammten. Mit einem ersten Trinkspruch begrüßte mich Wassili in seinem »Heimatland«. Hier ist er geboren worden, und in seiner Kindheit, sagte er, ist er jeden Tag acht Kilometer zur Schule gegangen. Der nächste Trinkspruch galt »meinem besten Freund«, seinem Sascha. Er sprach von den vielen Charaktereigenschaften seines Sohnes und davon, wie er ihn ermutigt hat, seinen eigenen Stil zu finden und ihn nicht nachzuahmen. Die letzte Bemerkung hatte zur Folge, daß Galja sich lang und vernehmlich räusperte. Später verriet sie mir, daß die beiden nur so lange im Obergeschoß zusammen malen, wie Wassili sich nicht einmischt. »Wenn er Sascha erklärt, was er besser machen könnte und welche Farben er ändern solle, arbeitet Sascha unten weiter.«

Nach dem Essen zeigte mir Wassili seine jüngsten Arbeiten: sehr schöne Blumensträuße in weiß und lila. Sie sehen so echt aus, daß ich ihren Duft zu riechen glaubte. Die Bilder sind Teil eines Sonderauftrags, den Wassili vom Kreml-Krankenhaus bekommen hat.

Wassili ist durch diesen Auftrag besser dran als viele andere Künstler, einschließlich seines Sohnes, die um ihr Überleben kämpfen müssen. Seit Ende der achtziger Jahre haben die Wirtschaftsreformen zu einer drastischen Kürzung der öffentlichen Mittel für Kultur geführt. Die Folge ist, daß Künstler wie Sascha keine monatlichen Zahlungen mehr bekommen, während Pensionäre wie Wassili immerhin noch eine kleine Rente beziehen. Der Staat finanziert keine Arbeitsreisen mehr, und Aufträge von staatlichen Einrichtungen sind selten geworden.

Im Gegensatz zu den meisten Fabriken und Instituten verfügt das Kreml-Krankenhaus noch über einen Kunst-Fonds, und man ist dort sehr daran interessiert, an die Stelle der alten Bilder des Sozialistischen Realismus neue Arbeiten zu hängen. Nachdem eine Sonderkommission der Klinik in Moskaus öffentlichen und privaten Galerien nicht fündig geworden war, ging man in die Ateliers, und so bekam auch Wassili eines Tages Besuch. Die Kommission, die aus einem Künstler, dem Direktor des Krankenhauses und seinem Stellvertreter bestand, entschied einstimmig, einige seiner Aquarelle anzukaufen. Nachdem sie aufgehängt worden waren, wurden sie einem ausgewählten Publikum gezeigt, und nach dessen begeisterter Reaktion bekam Wassili den Auftrag, dreißig typische russische Landschaften, Blumenbilder und Stilleben zu malen. Damit hatte er sich in den vergangenen Jahren ohnehin beschäftigt, und so konnte er auf dieser Basis weiterarbeiten.

Da der staatliche Künstlerverband keine Ausstellungen mehr unterstützt und auch keine Kataloge mehr veröffentlicht, die den Künstler nichts kosten, hat Wassili das Honorar, das er vom Kreml-Krankenhaus erhielt, beiseite gelegt, um davon ein eigenes Werkverzeichnis zu finanzieren. Die Summe reicht allerdings noch lange nicht. Immer wenn er glaubte, endlich genügend Geld beisammen zu haben, machte ihm die Inflation einen Strich durch die Rechnung. Dennoch hat er die Hoffnung nicht aufgegeben. »Ein Künstler muß Spuren hinterlassen«, sagt er, »und eines Tages wird es klappen.«

Saschas Lage ist ganz anders als die seines Vaters. Er ist jung und muß allein zurechtkommen. »Ein Künstler kann heute alles malen, was er will und wie er will. Sein Hauptproblem ist, Abnehmer für seine Arbeiten zu finden«, erklärte er. »Früher haben wir Aufträge vom Staat für ein bestimmtes Bild bekommen. Heute entscheidet der Käufer, was wir malen.

Sascha hat ein paar Arbeiten in öffentlichen und privaten Galerien ausgestellt, aber mit geringem Erfolg. Einige Galerien gehören zu einer »Kunst-Mafia«, sagte er, die ohnehin nur Werke aus ihren Freundeskreisen zeigt. Andere verlangen eine so hohe Kommission, daß sich der Verkauf für den Künstler nicht lohnt.

Ein neue Verordnung, die vom Kulturministerium 1993 erlassen worden ist, belegt Gemälde, die außer Landes gebracht werden sollen, mit einer sechshundertprozentigen Steuer. Das hält seither auch viele Ausländer davon ab, russische Kunst zu kaufen. Nur Arbeiten, die vom Künstler zum »Geschenk« erklärt werden, sind von dieser Abgabe befreit, aber um die dafür nötige Bescheinigung zu bekommen, muß sich der Künstler auf tagelange, mühsame Behördengänge einlassen.

Die Kunstwelt ist ein Teil der Geschäftswelt geworden und damit auch von deren betrügerischen Praktiken nicht verschont geblieben. Clevere russische und ausländische Geschäftsleute haben alten und notleidenden Künstlern für einen Pfifferling ihre Sammlungen abgekauft und sind damit Millionäre geworden. Ein russisch-amerikanisches Gemeinschaftsunternehmen hat von Sascha einundzwanzig seiner Bilder ausgeliehen – seit drei Jahren hat er nichts mehr von dem Unternehmen gehört. »Für dreißig Millionen Rubel (rund achttausend Mark) kann sich ein Künstler drei Wochen lang die bekanntesten Ausstellungsräume in Moskau mieten«, erzählte er mir. »Das zeigt, daß Geld heute wichtiger ist als Talent.«

Obwohl Galja und Sascha nur mühsam zurechtkommen, ist Sascha der Meinung, daß seine finanzielle Situation immer noch besser ist als die mancher seiner Künstlerfreunde. Viele müssen sich als Nachtwächter durchschlagen und können sich »gerade mal Brot leisten«. Galja bezieht als Lehrerin ein regelmäßiges Gehalt, und Sascha unterrichtet zweimal die Woche an der Textilakademie. Außerdem hat er ein paar Privatstudenten, die zu ihm nach Hause kommen. »Wenn mich junge Menschen fragen, wie sie malen sollen, sage ich ihnen immer, daß sie vor allem ihren Gefühlen Ausdruck geben sollen. Sie müssen lernen, ihren eigenen Stil zu finden, und dürfen nicht versuchen, wie die meisten Hobbymaler dem Publikum zu gefallen.« Ich stimmte ihm zu, aber Galja hat natürlich recht, wenn sie sagt, daß viele Leute bei der Wahl zwischen dem Bild eines Künstlers und dem eines »Postkartenmalers« oft das letztere kaufen, weil es eher ihren Geschmack trifft.

»Es wäre mir peinlich, mit Blick auf das Publikum zu malen«, sagte Sascha. »Mein Vater ist noch nach der Maxime ausgebildet worden, daß nur ein armer Maler ein guter Maler ist. Aber die Zeiten haben sich geändert, und heute ist es nun mal so, daß ein Künstler ohne Publizität kaum eine Chance hat.«

Neben den beiden sibirischen Landschaften, die ich von ihm und Wassili erstanden habe, bekam ich noch ein Video mit, auf dem weitere Bilder zu sehen sind. Sascha hofft, daß ich ihm damit helfen kann, neue Käufer zu finden.

Vor einem Moskauer Gericht

Alpträume dauern gewöhnlich nur Sekunden oder allenfalls Minuten, aber meiner währte zwei Jahre und wurde bittere Realität. Russische Freunde, die ich seit vierzehn Jahren kannte und denen ich vertraut hatte, betrogen mich und meine Hilfsorganisation »Tür zu Tür«. Für mich war das wohl vor allem deshalb ein böses Erwachen, weil ich geglaubt hatte, daß in Rußland Freundschaft eine viel größere Bedeutung hat als bei uns. Freundschaft ist dort etwas sehr Emotionales, fast Heiliges, und der Bruch einer Freundschaft ist mehr als Betrug; er wird als Verrat empfunden, schlimmer als jedes Verbrechen.

Ich habe Anatoli und Lena Pankow Ende der siebziger Jahre in Sibirien kennengelernt. Sie war Englisch-Dolmetscherin, und er arbeitete als Korrespondent in Jakutsk. Ein Jahr nach unserem ersten Zusammentreffen unternahm ich mit den beiden eine Kajakreise durch Sibirien, die uns näher zusammenbrachte. Lena war spontan und gefühlvoll; sie lachte und weinte oft und war dankbar, daß sie endlich jemanden gefunden hatte, mit dem sie auch ihre persönlichsten Geheimnisse teilen konnte. Anatoli dagegen war ein Einzelgänger. Er redete wenig, und nie kam ein Lächeln über seine Lippen. Sein Gesicht war genauso schmal wie sein ganzer Körper, und er schien nie müde zu werden.

Als Anatoli dann 1980 mit seiner Frau und seinem Sohn nach Moskau zurückkehrte, haben wir unsere Freundschaft erneuert. Lena, in Sibirien geboren, hatte Schwierigkeiten mit dem Leben in der Hauptstadt, und oft kam sie zu mir, um über ihren Kummer und ihre Einsamkeit zu sprechen. Anatoli war hauptsächlich damit beschäftigt, Karriere zu machen, und wenn wir uns gelegentlich trafen, vermied ich es strikt, mit ihm über Politik zu sprechen. Er war ein sturer Kommunist, der Sacharow verurteilte und die sowjetische Außenpolitik während des Afghanistankrieges unterstützte. Das alles schaffte eine merkliche Distanz zwischen uns.

Ende der achtziger Jahre sah es so aus, als mache Anatoli einen grundlegenden Wandel durch. Seine Initiative für »ehrlichen Journalismus« trug ihm einen Sitz im Mossowjet ein, dem Moskauer Stadtrat. Später trat er aus der Kommunistischen Partei aus und wurde zum Chefredakteur von »Kuranty« ernannt, einer Zeitung, die vom Mossowjet unterstützt wurde.

In jener Zeit traf die erste humanitäre Hilfe aus dem Westen ein; sie kam in ein Land, dessen Läden fast leer waren und dessen medizinische Versorgung am Boden lag. »Tür zu Tür« konzentrierte sich anfangs darauf, den Russen medizinische Hilfe zukommen zu lassen, doch 1991 erweiterten wir unser Programm und fingen an, die Bedürftigen in Moskau mit Lebensmitteln und Bekleidung zu versorgen. Um die Verteilung der Hilfssendungen zu kontrollieren und Mafia-Einflüsse auszuschalten, richteten wir ein Moskauer Büro für »Tür zu Tür« ein und betrauten meine alte Freundin Lena mit dessen Leitung.

Lenas neue Stellung weckte Anatolis Interesse an unserer Arbeit. Er war dagegen, die Notleidenden mit Nahrung und Kleidung zu unterstützen, weil sie das erniedrige; ein Argument, das allerdings von keinem Bedürftigen geteilt wurde. Anatoli schlug vor, ein Projekt »Hilfe zur Selbsthilfe« ins Leben zu rufen und damit ein Modell für die Zukunft zu schaffen. Die Idee, Russen eine Chance zu geben, auf eigenen Füßen zu stehen, gefiel mir, und ich erklärte mich einverstanden, Anatoli bei der Einrichtung einer Schneiderei für Notleidende behilflich zu sein. Daß er die notwendige Organisation übernehmen wollte, erleichterte mich. Der Chefredakteur einer Moskauer Tageszeitung und Abgeordneter im Moskauer Stadtparlament konnte leichter bürokratische Hindernisse überwinden als »Tür zu Tür«.

Mit dem Geld der Hilfsorganisation kaufte ich Pfaff-Nähmaschinen, um die Anatoli mich gebeten hatte, und auf seinen Rat hin erwarb ich mit privatem Geld eine Datscha, die er schon ausgesucht hatte und die ideal war für ein »Tür zu Tür«-Projekt, das Großmüttern und ihren verwaisten Enkelkindern eine Zuflucht bieten sollte. Sie hatte solche Annehmlichkeiten wie fließendes Wasser, Heizung und Telefon, womit die meisten Datschen nicht ausgerüstet sind, und lag überdies nur neunzig Autominuten von Moskau entfernt.

Nachdem Anatoli einen Partner für die Schneiderei gefunden hatte, schickte ich ihm ein Papier mit der Bitte, es zu unterschreiben. Es handelte sich um eine Bestätigung, daß »Tür zu Tür« Eigentümer der Nähmaschinen ist und diese der Schneiderei nur leihweise zur Verfügung gestellt werden. Eine weitere Klausel besagte, daß die Maschinen von »Tür zu Tür« zurückgerufen werden könnten. Den Grund für diese Bedingungen kannten Anatoli und Lena durchaus. In russischen und deutschen Zeitungen waren immer wieder Artikel über den Mißbrauch, der mit humanitären Spenden getrieben wurde, erschienen, und die Papiere sollten dazu dienen, uns juristisch abzusichern. Andere Empfänger, die technische Unterstützung von uns erhielten, wie Dr. Alexander Kusin, hatten derartige Abmachungen anstandslos unterschrieben, und dasselbe erwartete ich von Anatoli.

Doch statt zu unterschreiben, schickte er mir ein ärgerliches Fax, in dem er behauptete, »die Nähmaschinen gehören niemandem konkret«, und sich über die Rückruf-Klausel beklagte. Der Kölner »Tür zu Tür«-Vorstand versuchte, ihm in mehreren Briefen die Notwendigkeit solcher Vereinbarungen im Zuge humanitärer Hilfe zu erklären, aber er blieb bei seiner Weigerung. Meine Irritation daüber war deshalb besonders stark, weil wir inzwischen Ärger über die Eigentumsverhältnisse im Falle der Datscha hatten. Als Anatoli sie für mich gekauft hatte, ließ er sie auf Lenas Namen registrieren, weil Ausländer damals noch kein Eigentum erwerben durften. Zugleich hatte er versprochen, den Besitz umschreiben zu lassen, sobald ein Gesetz das erlaube. Doch statt das zu tun, verlangten Anatoli und Lena von mir, ihnen die Hälfte der Datscha zu übereignen. Ich fand dieses Ansinnen dreist und erklärte ihnen, daß sie das Haus gern benutzen dürften, aber Miteigentümer könnten sie nicht werden.

Diese Episode und Anatolis beharrliche Weigerung, die Nähmaschinen-Papiere zu unterzeichnen, erschütterten mein Vertrauen in Anatoli Pankow. Und Lena, deren beste Freundin ich gerade noch gewesen war, schlug sich natürlich auf die Seite ihres Mannes. Vermutlich hätte ihr Verhalten bei jedem gutgläubigen Menschen, zu denen ich mich zähle, Verdacht geweckt.

Ich bat einen russischen Anwalt, mir Auskünfte über die Schneiderei zu beschaffen – und mußte zu meinem Erstaunen lesen, daß Anatoli einen kommerziellen Gewerbebetrieb gegründet hatte, an dem er und seine Zeitung beteiligt waren. Lena hatte ganz offensichtlich Bescheid gewußt, und um zu verhindern, daß sie bei »Tür zu Tür« noch mehr Schaden anrichtete, mußte ich sie entlassen.

Obwohl ich inzwischen sehr verstört war über den Vertrauensbruch, bat ich Wolf Poulet aus dem Vorstand unserer Hilfsorganisation, in einem direkten Gespräch mit Anatoli einen letzten Versuch zu unternehmen, zu einer freundschaftlichen Lösung zu kommen. Das Treffen, an dem nur noch ein Dolmetscher teilnahm, fand statt, und Anatoli verließ das Moskauer Büro in den frühen Morgenstunden, nachdem er versprochen hatte, die nötigen Papiere die Nähmaschinen betreffend, in den folgenden drei Tagen zu unterschreiben. Einmal mehr bewies er seine Unzuverlässigkeit.

Ich selbst habe mit Anatoli zum letzten Mal Mitte August 1992 gesprochen, als er mich kurz vor Mitternacht in meinem Moskauer Apartment anrief. »Ich gebe dir eine letzte Chance«, sagte er, »ich möchte dich für zehn Minuten allein treffen.« Ich war zwar über seinen Ton erstaunt, aber mit einem Treffen einverstanden – unter der Voraussetzung, daß er in Anwesenheit von Zeugen und einem Dolmetscher die Papiere für die Nähmaschinen und die Datscha unterzeichnen würde. Er lehnte ab, und zwei Tage später erschien in »Kuranty« auf einer ganzen Seite ein bissiger Artikel, in dem meine Integrität und die Integrität von Deutschen, die für »Tür zu Tür« arbeiteten, angegriffen wurde. Der Autor war Anatoli Pankow.

Seine bösartigen Unterstellungen – über Mißbrauch von Hilfsgeldern, unmoralischen Lebenswandel, Bestechung und Spionage – empörten und schmerzten mich so, daß ich beschloß, mich zu verteidigen und russischen und deutschen Journalisten die Tatsachen vorzulegen. Mit der Unterstützung des Abgeordneten Alexander Popow, der damals Vorsitzender des Ausschusses für Pressefreiheit im Mossowjet war, veranstalteten wir in der Weißen Halle des Stadtparlaments eine Pressekonferenz.

Ich war überaus nervös, als sie beginnen sollte. Noch nie zuvor hatte ein Ausländer im Mossowjet eine Pressekonferenz gegeben, und nun sollte ich die Gelegenheit haben, angewandte Pressefreiheit zu praktizieren und einen Abgeordneten des Mossowjets zu kritisieren, der obendrein auch Chefredakteur einer vom Moskauer Stadtparlament unterstützten Tageszeitung war.

Die Fragen der Journalisten zeigten aber sofort, daß sie meine Lage verstanden, und als Popow auch noch schweres Geschütz gegen meinen Widersacher auffuhr, fing ich an, mich zu entspannen. Er berichtete von kommerziellen »Kuranty«-Aktivitäten, die ebenfalls ein ungünstiges Licht auf Pankow warfen.

Die Journalisten waren über Pankows Umtriebe durchweg empört. Die kommunistische Tageszeitung »Prawda« warf ihm vor, mich »schamlos mit Dreck zu bewerfen«, und lobte zugleich die Aktivitäten der Hilfsorganisation. »Rossijskaja Gazeta«, ein ebenfalls kommunistisches Blatt, berichtete ausführlich über den Skandal, und die weitverbreitete liberale Zeitung »Kommersant« machte sich über Pankow lustig und veröffentlichte ein Bild von ihm, auf dem er vor der Datscha neben Max Hiedemann steht, einem deutschen Anwalt und zugleich »Tür zu Tür«-Schatzmeister, der nach Moskau gekommen war, um unsere Projekte zu besichtigen. Die Unterschrift lautete: »Die Kreditgeber müssen vor der Tür bleiben.« Die Zeitschrift »Journalist« schrieb: »Sein Verbrechen gegen den Journalismus ist offensichtlich und braucht keine weiteren Beweise: Sein Artikel in ›Kuranty‹ reicht.« Die »Neue Zeit« berichtete von einer Sondersitzung des Ausschusses für Pressefreiheit, in dem der »Kuranty«-Artikel diskutiert worden war. Ich war bei dieser Sitzung anwesend und konnte voller Genugtuung registrieren, wie das bolschewistische Vokabular und die kommunistischen Methoden der Denunziation in dem Beitrag kritisiert wurden.

Pankow reagierte auf die verheerenden Angriffe seiner Kollegen, indem er einen neuen Artikel in seiner Zeitung veröffentlichte und seine persönlichen Angriffe noch verstärkte. Er nannte mich »eine kleinkarierte Verleumderin, die ein Melodram aufführt«, und rief die deutsche Presse auf, mich zu entlarven.

Lydia Grafowa, eine der angesehensten Moskauer Journalistinnen, deren Artikel seit über fünfunddreißig Jahren zu den meistgelesenen in der Sowjetunion gehören, regte sich so über Pankow auf, daß sie in einer der ältesten und renommiertesten Zeitschriften des Landes, der »Literaturnaja Gazeta«, eine ganze Artikelserie schrieb. Ihre Veröffentlichung trug Lydia Grafowa einen Journalistenpreis ein und einen Prozeß, den Pankow gegen sie und ihre Zeitschrift anstrengte.

Lydias erster Beitrag begann mit einem Zitat des Schriftstellers Lew Kopelew, der Pankows Artikel als »empörend, schmutzig, verlogen und als Schmähschrift« bezeichnet hatte. Dann fuhr sie fort: »Liebe ... Lois, verzeih uns, wenn Du kannst ... Man muß blind sein, wenn man nicht sieht, daß der Autor eine persönliche Rechnung mit Dir begleichen will. Du hast diesem ›Partner‹ viel zu viel Vertrauen geschenkt. Obwohl man Dich mehrfach gewarnt hat, weil sich in Rußland heute viele Menschen wie von Zauberhand verwandeln, sich bis zur Unkenntlichkeit verändern, um an Geld und Macht zu gelangen. Du aber wolltest nichts davon wissen ... Obwohl der Autor (Pankow) es nicht beabsichtigt hat, ist sein Artikel so entlarvend, daß jeder anständige Mensch nur Ekel empfinden kann. Trotzdem, vergib uns.«

Pankows Antwort bestand darin, daß er die Gerichte gegen diese Verletzung seiner »Ehre und Würde« durch Lydia Grafowa und ihre Zeitschrift bemühte. Er verlangte, daß die Beklagten einen Widerruf veröffentlichten und ihn für seinen moralischen Schaden entschädigten. Seltsamerweise untermauerte er seine Forderung in fünf von insgesamt dreizehn Punkten, indem er aus einem Brief von Professor Gerhard Hollmann, dem Vize-Vorsitzenden unserer Hilfsorganisation und anderen Vorstandsmitgliedern, zitierte, den dieser an die Moskauer Presse zu meiner Verteidigung geschrieben hatte.

Ich wurde als Zeuge zu dem nun folgenden Prozeß geladen und durfte den Gerichtssaal erst betreten, als ich aufgerufen wurde. Während ich in dem kalten Flur saß, sprach mich ein Polizeihauptmann an: »Kenne ich Sie nicht?« Kurz zuvor war in »Der Mensch und das Gesetz«, einer der beliebtesten Fernsehsendungen, die im ganzen Land gesehen wurde, ein zwanzigminütiger Beitrag über Anatoli Pankow und seine Auseinandersetzung mit »Tür zu Tür«

gesendet worden. Pankows Machenschaften gegen unsere Hilfsaktionen in Moskau waren hier keineswegs verschwiegen worden. Der Reporter hatte mich interviewt, und ich hatte offensichtlich viele Sympathisanten gewonnen – wie diesen Polizisten. »Ich möchte Ihnen einen Rat geben«, sagte er, »wenn Sie Ihre Gesundheit, Ihre Nerven und Ihr Geld schonen wollen, sollten Sie ihn umbringen lassen.« Ich war ziemlich erschrocken über diesen radikalen Rat, aber ich bekam im Laufe der Zeit noch mehr Vorschläge dieser Art. Einige erboste Russen erklärten sich sogar bereit, die Angelegenheit für mich zu »erledigen« – gratis. »Ich möchte, daß der Schurke am Leben bleibt«, war meine Standardantwort, und glücklicherweise respektierten sie meinen Wunsch.

Als ich schließlich in den Zeugenstand gerufen wurde, sah ich Anatoli zum ersten Mal nach sechs Monaten wieder. Haßerfüllt starrte er mich an, und ich bemühte mich, möglichst unbeteiligt zurückzuschauen, obwohl ich innerlich vor Zorn bebte. Er spielte die Rolle des Anwalts, ließ den, der neben ihm saß, nicht zu Worte kommen, und während meiner Befragung wollte er plötzlich wissen: »Glaubst du, daß ich, als ich dich in Sibirien begleitet habe, ein KGB-Agent war?« Ich kannte diese weitverbreiteten Gerüchte über ihn, hatte ihnen aber nie Beachtung geschenkt. Wollte er das Ganze jetzt auf eine politische Schiene hieven? Bevor ich etwas erwidern konnte, kam mir die Richterin zu Hilfe. »Diese Frage hat mit unserem Fall nichts zu tun.« Und dann wies sie mich an, keine Antwort zu geben.

Seine letzte Niedertracht bestand darin zu leugnen, daß er von mir Geld für die Datscha bekommen habe, und zum Beweis legte er dem Gericht ein Dokument vor, wonach das

Haus ein Geschenk des russischen Vorbesitzers an ihn sei. Darauf reagierte ich so aufgebracht, daß Lydias Anwalt Pankow fragte, weshalb ich wohl die Datscha überhaupt erwähnt hätte. »Sie phantasiert«, lautete seine glatte Antwort. »Warum sonst geht sie mit ihrer Forderung vor Gericht?«

Ich war nicht dabei, als Lydia Grafowa vernommen wurde, aber ich habe mir erzählen lassen, daß sie noch aufgewühlter war als ich. So warf sie Pankow vor, daß er eine Beleidigung für den Journalismus sei. Am Ende dieses Verhandlungstages kam die junge und engagierte Richterin zu mir und sagte: »Ich schäme mich und möchte mich entschuldigen. Ich bekomme jeden Tag Lügen zu hören, aber solche Hirngespinste wie heute von Pankow sind auch für mich neu.« Am nächsten Tag sollte der Prozeß fortgesetzt werden, und es sollten Zeugen zum Datscha-Kauf gehört werden.

Zehn Minuten nach Eröffnung der Verhandlung erschien Pankows Sekretärin mit einem Brief. Die Richterin verlas ihn mit einem Lächeln im Gesicht. Pankow war, bedingt »durch die Lügen des gestrigen Tages«, erkrankt, ebenso der Anwalt. »›Kuranty‹ ist krank«, lautete der sarkastische Kommentar der Richterin. Der Prozeß solle bis zur Genesung des Klägers und seines Advokaten vertagt werden.

Auch mein nächstes Treffen mit Anatoli fand vor Gericht statt. »Tür zu Tür« hatte ihn vor dem Bezirksgericht von Krasnopresnenski, wo er seinen Wohnsitz hatte, verklagt: Wir verlangten, daß er uns vier Pfaff- und zwei Hobbylock-Nähmaschinen zurückgäbe. Unser Anwalt Juri Schmidt hatte vorgeschlagen, daß wir zunächst den Fall mit den Nähmaschinen klären ließen, in dem wir Dokumente zu unseren Gunsten vorlegen konnten. Die Sache mit der Datscha war komplizierter. Ich hatte zwar mehrere Zeugen, aber ein entscheidendes Dokument gab es nicht.

Juri Schmidt war ein Freund und hatte zuvor Lydia Grafowa gegen Pankow vertreten. Er war Vorsitzender des Menschenrechtskomitees in Leningrad, wo er auch wohnte. Er gehörte zu den angesehensten Juristen des Landes, hatte in der früheren Sowjetunion einige der schwierigsten Korruptionsprozesse gewonnen und war dadurch berühmt geworden. Als ich ihn bat, unsere Interessen wahrzunehmen, erwiderte er, daß er sich zwar in Strafprozessen auskenne, aber nie Zivilsachen übernommen habe, weil sie ihm zu schmutzig seien. In unserem Fall wolle er eine Ausnahme machen, weil Pankows Artikel ihn zutiefst erzürnt habe: »Es ist mir nicht gleichgültig, was in diesem Land passiert, und ich möchte schon Einfluß auf das moralische Niveau nehmen. In diesem Fall geht es ja nicht nur ums Gesetz, sondern auch um Moral.«

Am ersten Tag des Prozesses, der sich vom Juli 1993 bis zum Januar 1994 hinzog, betrat ich den Gerichtssaal in Begleitung von Juri Schmidt und von vielen Freunden, die mir Beistand leisten wollten. Der kahle, graue Raum befand sich im vierten Stock eines heruntergekommenen Verwaltungsgebäudes. Anatoli kam mit einem Stapel von Papieren herein, die er ostentativ in »Kuranty«-Zeitungspapier eingewickelt hatte. An seiner Seite war ein unscheinbarer Mann, der sich als sein Anwalt herausstellte. In den vergangenen sechs Monaten war Anatoli sichtlich gealtert. Sein Haar war ergraut, und in sein hageres Gesicht hatten sich tiefe Falten eingegraben.

Wir, meine Freunde und ich, setzten uns auf die vier Reihen harter Holzbänke, die vor einem Podest mit drei hochlehnigen Stühlen standen. Zwischen dem Podest und den Bänken befanden sich die Tische für die Zeugen und Anwälte, die sich gegenübersaßen. Juri baute seine Papiere in akkuraten Stapeln vor sich auf, während sich eine Stenografin an ihrem Pult niederließ.

Als der Richter erschien, erhoben wir uns alle. Beim Anblick seines ausdruckslosen, aber dennoch arroganten Gesichts überkam mich ein unangenehmes Gefühl. Dieser Mann wäre ein ideales Model für ein konservatives Herrenmode-Magazin gewesen. Seine braungetönte Brille paßte genau zu seinem braunen Anzug und dem Paisley-Schlips mit der Krawattennadel. Jedes einzelne seiner braunen Haare lag an seinem Platz, und sein zurückgehender Haaransatz war gut kaschiert. An der rechten Hand trug er einen Ring mit zwei kleinen Diamanten, die bei jeder seiner manierierten Gesten im Licht funkelten.

Er sprach sehr leise, und ich mußte mich anstrengen, um ihn zu verstehen. Am ersten Tag der Verhandlung nutzten Anatoli und sein Anwalt jeden Trick, um den Prozeß zu verzögern. Sie behaupteten, die Vorwürfe nicht genau zu kennen, und baten um zehn Minuten Pause, um sie lesen zu können. Dann wollten sie unsere Büroadresse wissen, erkundigten sich, welche Rolle Juri Schmidt hier spiele, ob ich das Recht habe, als Zuschauer im Gerichtssaal zu sitzen, und ob »Tür zu Tür« überhaupt noch existiere.

Als Pankow fragte, ob ich immer noch den Vorsitz in meiner Hilfsorganisation habe, und danach behauptete, einige Kölner »Tür zu Tür«-Mitglieder seien mit meiner Arbeit unzufrieden, wurde diese Bemerkung zwar von niemandem beachtet, aber mir gab sie dennoch zu denken. Ich fühlte mich nämlich nicht nur durch die Pankows in Moskau hintergangen, sondern auch von vermeintlichen Freunden in Köln, darunter eines unserer einstmals aktivsten Mitglieder.

Brigitte Junker, die Pankow gelegentlich erwähnte, um seine Behauptungen zu belegen, hatte mit mir zusammen Moskau besucht und sich dabei mit Lena angefreundet. Nachdem ich Lena entlassen hatte, schrieb die ihr einen Brief, der sich mit unseren Problemen beschäftigte. Jetzt hätte uns dieses Dokument sehr helfen können. Doch statt uns das Schreiben zur Verfügung zu stellen, verließ die Bekannte »Tür zu Tür« mit einer Begründung, daß ich ihr nicht mehr traute.

Nach einer Weile ermüdete Pankows sinnlose Fragerei sogar den Richter, und er erinnerte ihn daran, daß es in diesem Prozeß um Nähmaschinen gehe und nicht um interne Probleme unserer Hilfsorganisation. Ich war mittlerweile froh, daß Juri mir abgeraten hatte, als Zeugin aufzutreten. Pankows Fragen machten mich derart wütend, daß ich ihn am liebsten angeschrien hätte. Juri hingegen ließ sich nicht aus der Ruhe bringen und sagte nur zu ihm: »Wer aus schwarz weiß machen will, versucht es natürlich mit allen möglichen Methoden.«

Er belegte unsere Forderungen mit Dokumenten und wiederholte in den folgenden Monaten immer wieder: »Es gibt keine legitime Grundlage, die Pankow das Recht einräumt zu behaupten, Eigentümer der Nähmaschinen zu sein. Er hat keinen Kaufvertrag und keine Schenkungsurkunde. Er hat keinen juristischen Beleg, daß er Eigentümer der Ausrüstung geworden ist. Pankow weiß, daß wir ihn weder als arm noch als bedürftig ansehen.«

Als Juri Schmidt zum ersten Mal das Wort »Datscha« aussprach, unterbrach ihn der Richter abrupt und erklärte, daß dieses Thema nichts mit dem vorliegenden Fall zu tun habe. Damit machte er deutlich klar, wo er stand, aber seine Warnung hinderte Juri nicht daran, immer wieder darauf zurückzukommen. Obwohl er den Begriff nicht mehr benutzen durfte, rutschte ihm fortan in den erstaunlichsten Augenblicken das Wort »Datscha« über die Lippen, und da er ein großartiger Schauspieler war, entschuldigte er sich anschließend stets ausführlich für seinen Lapsus.

Der Richter wiederum genoß seine Autorität und die Chance, einen renommierten Anwalt wie Juri Schmidt zurechtweisen zu können. Immer wieder unterbrach er ihn, um ihn aufzufordern, seine »Fragen abzukürzen und konkreter« zu formulieren. Als Juri bei einer Gelegenheit erklärte, daß er mit seinen Fragen eine bestimmte Strategie verfolge, erwiderte der Richter spöttisch: »Aha! Sie haben also eine bestimmte Strategie!« Auf der anderen Seite hatte er aber nichts dagegen, daß Pankow lange und gefühlsbetonte Ausführungen machte.

Zwischen den Anwälten gab es so hitzige und verletzende Wortwechsel, daß der Richter schließlich mit der Bemerkung eingriff: »Wenn das so weitergeht, fürchte ich, daß es hier noch zu einer Schlägerei kommt.«

Während die Verhandlung ihren Fortgang nahm, betrat der Journalist, der mich für »Der Mensch und das Gesetz« interviewt hatte, den Gerichtssaal. Er wollte gerade sein Kamerateam hereinrufen, als ihn der Richter stoppte. »Sie dürfen keine Aufnahmen ohne meine Erlaubnis machen«, teilte er ihm mit und holte dann die Meinungen der beiden Parteien ein. Juri hatte keine Einwände, aber Pankow protestierte vehement. Nachdem er sich wie so oft in letzter Zeit laut geräuspert hatte, verlor er geradezu die Fassung. Er warf dem Journalisten vor, daß er ihn als Dieb bezeichnet habe, erklärte, daß er kein Vertrauen zu dem TV-Mann habe und nannte ihn einen Lügner. Zum Schluß brachte er noch vor, daß er eigentlich krank sei, weil er sich bei einem Autounfall die Rippen gebrochen habe.

Der Richter nahm diese Ausführungen teilnahmsvoll zur Kenntnis und verkündete: »Aufgrund des Gesundheitszustands des Beklagten untersagt das Gericht jegliche Filmaufnahmen.«

Die offensichtliche Befangenheit des Richters empörte mich schon nach zwei Prozeßtagen, und ich erinnerte mich, daß ein anderer russischer Anwalt zu mir gesagt hatte: »Pankow ist ein mächtiger Mann. Sie haben keine Chance gegen ihn.«

Ich wollte aber unter keinen Umständen klein beigeben und bat befreundete Journalisten, der weiteren Verhandlung als Zuschauer zu folgen. Zwei waren bekannte TV-Moderatoren, die sich mit mutigen Berichten einen Namen gemacht hatten, und der selbstgefällige Richter wollte seinen Augen nicht trauen, als er beim Betreten des Gerichtssaals dort Jewgenij Kiselow und Tatjana Mitkowa sitzen sah. Obwohl die beiden nicht lange blieben, hinterließen sie bei ihm einen nachhaltigen Eindruck, zumal ihm nicht entgangen war, daß sie sich Notizen gemacht hatten.

Der Vorstand meiner Hilfsorganisation, der sehr daran interessiert war, den Prozeß möglichst rasch zu beenden, schlug noch einmal eine friedliche Einigung vor, die wir mit Juri ausarbeiteten. Wir erklärten uns bereit, die Nähmaschinen in der Schneiderei zu belassen und das Unternehmen auch weiter zu unterstützen, unter der Voraussetzung, daß Pankow und »Kuranty« nicht länger an ihr beteiligt wären.

Pankow aber fühlte sich durch unser Mißtrauen beleidigt, und mit der Bemerkung: »Die versuchen, mich zu bestrafen«, lehnte er den Vergleich rundheraus ab.

Mir war schon länger aufgefallen, daß die Stenografin – wie übrigens auch der Richter – immer mal wieder leer vor sich hinblickte, sinnend aus dem Fenster sah oder mich auch einfach nur anstarrte. Das weckte in mir den Verdacht, daß ein Protokoll für den Richter überflüssig wäre, da er sich ohnehin bereits eine Meinung über den Fall gebildet habe.

Am nächsten Verhandlungstag stellte Anatoli dem Anwalt Juri Schmidt eine Frage, auf die der schon gewartet hatte. Er wollte wissen, was eigentlich der Grund für diesen Prozeß sei. Juri befeuchtete seine Lippen und erklärte dann langsam und vernehmlich mit erhobener Stimme: »Der Grund für die Anklage ist die persönliche Unanständigkeit des Angeklagten Pankow. Er hat das Eigentum von ›Tür zu Tür‹ an eine kommerzielle Firma übergeben, in der er Gesellschafter ist.« Dann erwähnte er noch einen weiteren Grund, weshalb Pankow nicht zu trauen sei, doch bei dem brisanten Wort »Datscha« erwachte der Richter aus seinen Träumereien und verkündete mit leichter Verspätung: »Das gehört nicht zur Sache.«

Dann stellte der Richter Pankow die gleiche Frage, wobei er hinzufügte: »Gab es da ein persönliches Problem?«

»Der Chefredakteur von Kuranty ist immerhin eine prominente Persönlichkeit und außerdem Abgeordneter des

Mossowjets. Ich habe den Eindruck, daß Frau Fisher-Ruge sich nur gut fühlt, wenn es um sie herum Skandale gibt. Und diesmal braucht sie einen, um sich für den Eklat mit meiner Frau zu rächen«, erwiderte Anatoli.

Mein Gelächter über diese törichte Äußerung trug mir einen Tadel des Dolmetschers ein, der neben mir saß. »Geben Sie keine Gefühlsäußerung von sich, Sie müssen ernst wirken.« Ich versuchte, seinen Rat bei Pankows weiteren Aussagen zu beherzigen, aber manchmal gab es Augenblicke, bei denen ich einfach nicht ernst bleiben konnte.

Einmal kam während der Verhandlung eine Freundin von mir herein und ließ einen großen runden Brotlaib herumgehen, von dem sich jeder Zuhörer ein Stück abbrechen konnte. Ein anderes Mal hörte ich ein wisperndes Geräusch hinter mir, und als ich mich umdrehte, sah ich eine gepflegte und gutgekleidete Frau mittleren Alters, die einen Schal um den Kopf trug und betete. Am Ende der Verhandlung kam sie auf mich zu und erklärte, daß jeder, den sie kenne, schon für mich gebetet habe.

Im Januar 1994 sollte der Prozeß schließlich abgeschlossen werden, und für die Urteilsverkündung zog ich mich besonders sorgfältig an. Ich wußte, wie modebewußt der Richter war, und so tat ich mein Bestes, um ihn zu beeindrucken. Da es kalt im Gerichtssaal war, zog ich einen auffälligen Pelzmantel an und trug ihn mit Grandezza.

Juris brillantes Abschlußplädoyer faßte noch einmal alle Argumente zusammen, die er während des ganzen Verfahrens vertreten hatte.

Auch Pankow blieb bei seiner Linie. Er warf Juri vor, »Lügen« zu verbreiten, und als ob das noch nicht genug sei, fügte er einen Satz hinzu, den der Dolmetscher Mühe hatte zu übersetzen. Das war ihm allerdings während des Prozesses mehrfach passiert. Im Kern lief Pankows letzter Vorwurf ungefähr auf folgendes hinaus: »Lügner umgeben sich mit Lügnern.«

Bevor der Richter das Urteil verkündete, überkam mich ein Gefühl der Erleichterung darüber, daß dieser Alptraum nun endlich vorbei wäre und das Leben wieder in normalen Bahnen verlaufen werde. Vom Juni 1992 bis zum Januar 1994 hatte mich die Pankow-Affäre in Beschlag genommen. Jede Reise, die ich nach Moskau gemacht hatte, um an dem Prozeß teilzunehmen, war von Anspannung begleitet gewesen. Drei meiner sieben Moskau-Reisen hatte ich vergebens unternommen. Und bei den vier Verhandlungen, an denen Pankow teilnahm, mußte ich mir seine Beleidigungen, Lügen und Anschuldigungen anhören – und mich zugleich fragen, wie ich jahrelang eine derart schlechte Menschenkennerin hatte sein können.

Die Entscheidung des Richters widerlegte die Vorhersage, daß ein Ausländer keine Chance gegen den Chefredakteur einer Zeitung habe. Er verkündete, daß »Tür zu Tür« Eigentümer der Nähmaschinen sei, und bestätigte damit jenen Punkt, den Pankow immer nachhaltig bestritten hatte.

Zugleich machte er allerdings eine verblüffende Einschränkung, die wohl verhindern sollte, daß Pankow ganz das Gesicht verlöre. Der Richter bestimmte nämlich, daß die Maschinen, die »Tür zu Tür« gehörten, nicht von ihrem derzeitigen Standort entfernt werden dürften. Während des Prozesses war Pankow immerhin schlau genug gewesen, die

Maschinen aus einem Gewerbekomplex in ein Waisenhaus zu schaffen, das der Schneiderei Platz eingeräumt hatte. So mußten wir am Ende doch weiter mit einem Mann zusammenarbeiten, dem wir nicht vertrauten.

Ein paar Monate nach dem Ende des Prozesses bekam ich im Moskauer »Tür zu Tür«-Büro unerwarteten Besuch. Es war der Leiter der Schneiderei, einer von Pankows Vertrauten. Er war blaß und verschwitzt, und sein Stottern fiel noch mehr auf als damals im Gericht, wo er gegen uns ausgesagt hatte. Doch diesmal fand er keine Lobesworte für seinen Chef, sondern beklagte sich, daß Pankow ihn im Stich gelassen habe.

Die Schneiderei war mittlerweile schwer verschuldet und ihre Zukunft ungewiß. Ich wiederholte das Angebot, das wir schon im Prozeß gemacht hatten. Ein Verein für Behinderte solle die Schneiderei übernehmen, was allerdings weiterhin bedeutete, daß Pankow und seine Partner ausschieden.

Ich habe keine Ahnung, wie der Mann die Angelegenheit mit Pankow regelte, aber ein paar Tage später hatte er mit einem Behindertenverein eine Abmachung getroffen, und wir erlaubten, daß unsere Nähmaschinen weiter benutzt werden durften. Seither haben wir ein ausgezeichnetes Arbeitsverhältnis miteinander, und wir sind froh, daß mit unseren Maschinen für Krankenhäuser und Bedürftige genäht werden kann.

Die Sache mit der Datscha ist freilich bis heute nicht beigelegt, und immer wieder fragen mich Leute, warum ich nicht um mein Recht kämpfe. Wenn ich sicher wäre, einen unparteiischen Richter zu bekommen, der sich nicht kaufen läßt, würde ich keinen Augenblick zögern, aber leider werden die meisten Prozesse heutzutage durch Bestechungen entschieden, und das ist eine Methode, auf die ich mich nicht einlassen mag.

Epilog

Während meiner zweijährigen gerichtlichen Auseinandersetzungen habe ich viele Aspekte russischer Freiheit kennengelernt, die sich alle am Beginn ihrer Entwicklungsmöglichkeiten befanden. Ein Meilenstein auf dem Weg war ein Zivilprozeß, den eine ausländische Menschenrechtsorganisation gegen einen einflußreichen Russen gewann. Nun folgte das widersprüchliche Urteil unseres Richters, der seit fünfzehn Jahren im Amt war. Er war noch aus der alten kommunistischen Schule hervorgegangen, die ihm beigebracht hatte, mächtige Kommunisten zu fürchten und zu respektieren. Aber jetzt hatte er neue demokratische Gesetze angewandt, um »Tür zu Tür« das Eigentumsrecht an den Nähmaschinen zuzusprechen.

Die Auswirkungen der Pressefreiheit haben ihre guten und ihre schlechten Seiten. Ich bewundere die jungen und unabhängigen Journalisten, die mutige und kritische Artikel für kommunistische und demokratische Zeitungen schrieben, und die furchtlosen Fernsehredakteure, die in der besten Sendezeit über den Prozeß »Tür zu Tür« gegen Pankow berichteten. Sie waren so ganz anders als Anatoli Pankow, der jetzt Mitte Fünfzig ist und immer noch in der Sprache der alten Bolschewisten schreibt. Sein Verhalten zeigt, wie Pressefreiheit mißbraucht werden kann. Er benutzte seine Zeitung, um eine private Fehde auszufechten, und obwohl er ihr damit finanzielle Verluste aufbürdete, ist er immer noch Chefredakteur von »Kuranty«. Das ist ein Beispiel dafür, wie Macht einen einzelnen in die Lage versetzt, seine Freiheiten ohne Verantwortung zu gebrauchen.

»Kommersant«, eine populäre demokratische Zeitung, verhielt sich allerdings noch schlimmer als Pankow. Dort griff man zu illegalen Methoden, um einen Prozeß beizulegen, den Pankow gegen einen ihrer Redakteure angestrengt hatte. Um zu verhindern, daß der Journalist selbst vor Gericht aussagte, fälschte der Anwalt der Zeitung dessen Unterschrift, um ihn vertreten zu können, und sorgte dann dafür, daß das Verfahren eingestellt wurde. Ein Protestbrief des Journalisten an den Richter blieb ohne Antwort.

Was mich am meisten ermutigt hat, ist die Unterstützung, die ich von Freunden ebenso wie von Fremden erfahren habe, die den Prozeß vor allem als Kampf für moralische Werte verstanden. So gab es Leser, die »Kuranty« nicht mehr kauften, und Kollegen von Pankow, die sich weigerten, ihm die Hand zu geben oder mit ihm zu sprechen. Bedürftige und »Babuschkas« erklärten sich bereit, vor dem Gerichtsgebäude gegen Pankow zu demonstrieren, andere – wie die Frau im Gerichtssaal – beteten für mich. Briefe und Anrufe aus dem ganzen Land bewiesen, daß es in Rußland viele Menschen gibt, die ein Empfinden für Recht und Anstand haben. Pankow gehört zu einer neuen Klasse von Machthungrigen und Habgierigen, die sich in den vergangenen vier Jahren wie Unkraut ausgebreitet hat.

Ein wichtiger Aspekt, der das Bewußtsein dieser Menschen stark beeinflußt, ist die Rolle, die das Geld im Leben jedes einzelnen spielt. Früher war man stolz darauf, arm zu sein, man galt dann als besonders ehrlich, und der Nachbar, dem es ein bißchen besser ging, war den meisten schon suspekt.

Heute breitet sich die Gier nach Geld wie ein Krebsgeschwür über die Gesellschaft aus. Nur den Menschen, die Geld besitzen, stehen scheinbar alle Möglichkeiten offen. Sie können sich alles kaufen, Politiker und Polizisten eingeschlossen, ja, sogar ihr Recht können sie sich erkaufen.

Die Macht des Geldes nimmt auch in den Familien einen wichtigen Platz ein. Eltern werden finanziell abhängig von ihren halbwüchsigen Kindern. Die Kinder sehen in ihnen keine Vorbilder mehr, geschweige denn Autoritäten.

Freundschaften haben mehr mit der gleichen Einkommensklasse als mit Gefühlen zu tun.

Habgier läßt Menschen zu Verbrechern werden, die zuerst mit dem Tod einer alten Frau einverstanden sind, weil sie ihre Wohnung haben wollen, und später Aufträge erteilen an bezahlte Killer und bewaffnete Banden.

Betrug ist zu einem einträglichen Geschäft geworden.

Zehnjährige Kinder verhökern alles, was sie haben, für ein Essen bei McDonalds.

Die Geschäfte sind voll mit verlockenden Produkten, die sich weder ein Rentner, eine Krankenschwester, ein Lehrer noch ein Wissenschaftler leisten kann.

Wichtige Nahrungs- und Arzneimittel sind zu Luxusgütern geworden.

Viele Kinder leiden an Vitaminmangel und Unterernährung.

Alte Menschen müssen früher sterben, weil sie die nötigen Medikamente nicht bezahlen können.

Der Staat hat mit seiner Streichung der Zuschüsse für Erziehung, Wissenschaft, Forschung und Kunst eine Krise herbeigeführt, die der Zukunft des Landes aufs Äußerste schadet.

Und doch wird dieses Land eine Zukunft haben.

Die radikalen Veränderungen der letzten fünf Jahre waren für die meisten Menschen, die seit Jahrhunderten von den verschiedensten Herrschern und in den letzten Jahrzehnten von den Kommunisten unterdrückt waren, nicht mitzuvollziehen. Nur wenige haben sich in den Zeiten der Isolation vorbereiten können auf den Kapitalismus, auf westliche Lebensart und Freiheit.

Weil niemand gewöhnt war, mit Demokratie oder Freiheit umzugehen, versucht jeder auf seine eigene Weise sich damit einzurichten.

Weil das Rechtssystem nicht funktioniert, versucht jeder sich sein eigenes Recht zu schaffen.

Die Menschen brauchen Zeit, um sich an die neuen wirtschaftlichen Bedingungen zu gewöhnen. Am schnellsten haben die Angehörigen der Perestroika-Generation dazugelernt. In den achtziger Jahren waren sie in ihren Zwanzigern oder noch jünger, heute können sie sich durch ihren Idealismus und ihren Pragmatismus am leichtesten an die sich wandelnde soziale Lage und die Marktbedingungen anpassen. Durch ihre Erfahrungen im Arbeitsleben beginnen sie zu verstehen, daß Freiheit und Verantwortung unlösbar miteinander verbunden sind. Wenn sie diese Erkenntnis an ihre Kinder weitergeben, schaffen sie die Wurzeln einer demokratischen Gesellschaft.

Für alle, die helfen wollen:

Tür zu Tür e.V.
Commerzbank Köln
Kto.-Nr. 18 18 111
BLZ 370 400 44